WINNINGPOINT

위닝포인트

WINNING POINT

나를 성공으로 이끌어준 최고의 반전

위닝 포인트

밥 셀러스 지음 | 이현주 옮김

Winner's Secret Library—위너스북
WINNER'S BOOK

위닝포인트

초판 1쇄 발행 2011년 7월 25일

지은이 | 밥 셸러스
옮긴이 | 이현주
펴낸이 | 홍경숙
펴낸곳 | 위너스북

기획편집 | 김형석
마 케 팅 | 안경찬

출판등록 | 2008년 5월 2일 제313-2008-221호
주   소 | 서울 마포구 합정동 370-9 벤처빌딩 207호
주문전화 | 02-325-8901
팩   스 | 02-325-8902

북디자인 | 김윤남디자인
종   이 | 한솔 PNS
인   쇄 | 영신문화사
출   력 | 미성 D&C

값 16,000원
ISBN 978-89-94747-04-0 13320

★★ 감사의 글 ★★

사랑스러운 아내 애나에게 고마움을 전한다. 그리고 존 와일리 앤 선즈 출판사 로라 월시(Laura Walsh)의 격려와 지원도 너무나 고마웠다. 무엇보다 인터뷰와 취재에 흔쾌히 응해준 책의 주인공들에게 감사의 마음을 전한다. 물론 스티브 포브스에게도 감사의 뜻을 전하고 싶다. 사실 포브스는 널리 존중받는 브랜드인지라, 혹 누가 되지는 않을지 내심 걱정이 되었다. 마지막으로 어린 두 딸도 빼놓을 수 없다. 아이들은 최근 몇 달 동안 그녀들의 엄마로부터 "지금은 안 돼, 나중에. 아빠 지금 책 쓰고 계시잖아"라는 말을 너무 자주 들었다. 이제 아이들과 보낼 시간이 왔다.

CONTENTS

2장 | 경영의 수뇌부들이 밝히는 위닝포인트

위닝포인트!

누구나 살면서 곤경에 빠지곤 한다. 그런데 중요한 사실이 있다. 역경 속에서 얻은 교훈이 삶을 극적으로 변화시키고 성과를 이끌어낸다는 점이다. 얼마나 놀라운 반전인가! 필자가 내로라하는 인물들과 인터뷰를 하면서 알게 된 것은 그들은 공통적으로 어떤 계기를 통해 삶의 방향을 수정, 보완하고 남부러워할 만한 업적을 일구어냈다는 사실이다. 자신의 실수를 평범하게 지나치지 않은 그들은 한결같이 위닝포인트, 즉 '이기는 방법'이 실수에 있다고 말한다. 세상에는 성공하고 싶은 사람들로 가득하다. 성공을 주제로 다룬 책들은 차고 넘치며 각종 강연회는 발 디딜 틈 없이 붐빈다. 그럼에도 불구하고 이 책이 갖는 매력과 가치는 여기에 등장하는 인물들이 현재 세계 최고의 자리에 있으며, 그들의 살아 있는 목소리를 전달하기 때문이다. 큰 성공을 거둔 구루들의 경험들을 한 권의 책에 담는 작업이 만만하지는 않았다. 주인공들은 자신에게 기회의 순간이 된 한 가지 사건에 주목한다. 그리고 위닝포인트로 삼았다. 평범한 사람들은 스치듯 지나칠 수도 있는 일로 여길 수도 있었겠지만, 주인공들은 직감적으로 자신에게 닥친 사건, 실수에 성공이 숨어 있음을 알아차렸다. 물론 우리에게도 위닝포인트가 있다. 돌이켜보니, '바로 그때 그런 결정을 내린 것이야말로 내 삶에 큰 행운이었어!'라고 삼을 만한 순간이 있게 마련이다. 단순히 운이 좋았기 때문에 좋은 결과가 나타났을까? 단언컨대 절대 아니다. 핵심은 자신의 마음속 울림, 그러니까 '잘 될 것이다', '왠지 기분이 좋지 않다', '이 일은 강하게 밀어붙여야 한다' 등등의 감이다. 본능적으로 느껴지는 직감 말이다.

◆◆

실수!

◆◆

실수는 삶에 큰 영향을 미친다. 내 말을 믿지 못하겠다면, 오늘날 가장 성공한 사람들에게 한번 물어보라. 필자는 누구나 인정할 만한 사람들, 즉 《위닝포인트》에 등장하는 리더들에게 직접 물었다. 그들은 자신이 겪은 최고의 실수에 대해 망설임 없이 털어놓고 있다. 그리고 성공하기 위한 힌트가 실수에 숨어 있다고 말한다. 필자는 미국에서 가장 큰 기업과 유명한 TV 방송국에서 일해본 경험이 있다. 수천 명의 사람들과 각종 주제를 가지고 인터뷰를 해보았는데, 실수를 드러내고 싶어 하는 사람은 거의 없었다. 뿐만 아니라 실수를 긍정적으로 말하는 사람도 드물었다. 화려한 디너파티나 전문가 모임에 가보면, 자신이 저지른 엄청난 실수 덕분(?)에 오늘날의 내가 있게 되었다고 자랑하는 사람은 없다. 그 어떤 야심 찬 경영자도 사람들의 이목을 집중시키기 위해 포크로 와인 잔을 두드린 후, "나는 사망선고를 받게 될 정도의 엄청난 실수를 저질렀지만, 결국 그 실수에서 얻은 교훈이 있었기에 불사조처럼 부활하여 최고에 올랐습니다"라고 말하지는 않는다. 오히려 그들은 자신이 얼마나 똑똑한지 자랑하는 소리를 늘어놓기가 쉽다. 자신이 얼마나 대단한 결정을 내렸는지, 얼마나 능수능란하게 거래를 성사시켰는지, 모든 사람들의 예상을 뒤로 하고 급등한 무명의 주식을 자신이 선택했다는 말만 자랑스럽게 들려줄 뿐이다. 하지만 무엇이 잘못되었는지를 듣는 것이 더 소중할 수도 있다. 나는 세계적인 비즈니스 리더들과의 인터뷰에서 중요한 결론을 얻었다. 실수를 했지만 실수에서 교훈을 얻고 위닝포인트로 삼는 일이 삶에 많은 도움이 된다는 사실을 말이다.

하버드 대학교의 기금을 관리했던 핌코(PIMCO)의 사장, 모하메드 엘 에리언(Mohamed El-Erian)은 의미 있는 말을 들려주었다.

"나는 타인의 실수를 지켜보며 성공의 힌트를 얻곤 했다. 실수 없는 인생은 없다. 인간이라는 존재는 완벽한 삶을 살기에는 너무나 불완전하다. 중요한 점은 실수를 반복하지 않는 데 있다. 실수를 저질렀을 때, 세상이 끝났다고 좌절하지 말고 오히려 위닝포인트로 삼는 게 중요하다. 오히려 실수로부터 배우지 못할 때가 더 큰 문제다."

본문에 자세히 나오겠지만, 모하메드 역시 자신의 실수를 솔직하게 들려주며 그 실수가 위닝포인트가 되었다고 털어놓았다. 아마도 윈스턴 처칠(Winston Churchill)이 남긴 이야기를 곱씹어볼 필요가 있을 것이다.

"모든 사람들이 실수를 저지르지만, 현명한 사람들만 실수에서 교훈을 얻는다."

어떤 분야, 어떤 직업에서든 모든 일이 실수 없이 잘 굴러갔기 때문에 성공을 거두는 건 아니다. 시상대에 오른 올림픽 선수는 단순히 시합 당일 경기가 잘 풀렸기 때문에 메달을 거머쥘 수 있었던 것은 아니다. 그는 힘든 운동을 참아내고 자신만의 기술을 반복적으로 익히면서 약점과 잘못된 부분을 고쳐나갔을 것이다. 그리고 다듬고 보완할 필요가 있는 부분을 매일 연습하면서 여러 해를 보냈을 것이며, 결정적으로 반드시 상대를 이기겠다는 목표가 있었을 것이다. 운동뿐 아니라 어떤 분야이든 시행착오가 한 몫 담당하지 않는 곳은 없다. 비즈니스 분야라고 무엇이 다르겠는가!

책에 등장하는 유명인들 역시 과거에는 세상에 알려지지 못한 평범한 사람들이었다. 처음에 그들은 지금처럼 유명하지 않았고 연단에 올라 사람들이 모두 볼 수 있도록 금메달을 높이 치켜드는 세레모니를 펼치지도 못했다. 그들은 자신의 일에서 최고가 되고자 각고의 세월을 보내야만 했고, 눈앞에 놓인 장애물을 처리하기 위해 스스로를 단련하면서 살아갔다. 무엇보다 실수에서 얻은 교훈을 적용할 만한 결정적 순간이 다가왔을 때, 자기 내면의 최고의 감을 불러내어 성공적인 결정을 내리며 세상에 등장했다.

내가 인터뷰를 나눈 대가들은 지속적이면서도 집중력 있는 추진력을 갖고 있었다. 어려움에 닥쳤을 때에도 궤도에서 이탈하지 않을 수 있었던 이유는 집중력과 추진력이 뒤에 버티고 있었기 때문이다. 그런 태도는 고인이 된 미식축구 코치 빈스 롬바르디

(Vince Lombardi)를 떠올리게 한다. 그린 베이 패커스(Green Bay Packers)팀의 코치를 맡게 된 그는 두 번에 걸친 슈퍼볼 우승을 포함하여 9년 동안 다섯 차례나 리그 타이틀을 차지했다. 그는 선수들에게 결코 포기하지 말라고 가르쳤다. 경기에 졌을 때, 그는 선수들에게 이렇게 말하곤 했다.

"우린 게임에서 진 게 아니야. 다만 시간이 부족했을 뿐이지!"

이런 표현은 성공을 이루겠다는 롬바르디의 끈질긴 의지를 보여준다. 성공한 사람과 그렇지 않은 사람의 차이는 힘이나 지식의 부족이 아니라 의지의 부족이다. 현재 슈퍼볼 우승팀에 주어지는 트로피는 '빈스 롬바르디 트로피'라고 불린다.

최고의 반전!

실수 관련 책들의 공통점은 실수를 피하는 방법만 다룬다는 점이다. 집을 살 때, 배우자를 고를 때, 소설을 쓸 때, 퇴직금을 투자할 때, 화장을 할 때, 보트를 탈 때, 외국어를 말할 때, 물건을 팔 때, 대중에게 연설할 때, 대학에 입학할 때, 취업 면접을 볼 때, 소송을 걸 때, 부하직원을 다룰 때, 사업을 경영할 때 등등 다방면에 걸쳐 실수를 피하는 법에 대해 알려준다. 그러나 실수가 성공에 이르는 확실하면서도 꼭 필요한 위닝포인트임을 알려주는 책은 드물다. 뉴욕 마운트 시나이 메디컬센터의 정신과 의사 조지아 위트킨(Georgia Witkin) 박사는 실수에 대해 이런 정의를 내린다.

"성공한 사람들은 실수로부터 배운다."

듣기에는 간단하나 실제로는 그렇지 않다. 그녀는 많은 사람들이 실패를 감당하지 못해서 성공에 반드시 필요한 모험을 감수하는 데 주저한다고 지적한다. 그러나 책에 소개되는 사람들은 자신에게 찾아온 어려움을 위닝포인트로 삼아 목표에 더욱 가까이 갈 수 있었다. 이렇듯 성공한 이들은 어려움을 긍정적으로 받아들인다. 그리고 약점을 보완하는 데 능하다. 이 같은 자세가 보통 사람들과 다른 점이라 할 것이다.

물론 실수가 무턱대고 좋다는 이야기는 아니다. 기업계의 대표적인 실패작으로는 1950년대에 출시된 포드의 에드셀(Edsel), 1980년대에 등장한 소니의 베타맥스(Betamax), 코카콜라의 뉴 코크(New Coke) 등이 있다. 인터넷 시대를 예로 들면 펫츠닷컴(Pets.com)과 그 회사의 괴상한 양말 인형이 가장 먼저 떠오른다. 그 밖에도 실패작은 수두룩하다. 최근에는 황금 시간대를 말아먹은 〈제이 레노(Jay Leno)쇼〉가 있었다. 물론 이 같은 실패작들도 누군가에게 는 분명 도움이 되었을 테지만….

LA에서 살던 무렵에는 주말마다 베니스 비치(Venice Beach)로 내 려가 산책을 즐기며 많은 사람들을 구경하곤 했다. 가장 기억에 남 는 사람은 무시무시한 전기톱으로 곡예를 부리는 곡예사였다. 세상 에, 전기톱이라니! 그 곡예사는 어떤 시행착오를 거치며 전기톱 곡 예에 숙달할 수 있었을까? 한손으로 전기톱을 저글링하는 사람이 그 말고 또 있는지 지금도 궁금하다. 곡예사에게 좋은 실수는 있을 수 없다. 단 한 번의 실수가 목숨을 앗아갈 수도 있으니까 말이다.

어떤 실수는 심각하다. 자신뿐 아니라 남에게도 큰 피해를 주기 도 한다. 대표적으로 음주운전이 그렇다. 이런 실수는 삶을 망치는 지름길이다. 나는 진정으로 가치가 있는 실수와 위닝포인트에 대 해서만 말하려고 한다. 책에서 소개하는 대가들의 실수는 큰 가치 가 있다. 비즈니스 리더들의 경우 자신에게 위닝포인트가 된 실수 담을 털어놓고 있다. 물론 그들의 입장에서는 전혀 잘못된 일이 아 니지만, 남들이 보기에는 실수로 오해할 만한 경험일 수도 있다. 때로는 사실이 밝혀져 오해가 풀리기까지 오랜 시간이 흘러야 했 을 수도 있다.

◆◆

최고 경영자들의 위닝포인트!

◆◆

월가의 전설적인 경영자 존 C. 보글(John C. Bogle, 뱅가드그룹 창립자)을 예로 들어보자. 그는 1970년대에 웰링턴 자산운용사(Wellington Management Company)를 이끌다가 하루아침에 회사에서 쫓겨나는 신세가 된다. 보글이 다시 회사로 기어들어갈 기회만 엿보았을까? 물론 아니다. 그는 세계 최초로 인덱스 뮤추얼펀드를 만들어 투자의 패러다임을 바꾸어놓았다. 그는 나와의 인터뷰에서 이렇게 말했다.

"내 삶에서의 위닝포인트는 어이없이 해고당한 일이다. 나는 해고당했지만, 이렇듯 살아남았다. 그런 일이 있었기에 새로운 기회가 나에게 찾아왔다."

〈포춘〉이 '세기의 경영인'으로 선정한 잭 웰치(Jack Welch)도 주목할 만하다. 그는 입사 초기에 여러 명의 화학자들과 실험을 하던 도중 회사 지붕을 날려버리는 사고를 냈다. 그러나 잭은 그 사건 때문에 해고된 것이 아니라, 오히려 제너럴 일렉트릭에서 고속 승진할 수 있는 기회, 위닝포인트가 되었다. 웰치와 보글, 두 사람은 이 책의 '비즈니스 대가' 앞부분을 장식한다. 이야기를 풀어가는 그들의 능력은 수십 년에 걸친 경영 경험에서 얻은 통찰력과 융합되어 있다. 그들이 이야기하면 사람들은 귀를 기울인다. 피터 린치(Peter Lynch)가 이 클럽에 속한다는 사실을 부인할 이는 없을 것이다. 피터 린치는 자신의 투자대조표 평가방식을 바꿔놓은 주식투자 결정에 관한 이야기에 대해 들려준다.

인기 동영상 사이트 훌루(Hulu)사의 책임자 제이슨 킬라(Jason Kilar)처럼 비즈니스 리더계의 신인들도 책에 소개된다. 제이슨 킬라가 고백하는 위닝포인트는 아마존닷컴(Amazon.com)에서 그의 상사로 있던 제프 베조스(Jeff Bezos)와 관련된 사건에서 발생했는데, 자세한 이야기는 2장에서 소개한다. 부동산, 구인광고 등의 중계 사이트 크레이그리스트(Craiglist)의 짐 벅마스터(Jim Buckmaster)도 2장 그룹에 속한다. 짐에게는 많은 사람들이 개인적인 실수라고 생각했으나, 결국 그의 인생을 극적으로 변화시킨 일이 있었다. 물론 그 결실은 10년이 더 지난 뒤에야 이루어졌지만 말이다.

메리디스 휘트니(Meredith Whitney)는 차세대 리더 그룹에 포함된다. 그녀의 경우 비록 정상에서 벗어난 역(逆)투자자이긴 해도, 월가에서 유망한 주식을 골라내는 능력만큼은 인정받고 있다. 자신의 길을 개척하려는 의지는 훌륭한 리더의 자질에 속한다고 볼 수 있는데, 그녀는 자신을 추종하는 사람들에게 귀감이 될 정도로 투지와 기운이 차고 넘친다.

이 책은 마크 쿠반(Mark Cuban)처럼 '개성이 강한 인물들'도 다룬다(4장). 마크는 대학 시절 주점을 운영하면서 '젖은 티셔츠 콘테스트(wet T-shirt contest, 티셔츠 차림의 여성에게 물을 뿌려 가장 섹시하게 보이는 사람에게 상을 주는 대회—옮긴이)'를 열었는데, 그 일이 잘못되지 않았더라면 지금처럼 백만장자가 되지 못했을 거라고 말한다.

성공적인 헤지펀드 운용으로 수백만 달러를 벌어들인 CNBC의 투자해설가, 짐 크레이머(Jim Cramer)는 회사가 정상화되는 데 도움이 된 위닝포인트를 고백하고 있다. 그리고 수지 오만(Suze Orman)의 경우, 자신의 육감을 따르지 않고 믿어서는 안 될 사람을 믿는 바람에 100만 달러의 손해를 보았으나 그 사건이 있었기에 지금까지도 흔들림 없는 최고의 교훈을 얻게 되었다고, 그 일이 자신의 위닝포인트였다고 밝힌다.

아울러 이 책에서는 중요한 사업계획과 직원들을 관리하는 '경영의 수뇌부'들도 소개하고 있다. 홈디포(Home Depot)의 공동창업자 아서 블랭크(Arthur Blank)가 대표적이다. 그가 털어놓는 위닝포인트는 사업체를 전국으로 확장하려는 사람들에게 많은 도움이 될 것이다. 미국 상원 원내대표를 지낸 빌 프리스트(Bill Frist) 박사는 반더빌트(Vanderbilt) 대학 장기이식센터 설립에 도움을 주었다. 심장이식술이 처음 도입된 초기에 센터를 지킨 빌 박사는 '한 가지 문제를 해결할 때마다 새로운 문제가 발생했다'고 말하며 그 과정에서 벌어진 어려움과 반전에서 많은 생명을 구했음을 들려주었다.

ABC TV 프로그램 〈샤크 탱크(Shark Tank)〉의 스타, 바바라 코코란(Barbara Corcoran)은 뉴욕에서 최고의 부동산업자가 되는 데 도움이 된 이야기를 말하고 있다. 그녀는 '어떻게 하면 이 어려움에서 좋은 결과를 얻어낼 수 있을까?'라는 생각이 들 때, 5%나 10% 정도만 더 밀고 나가면 된다는 비즈니스 교훈을 얻었다고 말한다.

긍정이 삶을 바꾼다!

잘못된 일을 긍정적으로 처리하는 방법에 대해 할 말 많은 입담꾼들은 많다. 그런 사람들 대부분은 여기에 소개된 명사들만큼 유명하지도 않고, 성공하지도 못했다. 나는 마이너리그에서 3할 대의 타율을 치는 선수(만약 그 선수가 마이클 조단이라면 야구가 아닌, 자유투 잘 넣기에 대한 조언을 구할 것이다)보다는 벤치를 지키는 메이저리거로부터 코치를 받고 싶다. 오늘날 가장 성공한 경영인이라 불리는 이들이 털어놓는 실수와 거기에서 비롯된 위닝포인트를 듣는다는 건 독자들에게 좋은 기회가 될 것이라고 믿는다.

아마도 완벽한 본보기는 데이브 램지가 금전적 실패를 성공으로 바꾸어놓은 과정일 것이다. 모든 것을 잃게 된 데이브는 모든

것을 되돌려놓아야만 했다. 그는 부동산에 투자하여 수백 만 달러
를 벌었지만 은행이 대출금상환을 요구하면서 모든 것을 잃기도
했다. 상황이 나빠지다보니 빚쟁이들이 그의 아내에게 전화를 걸
어 '돈도 갚지 않는 실패자 곁을 왜 지키고 있느냐?'고 물어보기까
지 했다고 한다. 데이브는 "고통은 완벽한 스승이다. 고통은 쉽게
잊기 힘들다. 고통이 심할수록 교훈은 더욱 더 완벽해진다"고 말
했다. 데이브 램지가 돋보인 점은 자신이 처한 상황을 정리하여 금
전적으로 회복했을 뿐만 아니라, 성공적인 사업체까지 일구었다
는 점이다. 실수를 마음으로 받아들였기 때문에 이기는 길이 눈앞
에 나타났던 것이다.

실수를 자기 자신과 동일시하여 패배의식에 사로잡히지 말아야
한다. 실수는 인간으로서 당신의 가치와 아무 관계가 없다. 인생은
실수보다 훨씬 더 중요하다. 헨리 포드(Henry Ford)가 첫 번째, 두
번째, 세 번째 시도 후에도 포기했다면, 모델 T는 세상에 나오지
못했을 것이다. 자동차는 미국인의 생활을 바꾸어놓았는데, 헨리
포드가 끊임없이 시행착오를 겪으면서도 포기하지 않았기 때문에
가능했던 일이다. 이렇듯 위닝포인트는 실수에서 비롯된다!

책에 소개된 주인공들은 그 이름만으로도 가치가 있는, 지금도
왕성하게 활동 중인 거물들이다. 나는 그들이 자신의 치부나 오판

등에 대해 밝히고 싶지 않을 거라 생각했지만 오산이었다. 실수는 뉴욕 시 지하철에 그려진 웃는 얼굴처럼 허약함의 상징으로 비쳐질 수 있지만 그들은 역경 속에서 이기는 길을 찾았다. 이렇듯 우리가 간절히 원하는 위닝포인트는 전혀 예상치 못한 상황에서 나타날 수 있음을 기억하기 바란다.

핌코의 사장 모하메드 엘 에리언의 동료 빌 그로스(Bill Gross)는 블랙잭에서 배운 교훈을 들려준다. 빌은 훗날 가장 훌륭한 채권투자가가 되었다. 도박을 하면서 투자법을 깨닫는 사람은 그리 많지 않을 것이다.

허핑턴포스트닷컴(HuffingtonPost. com)의 창립자 아리아나 허핑턴(Arianna Huffington)은 정치 거물인 윌리엄 F. 버클리(William F. Buckley), 존 케네스 갤브레이스(John Kenneth Galbraith)와 같은 무대에서 토론을 벌이던 도중 큰 교훈을 얻는다. 그때의 경험은 지금도 정치 토론 분야에서의 그녀의 활동에 활기를 불어넣어 주고 있다.

◆◆

직감이 중요하다!

◆◆

대부분의 비즈니스 리더들은 성공에 대한 질문에 답하는 데 익숙하며 그런 답들을 종합하여 세련된 이야기로 만드는 데에도 뛰어나다. 또한 그들은 주주나 기자들이 그들에게 책임을 물으려 할 때, 회사의 잘못을 변호하는 일에도 뛰어나다. 그러나 필자는 그들이 저지른 최악의 실수가 아니라 최고의 실수에 대하여, 그리고 위닝포인트에 대해 털어놓을 때 비밀 이야기와 같은 사적 경험들을 들을 수 있었다. 그들이 털어놓는 내용들은 비밀일 수도 있다.

책에 등장하는 인물들과 인터뷰하면서 발견한 공통 주제가 하나 더 있다. 즉 그들에겐 자신의 직감을 따르는 습관이 있었다. 그들이 전해주는 공통적인 조언은 직감을 따르라는 것이다. 자연의 이치란 게, 새들이 겨울을 나도록 남쪽으로 날아가도록 만들 듯이 우리 내면의 목소리는 제 시간, 딱 맞는 장소에 나타나 자신의 재능과 완벽한 기회가 결합되도록 이끌어주는 것 같다. 나는 심리학자도 자수성가한 대가도 아니다. 따라서 그에 대한 해석은 다른 전문가들에게 맡기는 편이 옳을 것이다. 그러나 책에 담긴 흥미로운 요소는 여기 소개된 리더들이 자신의 직감을 따랐더라도 그들의 인생이나 사업이 순탄한 경로를 밟았다는 의미가 아니라는 점이다. 그들의 육감은 아무 제동 없이 자연스럽게 성공에 이르는 과정으로 이어지지 않았다. 직감을 따른 결과 재정적·직업적으로 혼란을 겪은 사례가 많다. 하지만 여러 해가 지난 후에는 결국 직감을 믿었던 게 올바른 선택이었음이 드러났다. 직감은 위닝포인트를 구성하는 중요한 요소다.

집필 방법에 대하여…

여러분이 비즈니스 계통에서 일하고 있다면, 여기에 등장하는 사람들의 이름과 업적에 등에 대해 익히 들어 알고 있으리라고 본다. 나는 그들의 경험, 그들의 이야기, 그들이 얻은 교훈을 독자들에게 소개하고 싶다. 여기에 실린 내용들은 여러분의 직업이나 전문가로서의 활동에 적용할 수도 있을 것이다. 물론 책에 소개되는 실수담과 그들이 말하는 위닝포인트의 내용은 누구나 아는 내용일 수도 있다. 따라서 이런 이야기를 이해하기 위해 하버드 MBA까지 졸업할 필요는 없다.

저널리스트로 일해온 필자에게는 시청자들이 방송 내용에 관심을 잃는 순간을 빠르게 눈치 챌 수 있는 육감이 있다. 이 책에서도 나의 육감을 적용하고자 했다. 그래서 로버트 프레처(Robert Prechter)나 윌리엄 오닐(William O'Neil)처럼 피보나치 되돌림(Fibonacci retracement, 주가가 추세를 형성할 때 그 추세의 23.6%, 38.2%, 50.0%, 61.8%의 비율만큼 되돌려진다 의미—옮긴이)이나 상대적 강도(relative strength, 개별 주식의 가격이 시장 전체의 움직임에 대하여 반응하는 정도—옮긴이)와 같은 전문 용어를 자주 거론하는 월가 사람들을 소개할 때, 너무 전문적인 얘기를 다루지 않으려고 했다.

예전에 비즈니스와 관련 있는 인터뷰를 할 때, 인터뷰 상대가 주가수익률(price-earning ratio)에 대해 지루한 강의를 하면, 채널이 돌아가는 소리를 감지할 수 있었다. 물론 모든 사람이 그런 것은 아니며, 골수 시청자들 중 일부는 그렇지 않을 테지만, 많은 사람들의 눈이 감겨가는 것을 느낄 수 있었다. 그럴 때마다 나는 주가수익률은 주가를 주당순이익으로 나눈 것이라고 쉽게 설명함으로써 프로그램을 시청하는 사람들의 시선을 붙잡고자 애쓰곤 했다. 내 설명을 들은 빈틈없는 시청자라면, 내가 그 회사가 어떤 산업에 속해 있는지(일부 산업의 주가수익률은 다른 산업에 비해 높다), 이제까지의 수익을 말하고 있는지, 앞으로의 수익을 말하고 있는지 등 다른 여러 요소들을 배제하고 있다고 주장할 수 있다. 모두 맞는 말이지만, 그런 식으로 이야기를 풀어나가면 많은 사람들이 홍미를 잃을 것이다. 그런 포인트를 알기에 이 책에서 그런 짓은 안 하려고 한다. 나는 독자 여러분이 책에 몰입할 수 있도록, 내 모든 감각을 유지하고자 시종일관 노력했다.

모쪼록 독자 여러분이 이 책에서 많은 힌트를 얻기 바란다. 성공한 사람들의 이야기는 아무리 들어도 질리지가 않는다. 곤경에 빠졌거나 돌이킬 수 없는 잘못을 저질렀더라도 긍정적인 위닝포인트가 나타날 수 있다는 사실을 들려주기 때문이다. 만약 경제적 · 정신적으로 힘든 시간을 보낸 경험이 있다면 오늘날 가장 성공한 사람들이 털어놓는 이야기에서 힌트를 얻기 바란다. 지금보다 더 큰 성공을 이루는 데 많은 도움이 될 것이다.

1 비즈니스 대가(大家)들의 위닝포인트

세상에는 의미 있는 업적을 이루어 존경받는 이들이 많다. 그들의 드라마틱한 성공 스토리는 언제나 구미가 당긴다. 세상에 많은 사람들 중 전설적인 인물로 평가받는 구루(대가)는 어떻게 가려낼까?

1장에서 소개하는 인물들은 비즈니스 분야에서 쌓은(업적과 명성을 쌓으려고 더 노력하는 인물들은 아니다) 업적이나 명성이 대단한, 한마디로 명예의 전당에 오를 만한 사람들이다. 누구도 이 명예의 전당에 잭 웰치가 포함된다는 사실을 부인할 수 없을 것이다. 또 모든 투자자가 이용하는 투자상품의 창시자 존 C. 보글도 마찬가지일 것이다. 1장의 등장인물들은 지난 세월 이루어온 성과 덕분에 앞으로도 오랫동안 유명세를 지속할 것이다.

필자는 월가에서 명성을 쌓은 대가들도 1장에 포함했다. 그들은 여전히 큰 거래(또는 거래들)를 성사시키고자 일할 수도 있겠지만, 장기적으로든 미국 금융사의 잊지 못할 극적 순간에서든(1987년의 주가 대폭락을 예견한 로버트 프레처처럼), 그들이 세상에 보여준 돈 다루는 기술 때문에 유명세를 누릴 것이다. 피델리티(Fidelity)의 마젤란펀드(Magellan Fund)를 운영하며 경이적인 기록을 올린 피터 린치도 대가에 속한다. 그리고 채권계의 피터 린치라 불리는 퍼시픽 투자사(Pacific Investment Management Company, PIMCO)의 빌 그로스 역시 대가라는 타이틀이 잘

어울린다. 이제 독자 여러분은 대충 감을 잡았을 것이다. 1장에 모인 쟁쟁한 인물들은 우리들에게 소중한 정보와 풍부한 경험을 제공해준다. 혹여 대가의 선정을 두고 왈가왈부할 수도 있을 테지만, 솔직히 털어놓자면 이 책의 구성은 지독히 주관적이며 편파적이다. 그러나 필자는 책이 지닌 전체적인 목적을 잃지 않으려고 애쓰며 구성했다. 즉 그들이 어떤 시점에서 내린 경영상 결정, 명확히 드러난 그들만의 상재(商材), 그리고 지혜를 살펴보고자 한다.

잭 웰치

다니는 회사에 큰 불을 내다!
: 실수 많은 직원도 가슴에 품기

1981년부터 2001년까지 GE(General Electric Company) 최고경영자 역임, 1,700건이 넘는 기업 인수합병을 성사시킨 경영의 달인, 〈포춘〉 선정 '세기의 경영인'

개인적으로 잭 웰치와 4년 동안 함께 일한 적이 있다. 내가 CNBC에서 앵커를 맡고 있을 때, 그는 GE를 이끌었다. 당시를 생각해보면 NBC는 최고의 방송국이었다. 놓쳐서는 안 될 프로그램들이 목요일 저녁, 황금 시간대에 자리를 잡고 있었다. 동일 시간대에 방영되던 프로그램들 중 진행자에 대한 논란이 없던 〈투나잇 쇼(Tonight Show)〉가 단연 최고였다. CNBC는 제1의 케이블 방송국으로 연간 3억 달러 이상을 벌어들였다. 그런데 이 모든 사업이 GE라는 복합기업의 비주력 사업 부문에 속해 있었다. 그러나 잭은 CNBC가 주력 사업 부분이 아님에도 불구하고 애정을 갖고 있었다. 안타깝게도 잭이 회사를 떠난 후, CNBC의 위상은 곤두박질쳤다.

최고는 결코 우연히 만들어지지 않는다. 잭은 '회사가 하나의 사업에 전념하기 위해서는 참여하는 모든 사업에서 1인자나 강력한 2인자가 되는 것이 GE의 방침'이라고 부하직원들에게 입버릇처럼 말했다. 잭이 실권을 쥐고 있을 때, 강력한 리더십은 결코 문제가 되지 않았다. 누가 회사를 지배하고 있는지 모두 알고 있었다. 뉴욕 증권거래소에서 시가총액으로 따졌을 때 가장 규모가 큰 기업 중 하나인(가장 크지는 않다) GE를 현명하게 이끈 잭의 능력과 사업 수완은 사람들이 GE에 대해 갖는 긍정적 인식과 주가에 고

스란히 반영되었다.

잭은 사소한 차원에서도 범상치 않은 사람이었다. 잭을 개인적으로 만날 때마다 나는 그의 매력에 빠져들곤 했다. 그는 단 1초 만에 상대에게 집중하여 자기편으로 끌어들이는 사람이었다. 그 순간만큼은 세상에 잭과 나 말고는 아무도 없었다. 잭은 상황에 맞는 적절한 말을 꺼냄으로써 늘 상대와 마음이 통할 수 있다. 이는 하늘이 그에게 허락한 재능일 수도 있지만, 실제 경험을 통해 갈고 닦은 인물들에게서만 엿볼 수 있는 특별한 태도이기도 하다.

잭의 명성이 실제보다 과장된 것일 수도 있으나 그는 지위가 아무리 높아도 자신이 개인적으로 남보다 우월하지 않다는 겸손을 아주 오래 전에 배웠다. 일례로 친구들이 모두 지켜보는 앞에서 잭 웰치를 '시시한 놈'이라고 부른 사람이 있었다. 사건은 잭이 12살 때 벌어진 일이다. 잭이 아이스하키 경기를 마친 후 불같이 화를 내면서 모든 장비를 얼음판 위에 내던진 채 라커룸으로 박차고 나간 것이 사건의 원인이었다. 당시 잭의 어머니는 아들을 쥐 잡듯이 잡아 혼쭐을 냈는데, 잭은 당시를 이렇게 기억하고 있었다.

어머니는 라커룸으로 들어오시더니 나를 움켜잡으셨다. 그리고 모두가 보는 앞에서 "넌 시시한 놈이야. 경기에서 제대로 지는 법을 모르는 놈은 경기를 해서는 안 돼!" 난 몹시 당황했지만 어머니의 지적 덕분에 더욱 강해질 수 있었다. 그리고 이후부터는 경기에서 패했더라도 잘 견딜 수 있었다. 그 사건을 계기로 더욱 효과적이면서도 점잖게 경쟁할 수 있었던 것 같다. 어머니가 다그쳐준 사건은 불과 같은 내 성질을 다스려주었다.

세월이 한참 지난 후 잭이 저지른 최고의 실수이자 위닝포인트가 있다. GE를 세계에서 가장 크고 가장 존경받는 기업으로 바꾸어놓은, 위대한 경영자의 탄생에 도움이 된 사건이다.

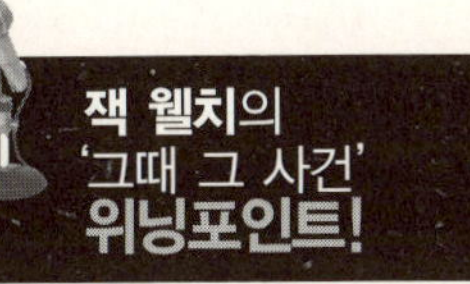

사건은 1963년경에 일어났다. 당시 나는 피츠필드(Pittsfield)에 자리한 GE의 작은 실험공장에서 일했다. 우리는 새로운 플라스틱을 연구하고 있었는데, 나와 두세 명이 실험을 맡았다. 여하튼, 뭔가 잘못 되는 바람에 말 그대로 회사 지붕이 하늘로 날아가 버렸다! 실험용기의 안전장치가 폭발하면서 회사의 지붕을 뚫고나갔고, 폭발로 깨진 유리가 사방에 흩어졌다. 다행히 크게 다치거나 죽은 사람은 없었다. 유리 파편에 몸을 조금 상한 사람이 몇 있었긴 해도 말이다. 사건이 일어난 지 며칠 후, 나보다 한참 윗자리에 있는 그룹의 임원 찰리 리드(Charley

Reed)로부터 전화가 걸려왔다. 뉴욕으로 나를 호출한 것이다. 그는 MIT 박사 출신이었는데, 호기심 많고 학구적이었다. 나는 회사 지붕을 날려버린 사건 때문에 당연히 회사에서 잘릴 거라고 생각했다. 하지만 찰리의 반응은 의외였다. 그는 나를 자리에 앉히더니 실험과정을 소상히 들려달라고 말했다. 아마 소크라테스식 문답법을 이용했던 것 같다.

"자네들은 산소 거품을 만들고 있었어. 왜 실험에서 주의하지 않았나?"

"그렇게 말고 이런 식으로 하면 좋지 않았을까? 아니면 저런 식이 더 낫지 않았겠나?"

우리는 벤젠에 산소를 넣고 있다는 사실을 잊지 말아야 했다. 그런데 모두가 잠시 소홀한 틈을 타 불꽃이 생겨 주변으로 순식간에 번지면서 끔찍한 사건이 벌어지고 만 것이다. 우리는 산소를 효과적으로 용액에 넣었어야 했다. 찰리의 말을 듣고 있노라니 실험자들의 실수가 드러났다. 하지만 그와의 대화는 문제를 해결하기 위한 것이었지, 나를 비난하기 위한 것이 아니었다. 찰리 리드의 태도는 이랬다.

"작고 사소한 일부터 챙겼어야 했네, 자네들은 그런 면에서 조금 부족했던 것 같아. 음… 세심한 계획과 진행이 아쉽군."

찰리와의 대화에서 나는 평생 간직해야 할 교훈을 얻었다. 직원이 잘못을 저질렀더라도 곧장 그 사람을 해고하면 안 된다는 배움이다. 크게 감명받은 나는 그날 이후 누군가가 큰 뜻을 품었지만 제대로 일하지 못하는 직원들을 볼 때, 비록 모질게 굴긴 했어도 매몰차게 해고한 적은 없는 것 같다. 그리고 무엇보다 그 사건을 계기로 나보다 높은 사람을 알게 되었다. 만약 나에게 그와 같은 곤란함이 없었다면, 그 후로도 2년 동안은 찰리를 만나지 못했을 것이다. 찰리는 이후 나의 소중한 조력자가 되어주었다. 나는 찰리 리드와 좋은 관계를 유지하게 되었는데, 그로부터 배운 위닝포인트는 상대가 좌절하고 있을 때 크게 몰아대면 안 된다는 점이다.

그리고 얼마 후 플라스틱 사업은 대박을 거두었다. 나와 동료들이 만든 플라스틱은 큰 성공을 가져다 주었는데, 그 덕분에 나는 성공가도를 달릴 수 있었다. 훗날 내가 높은 자리에 오르게 되었을 때, 찰리로부터 배운 교훈을 잊지 않고 실천했다. 그러자 부하직원들에 대해 많은 것을 알게 되었다. 내가 말하고 싶은 핵심은 이렇다. 커다란 잘못이나 실수는 평소 생각할 수 없는, 인생에서 소중한 무엇인가를 알려준다는 것이다.

Jack Welch's History

 잭 웰치 LLC(Jack Welch, LLC) 사장인 그는 사모투자 전문 업체 클레이튼 두빌리어 앤 라이스(Clayton, Dubilier & Rice) 의 특별고문이자, 인터액티브코퍼레이션(IAC/InterActive Corp)의 고문으로도 활동 중이며, 전 세계 사업자와 학생들을 상대로 연설을 한다.

잭 웰치는 전 세계적으로 인기를 끈 〈월스트리트 저널〉의 베스트셀러, 《위대한 승리(Winning)》를 지었다. 또한 2001년에는 〈뉴욕타임스〉 베스트셀러 1위를 차지하고 세계적으로 인기를 끈 자서전, 《잭 웰치, 끝없는 도전과 용기(Jack: Straight from the Gut)》도 발표했다. 그는 2005년부터 2009년까지 아내 수지와 함께 매주 '웰치 웨이(Welch Way)'라는 칼럼을 썼는데, 이 칼럼은 〈비즈니스위크(BusinessWeek)〉에 연재되었고, 〈뉴욕타임스〉에 의해 45개가 넘는 세계 주요 신문사에 공급되어 800만 명이 넘는 독자를 확보했다. 최근에는 전 세계 학생들에게 인생과 미래의 조직을 변화시킬 수 있는 도구를 제공하기 위한 온라인 MBA 프로그램, 잭 웰치 경영연구소(Jack Welch Management Institute)를 개설했다.

매사추세츠 주, 살렘(Salem)출신인 잭은 매사추세츠 대학을 졸업하고 일리노이 대학 화학공학과에서 석사와 박사학위를 받았다. 1960년에 GE에서 직장생활을 시작했으며, 1981년에 GE의 8번째 회장이자 최고경영자가 되었다. 그가 20년 넘게 최고경영자로 재직하는 동안 GE의 시가총액은 130억 달러에서 4,500억 달러로 증가했다. 2000년 〈포춘〉에서는 그를 '세기의 경영인'으로 선정했다. 웰치웨이(www.welchway.com)라는 사이트에 가면 잭 웰치가 갖고 있는 경영철학 등을 살펴볼 수 있다.

02 John C. Bogle

존 C. 보글

어이없이 직장에서 쫓겨나다!

: 인덱스펀드 개발의 효시

뱅가드그룹 설립자, 세계 최초로 인덱스 뮤추얼펀드를 만들었다. 1999년에 20세기 4대 투자 거장에 선정되었고, 2004년에 〈타임〉은 그를 세계에서 가장 영향력 있는 인물 100인에 선정했다.

뭔가 일이 잘못되거나 꼬였을 때 자기 탓으로 돌리는 사람을 만나기란 쉽지 않다. 그런데 존 보글은 과거에 자신이 왜 해고되었는지 설명하는 데 주저하지 않는다.

"젊은 시절의 난 너무나 기회주의적이었고, 미숙했고, 자신만만했다. 어쩌면 오만하기까지 했다. 나의 그런 모습들이 지긋지긋했다. 나는 가능하다면 그와 같은 나의 성격들을 죄다 없애려고 무척이나 애를 썼다."

그는 수줍음이 많은 사람이 아니다. 만약 당신이 영화제작자이고 투자의 신(神) 역할에 걸맞은 배우를 캐스팅하려 한다면, 보글의 목소리를 듣자마자 오디션을 중단하고 적임자로 낙점할 게 분명하다. 오랜 세월을 거치면서 증명된 보글의 중저음 목소리는 역사연구와 경험을 근거로 한 권위 때문인지 위압적으로 울린다. 물론 보글이 신까지는 아니라 해도 1970년대에 인덱스펀드를 시작한 그가 투자계의 전설적 인물이라는 점에는 모두가 동의할 것이다.

"나는 주장이 강하고 요구가 많으며 단호하다. 그리고 경험이 풍부한 관리자다. 또한 역사에도 관심이 많다. 나는 결정을 내리기 전, 여러 가지 문제들을 곰곰이 생각하면서 지낸다. 그래서 누군가로부터 '이런 점에 대해 생각해봤습니까?'라는 질문을 듣는 일이 거의 없다."

보글이 뱅가드 그룹을 세워 세계 최초의 인덱스 뮤추얼펀드를 도입한 결과, 미국인들의 투자방식이 바뀌었다는 건 누구나 아는 사실이다. 보글은 의기양양하게 이렇게 들려주었다.

"우리가 새로운 트렌드의 리더임을 뜻하는 뱅가드는 지난 1000년의 역사 가운데 최고의 해전으로 꼽은 넬슨 제독(Lord Nelson)의 나일강 전투에서 이름을 붙였다. 넬슨 제독은 이집트에서 제국을 건설하려던 나폴레옹의 꿈을 완전히 조각내었다. 영국 측 전함은 한 척도 손실이 없었던 반면, 프랑스 해군은 전멸했다."

인덱스펀드는 주식시장이나 주가지수를 앞지르려는 자산관리자들의 예측 불가능하고 값비싼 거래에 의존하지 않는다는 점에서 다른 펀드와 달랐다. 그러한 자산관리자 대부분이 시장을 추월하지 못했다는 사실은 역사적으로도 증명되었다. 인덱스펀드는 관리비용을 적게 유지하면서 주가지수 자체를 반영하고 지수수익률에 근접할 목적으로 만들어졌다. 1990년대에 인덱스펀드는 수천 만 미국인들이 사용하는 주요 투자방식으로 자리 잡았고, 거의 모든 펀드보다 좋은 실적을 자랑했다. 지금도 인덱스펀드는 다른 운용펀드들보다 실적이 좋다.

보글은 인덱스펀드를 최초로 고안한 장본인이지만, 아이러니하게도 이 펀드가 직장 해고의 산물이었음을 아는 이는 드물다.

사건은 1960년대 말, 그가 보수적인 투자 서비스를 제공하던 웰링턴펀드의 사장으로 일하고 있을 때 시작되었다. 보글과 이사회는 보스턴의 투자상담사 손다이크, 도란, 페인 앤 루이스(Thorndike, Doran, Paine and Lewis)와 합병하기로 결정을 내렸다. 손다이크는 웰링턴이 제품 라인을 확대하고 더욱 적극적인 자산관리에 참여할 수 있도록 공격적인 자산관리 서비스를 제공했다. 회사가 확장되면서 수백 만 달러가 넘는 자금이 성공적으로 유치되었고, 이 자금은 웰링턴의 사장이자 최고경영자인 존 보글 휘하의 자산관리자들에 의해 공격적·적극적으로 관리되었다. 당시는 경기가 좋았던 1960년대로, 주식시장이 전후 베이비붐 세대에 의해 불 마켓이 형성되면서 급상승했다. 그러나 좋은 시절은 오래 가지 못했다. 1970년대 초반이 되자 주식시장은 내리막길에 접어들었고, 웰링턴의 자산 역시 눈에 띄게 감소했다. 보글의 설명에 따르면 어림잡아 70% 정도나 감소했다고 한다.

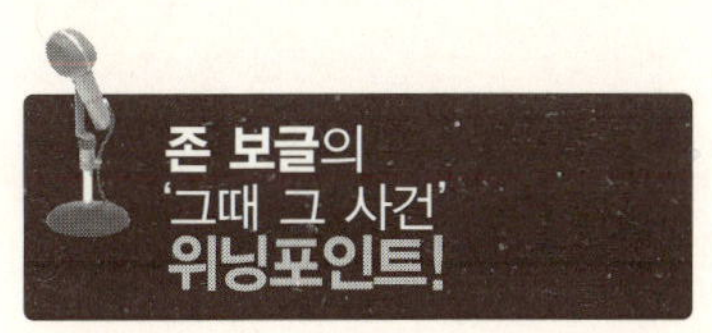

1974년 1월, 우리 주주들에게 손해를 입힌 사람들이 한패가 되어 나를 해고했다! 그들은 나보다 의결권이 많았으며 웰링턴 이사진에 자기 친구들을 여럿 심어두

었다. 당시 나는 사내 정치를 잘 몰랐고 그런 것이 있는지조차 몰랐다. 그리고 나는 너무나 순진했다. 사업의 역사에 관한 프린스턴 대학 졸업논문에서 역사의 교훈을 주제로 써놓고도 정작 그것을 깨닫지 못했다.

나는 웰링턴펀드의 사장으로 남았지만, 이사회는 투자관리와 분배 문제에 내가 관여하지 못하도록 조치했다. 솔로몬 왕처럼 말하자면, 그들은 내게 회사의 3분의 1인 관리업무를 주었고, 다른 사람들에겐 3분의 2에 해당하는 투자, 고문, 분배, 마케팅 영역을 맡겼다. 파이에서 가장 맛없는 부분인 관리업무가 내게 주어졌다. 그렇다고 오해하지 말기 바란다. 관리업무는 매우 중요하며, 능력 있고 헌신적이며 뛰어난 사람들이 일하는 분야다. 그러나 솔직히 말해서 흥미진진한 일거리는 아니다.

나는 이사회 측에 말했다. "보세요, 당신들은 펀드의 주주들을 대표하고 있습니다. 펀드의 운용방식은 우리가 감독할 겁니다." 그리고 나는 이렇게 곁들였다. "우리는 펀드가 망하지 않도록 모든 임무를 다할 것입니다. 그런 저에게 감독권이 없다면 회사가 망할 수밖에 없고, 신문에 우리의 주가가 발표되지 않으면 망할 것입니다. 상환을 처리하지 못하거나 새로운 주식을 발행하지 못하면 망할 수밖에 없어요. 그 모든 일을 제가 하겠습니다. 우리의 관리능력을 믿고 맡겨주십시오."

그러자 이사들은 이렇게 말했다. "잠깐만요. 당신은 그런 일에 관여할 수 없어요. 만약 업무에 대해 좀더 성실했다면 웰링턴의 자산이 급격하게 감소하지는 않았을 것 아니오!"

그래서 나는 말했다. "정말 그렇게 생각하신다면, 이 자리에서 물러나겠습니다."

나의 한마디에 꽉 막힌 정체 상황이 해결되었다. 성실하지 못하다고? 어쩌면 그럴 수도 있다. 하지만 가치 있는 목적을 위해 열심히 일한 것에 대한 부끄러움은 없다. 그들은 전술상의 실수를 저질렀다. 그들은 내가 포커 판에서 잃은 돈을 크랩스(craps, 주사위 2개로 하는 도박의 일종—옮긴이)에서 딸 거라고는 생각지도 못했다.

결국 나는 뱅가드를 만들어 1975년 5월 1일에 문을 열었다. 그리고 같은 해 9월, 세계 최초로 인덱스펀드 개설을 제안했다. 그 이유는 이러했다. 첫째, 내가 투자관리 부문으로 돌아갈 수 있었기 때문이다. 그리고 두 번째, 우리 뱅가드는 순전히 이 사업 부문에서 저비용의 공급자가 되려고 했다. 인덱스펀드야말로 그런 목적에 가장 잘 어울리는 최초의 펀드였다고 자부한다. 장기적으로 결코 손해를 안 보는 펀드였다. 시장평균 이상의 수익률을 보장하는 인덱스펀드는 일반인들도 쉽게 투자하도록 길을 열어주었다. 1,000달러 미만의 저가형 인덱스펀드에 수백만 명의 개인투자자들이 관심을 보인 결과, 증시의 확대가 크게 이루어졌다. 1976년 우리는 세

계 최초의 인덱스펀드를 설립했는데, 내가 알기로 두 번째 인덱스
펀드가 생긴 것은 1984년의 일이다. 뱅가드의 시장점유율은 당시
업계자산의 1%에 해당되는 수준에서 오늘날 10%가 넘는 수준으로
까지 확대되었다. 그 10%P를 자산으로 따지면 8,800억 달러에 가깝
다(2009년 말 기준, 미국의 뮤추얼펀드 규모는 1조 3,000억 달러에 이른다).

나는 비록 해고당하는 일을 겪었지만 실망하지 않았다. 오히려
이기는 길을 찾고자 노력한 결과 놀라운 반전을 맛보았다. 이후 더
욱 열심히 노력하고 구상하여 새로운 투자법을 제공했다. 돌이켜
생각해보면 그때의 말도 안 되는 해고가 내 삶의 위닝포인트였다.

John C. Bogle's History

80세가 넘은 존 보글은 뱅가드그룹 창립자이자 보글 금융
시장리서치센터(Bogle Financial Markets Research Center) 대
표다. 1974년에 뱅가드그룹을 설립하여 1996년까지 회장
겸 최고경영자로 재임했으며, 2000년까지 선임회장으로 일했다. 그는
1951년부터 전술한 회사, 즉 웰링턴 매니지먼트사에서 근무했는데, 그곳
에서 1967년부터 1974년까지 최고경영자직을 맡았다. 뱅가드그룹은 세
계 2대 뮤추얼펀드 기관에 속한다. 펜실베이니아 주 맬번(Malvern)에 본

사를 둔 뱅가드는 100개가 넘는 뮤추얼펀드로 이루어져 있으며, 자산은 대략 1조 달러에 이른다. 그룹 내에서 가장 규모가 큰 펀드인 뱅가드 500인덱스 펀드(Vanguard 500 Index Fund)는 1975년, 존 보글에 의해 설립되었다. 이는 세계 최초의 인덱스 뮤추얼펀드다.

존 보글은 프린스턴 대학교 경제학과를 우등 졸업했으며 조지타운, 프린스턴, 펜실베이니아, 델라웨어, 로체스터, 뉴스쿨, 서스퀘나, 이스턴, 와이드너, 드렉셀 대학교 등에서 명예학위를 받았다. 저서로 《보글의 뮤추얼펀드: 지적인 투자가를 위한 새로운 관점(Bogle on Mutual Funds: New Perspectives for the Intelligent Investor)》, 《승자의 게임, 인덱스펀드(Common Sense on Mutual Funds: New Imperatives for the Intelligent Investor)》, 《존 보글 투자의 정석(John Bogle on Investing: The First 50 Years)》, 《자본주의 정신을 위한 투쟁(Battle for the Soul of Capitalism)》, 《모든 주식을 소유하라(The Little Book of Indexing: The Only Way to Guarantee Your Fair Share of Stock Market Returns)》, 《부자지침서(Enough. True Measures of Money, Business, and Life)》 등이 있다.

피터 린치

홈디포를 헐값에 팔아치우다!
: 워너 종목의 장기 보유 필요성

1977년부터 1990년까지 피델리티의 마젤란펀드를 운영하여 경이로운 실적을 올렸다. '자신이 아는 것에 투자하라'는 테마를 보급한 것으로 유명하다. 베스트셀러 《전설로 떠나는 월가의 영웅(One Up on Wall Street)》과 《이기는 투자(Beating the Street)》 등의 저자이기도 하다.

피터 린치는 보스턴의 사무실에서 피델리티 인베스트먼트(Fidelity Investment)의 포트폴리오 매니저들에게 투자의 대가로서 멘토가 되어주고 있다. 그러나 피터 린치는 웃으며 이렇게 겸손을 떤다.

"나를 대단하다고 평가해주는 건 고맙지만, 나에게 대가라는 수식어는 과분하다. 흔한 펀드매니저일 뿐이다."

물론 피터 린치는 그저 그런 펀드매니저가 아니다. 만약 1977년 린치가 운영하던 피델리티 마젤란펀드에 1,000달러를 투자했다면 1990년 그가 펀드 운영에서 손을 뗄 무렵 2만 8,000달러를 손에 쥐게 되었을 것이다. 사례가 썩 마음에 와 닿지 않는다면 이렇게 생각해보자. 그가 마젤란펀드 운영을 시작했을 무렵에 개인퇴직계좌 저축액 10만 달러를 그의 펀드에 넣었다면, 추가로 펀드에 한 푼도 더 넣지 않았더라도 13년 뒤엔 280만 달러가 되었을 것이다. 조기 퇴직이란 말이 매력적으로 들리지 않는가? 놀랍게도 그 기간 동안 피터 린치의 연간 평균수익률은 29.2%를 기록했다. S&P500은 단 두 해 동안만 린치의 수익률을 앞섰다. 린치는 다음과 같이 말한다.

"당시에는 하루 24시간이 모자랄 만큼 모든 일들이 재미있고 좋았다. 주식시장만 쳐다보면서도 하루 24시간을 거뜬히 보낼 수 있었다. 다시 말하지만 그 시절에는 시간이 부족했다."

피터 린치와 대화해보면, 그가 하루 24시간에 많은 종목에 투자하는 것 같다는 생각이 든다. 그가 말하는 속도에 생각하는 속도를 반영한다면, 피터 린치의 리서치에는 많은 지적 능력이 투입되고 있는 것이다. 그는 이런 말을 들려주었다. "내 변속기는 무척 작다. 그리고 너무 부려먹어서 끊어졌다. 그래서 펀드 운영 같은 것은 할 수 없다."

현재 피델리티에서 리서치 컨설턴트로 일하는 피터 린치는 펀드매니저들과 정기적으로 만나 '협상이 거의 불가능해 보이는 금융 세계에서 성공적으로 투자하는 법'에 대해 진솔한 조언을 들려준다. 린치의 놀라운 점은 그가 일군 성공적인 투자방식이 너무나 간단한 것처럼 느껴지게 만든다는 사실이다. 린치는 "8살짜리를 상대로 2분 만에 당신이 소유한 주식과 그 주식을 소유하고 있는 이유를 설명할 수 있어야 한다. 그 점을 이해하지 못하면, 정말로 문제가 생길 것이다"라는 말도 들려주었다.

차트를 중시하는 전문 애널리스트와 대차대조표에 명확히 나타나지 않은 이익을 찾아내는 컴퓨터들, 그리고 온갖 종류의 이론을 시험하는 펀드매니저가 월가에 늘어나고 있는 상황에서 피터 린치의 방식은 참신할 정도로 근본적이라는 인상을 심어준다.

"기업의 실적과 주식 사이에는 100%의 상관관계가 존재한다. 주식은 막연히 행운을 주는 복권이 아니다. 모든 주식 뒤에는 기업이 존재한다. 기업이 잘 하면, 주식도 잘 나간다. 기업이 잘 못하면, 주식도 잘 나갈 수 없다는 게 진리다."

피터 린치는 마이클 델(Michael Dell)로부터 델 주식의 미래를 점쳐달라는 부탁을 받았던 때를 설명했다.

"7~8년 전 중요한 회의에서 나와 델이 모두 참석했던 것으로 기억한다. 누군가 무대 위에 있는 델에게 말했다. '델 주식은 어떻게 될까요?' 그러자 델은 '저기 계신 린치에게 물어보지 그래요?'라고 말했다. 그때 나는 객석에 앉아 있었고 이렇게 말했다. '잘 들으세요. 지금부터 5년 후 델이 더 많은 돈을 번다면 주가는 높아질 것이고, 돈을 많이 벌지 못하면, 주가는 떨어질 겁니다.'"

피터 린치 월가에서 기회를 찾으려면 주변의 세상을 돌아봐야 한다고 말한다. '자신이 잘 아는 것에 투자하라'는 말은 그의 대표적인 조언이면서도 현실적인 조언이다. 예를 들어, 린치는 레그스(L'Eggs) 스타킹을 신어본 아내가 그 스타킹에 대해 침이 마르도록 칭찬을 하자 자신의 뮤추얼펀드에 레그스 주식을 편입했다. 이처럼 피터 린치의 투자종목 리스트에는 그가 처음에 돈을 투자했을 시에는 잘 알려지지 않던 유명 브랜드들, 예컨대 칠리스(Chili's)나 던킨 도너츠(Dunkin' Donuts), 스톱 앤 숍(Stop & Shop) 등으로 가득 차 있다.

그는 이런 말도 했다. "난 월마트(Wal-Mart)를 놓쳤다. 만약 아칸소 주에서 더 오래 살았더라면, 월마트 주식으로 재미 좀 봤을 텐데. 월마트 매장을 본 적이 없었다. 자신이 갖고 있는 주식을 잘 알아야만 한다. 주가가 내려가면 조정장에서 떨려날 수 있기 때문이다."

피터 린치는 훌륭한 투자 리더들을 존경하지만, 그런 리더에 의지하지는 않는다. 그래서 다음과 같은 유명한 말이 탄생하기도 했다.
"바보도 경영할 수 있는 기업에 투자하라!"

그가 마음속에 갖고 있는 목표 중 하나는 주가가 10배 오르는 주식, 즉 '10루타'를 찾는 것이다. 10루타는 야구에서 쓰는 2루타, 3루타에 기초하여 피터 린치가 만들어낸 말이다. 물론 린치가 주식을 골라내는 능력으로 사람들의 존경을 한몸에 받았지만, 그런 그도 매번 제대로 짚은 것은 아니었다. 그는 의미 있는 말을 한다.
"융통성을 발휘하고, 편견을 갖지 말며, 잘못에서 성공의 길을 배워라!"

연간 수익률 29.2%라는 대기록에 많은 실수가 포함되어 있지는 않겠지만, 피터 린치 역시 사람인지라 여러 차례의 실수와 배움이 있었다고 고백한다.

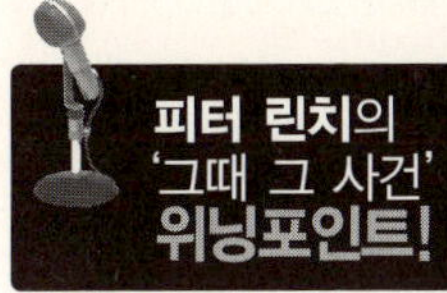

1982년쯤의 일이다. 애틀랜타에서 열린 로빈슨 험프리(Robinson Humphrey) 컨퍼런스에 참석했다가 홈디포(Home Depot) 매장을 방문하게 되었다. 홈디포 매장은 4개에서 6개로 늘었는데, 모두 애틀랜타에만 있었다. 당시 사장이던 아서 블랭크는 홈디포의 경영자 중 한 사람이었다. 나는 6개의 매장 가운데 4곳을 방문했다. 매장을 둘러본 후 홈디포의 주식을 약간 샀는데, 그만 바보 같이 2년 후에 몽땅 팔아버렸다. 이후 홈디포의 주가는 25배나 뛰었다. 세상에!

10번의 투자 가운데 6번이 성공한다면 굉장한 성과라고 말할 수 있다. 사람들은 위너(winner) 종목이 루저(loser) 종목으로 인한 손실을 상쇄해주길 바란다. 잘못된 종목 선택을 여러 번 할 수도 있다. 그러나 위너 종목이 3배, 5배, 20배로 오른다면 50% 이상 떨어진 주식도 조급함에 팔지 않고 보유할 수 있다. 그래서 이기는 종목이 중요한 것이다. 나는 그렇게 엄청난 주식이 탄생하고 있는 현장에 서 있었다. 누구보다 일찌감치 말이다. 그런데 바보 같이 홈디포에 관심을 기울이지 않았고 멍청한 결정을 내리고 말았다. 나는 홈디포 주식을 3배의 차익에 팔았지만 이후 주가는 50배나 급등했다. 다시 생각해봐도 그 결정은 멍청한 짓이었다. 계속 홈디포에 관심을 갖고 주시했다면….

알다시피, 홈디포 매장은 현재 400개에 이르고 경쟁자도 별로 없는 상황이다. 무엇보다 홈디포는 고객에게 좋은 품질을 제공한다. 홈디포의 대차대조표는 훌륭하게도 주기적인 모습을 전혀 보이지 않았다. 나는 사람들에게 강조한 10루타를 칠 수도 있었지만 기회를 놓치고 말았다. 한참이 지났지만 지금도 내 머릿속에서 무슨 일이 벌어지고 있었는지 알고 싶다. 위너 종목, 내가 갖고 있는 종목들 중 위너들은 많았다. 파네라 브레드사(Panera Bread Company)가 된 오 봉 펭(Au Bon Pain Co.Inc)의 경우, 크게 오른 종목이지만 계속 보유하고 있었다. 스톱 앤 숍, 던킨 도너츠, 퀸타 모터 인(Quinta Motor Inn), 타코 벨 등도 계속 갖고 있는데, 어쩌자고 홈데포는 팔고 말았는지!

어느 날 워렌 버핏(Warren Buffett)이 전화를 걸어왔다. 아마도 1989년 또는 1990년이었던 것 같다. 버핏은 내게 말했다.

"연례 보고서를 써야 하는데, 당신 책에 나온 말을 쓰고 싶소. 위너 종목을 팔고 루저 종목을 보유하는 것은 꽃은 꺾고 잡초에 물을 주는 것과 같다고 한 그 말 말이오."

나는 버핏에게 이렇게 대답했다. "그럼요. 괜찮습니다. 사용하세요."

사람들에게 조언했던 그 말을 나 스스로는 따르지 못했다. 꽃은 꺾고 잡초에 물을 주었으니 말이다.

　홈디포는 훌륭한 기업이다. 대차대조표도 훌륭하고, 실적도 좋으며 수익도 엄청났다. 홈디포는 돈도 빠르게 벌었으며, 직원들의 근로 의욕도 높았다. 내가 홈디포 주식을 매도했을 때에는 몇 개의 주에만 매장이 있었다. 물론 모든 도시에 매장이 생기고, 로우스(Lowe's) 같은 경쟁기업이 나타나면서 이야기가 완전히 달라진다. 하지만 그것은 20년 뒤에나 일어날 일이었다.

질문: 만약 계속 홈디포 주식을 갖고 있다면 어떻게 관리했을까요?

　나는 6개월에 한 번, 홈디포 매장을 방문하거나 월가 애널리스트들에게 전화를 걸었을 것이다. 그리고 석 달에 한 번 정도 홈디포에 전화를 걸어 기업의 업데이트된 정보를 얻고자 했을 것이다. 각 매장의 실적, 새로운 시장에 진출했는지의 여부, 기존 매장들의 관리상태 등등. 물론 이런 것들 모두가 공개된 정보이지만 나는 아마 이런 접촉을 계속 유지했을 것이다. 특별히 전문적인 이야기가 아니라 어느 도시에 새 매장을 오픈했는지, 어느 지역의 매장이 약한지, 어떤 기업과 경쟁하는지 등등. 홈디포는 기본적으로 구멍가게 수준의 소매점만 있던 상황에서 대형 DIY 소매점으로 자리매김을 했다. 그들은 소비자를 끌어들이는 데 탁월했다.

질문: 아직도 그때의 결정이 괴롭나요?

아니다. 하지만 당시의 판단에서 배운 바가 있다. 위너 종목은 계속 오르도록 놔둬야 한다는 본보기가 되었다. 솔직히 10배가 오르는 주식을 사는 일은 매우 드물다. 그런 주식은 누구나 놓치고 싶지 않을 것이다. 그런데 홈디포는 25루타, 아니 30루타 정도쯤 된다. 1983년, 홈디포 주식은 25센트에 살 수 있었다. 그런데 지금은 50달러가 넘는다. 나는 당시의 결정을 후회하며, 훌륭한 기업이라면 늘 주시하고 관심을 갖고 있어야 한다는 진리를 깨달았고 이후에는 같은 잘못을 되풀이하지 않고자 노력했다. 그것이 나의 성공비결, 위닝포인트다. 혹 주식에 관심을 갖고 있다면 기업의 성장 가능성과 도덕성, 그리고 주변의 여러 가지 상황들을 예의주시해야 한다. 회사가 제 할 일을 잘 하고 있는지 늘 확인해야 한다. 주식이 계속 오르는 데에는 다 그럴 만한 이유가 있는 것이다. 위너 종목을 너무 일찍 팔지 마라. 잠시 주춤하더라도 끝까지 붙잡고 있어라. 그리고 계속 주시하라. 그들의 성공 스토리가 변함없이 타당한지 확인한 후 파는 결정을 내려도 늦지 않다.

Peter Lynch's History

1944년에 태어난 린치는 1968년 펜실베이니아 대학교의 와튼 경영대학원에서 MBA를 취득했다. 현재 피델리티 그룹 내 여러 뮤추얼펀드의 투자 고문역을 하는 피델리티 매니지먼트 앤 리서치 컴퍼니(Fidelity Management & Research Company)의 부회장 겸 피델리티 펀드 고문이사회 회원으로 있다. 피델리티 인베스트먼트사는 미국 내 최대 뮤추얼펀드사인 동시에 제1의 퇴직연금제공자이자 최대 규모의 뮤추얼펀드 슈퍼마켓(mutual fund supermarket, 다양한 펀드를 한곳에서 비교, 구입할 수 있는 시스템—옮긴이)이며 선두적인 온라인 증권회사다.

린치는 피델리티 마젤란펀드의 포트폴리오 매니저였는데, 그가 펀드를 이끌던 1977년 5월부터 1990년 5월까지 세계에서 가장 높은 수익률을 냈다. 그가 마젤란펀드를 인수할 당시에 2,000만 달러였던 펀드의 자산 규모는 그가 펀드 운영에서 손을 뗄 무렵, 140억 달러로 늘었고, 펀드의 주주도 100만 명이 넘었다. 마젤란은 1983년 세계에서 가장 큰 펀드가 되었고, 이후 7년 동안 지속적으로 최고의 수익을 냈다.

린치의 첫 번째 저서 《전설로 떠나는 월가의 영웅》은 베스트셀러 목록에 올랐고, 두 번째 저서 《이기는 투자》 역시 8주 동안 〈뉴욕타임스〉 베스트셀러 목록에서 1위를 차지했는데, 이 책들은 전 세계에서 출간되었다.

빌 그로스

블랙잭에서 돈을 몽땅 잃다!
: 게임에서 배우게 된 이기는 전략

세계 최대 채권운용사 핌코(Pacific Investment Management Company)의 공동창립자다. 세계 최대의 채권펀드인 핌코 토털리턴펀드(PIMCO total return fund)를 운영 중이며, 핌코팀과 함께 〈모닝스타(Morningstar)〉가 선정한 '올해의 채권매니저상'을 3회(1998, 2000, 2007년) 수상했다.

일반인들은 채권에 대해 잘 모른다. 채권은 퇴직금계정에서 보수적인 부분을 대표하는데, 시간이 지나면 특정한 이율을 지불하겠다고 동의한 차용증이다. 유용하긴 해도 다소 따분하다. 그러나 빌 그로스는 결코 평범한 사람이 아니다.

빌 그로스에게 채권은 어떤 의미일까? 아마도 그가 한때 라스베이거스에서 하루 16시간씩 즐겼던 블랙잭만큼이나 흥미진진할 것이다. 도박장에서 자신에게 불리한 카지노 시스템을 이기려고 노력하며 얻은 교훈은 세계 최대 채권펀드 핌코의 토털리턴펀드를 어떻게 운영해야 하는지 가르쳐주었다. 빌 그로스는 이렇게 털어놓는다.

"블랙잭을 통해 나는 리스크와 보상에 대한 감각을 익힐 수 있었다. 이 감각은 지금도 내 안에 남아 있다."

지루한 채권과 눈부시게 현란한 라스베이거스가 관련이 있을까? 물론이다. 블랙잭은 인간으로서, 채권매니저로서 빌 그로스가 받은 교육의 일부다. 핌코의 공동창업자는 조심스럽게 입을 열기 시작했다. 그는 오하이오 주 미들타운(Middletown)에서 태어나 듀크 대학교 심리학과를 졸업한 뒤, 1960년대 중반 해군에 입대했다.

"해군 복무를 마친 후 UCLA 대학원에 진학하여 MBA를 땄다.

그리고 포트폴리오 매니저 자리를 구하려고 했지만 생각처럼 쉽지 않았다. 나를 원하는 곳은 한 군데도 없었다. 그러다가 퍼시픽 뮤추얼(Pacific Mutual)이라는 회사에 취직해 일하기 시작했다. 당시 퍼시픽 뮤추얼은 핌코라는 작은 자회사를 막 시작하려던 참이었다. 핌코는 자사의 생명보험사를 위해 500만 달러 규모의 뮤추얼 펀드를 운영할 예정이었다."

지금 그는 약 2,000억 달러 규모인 토털리턴펀드의 포트폴리오 매니저다. 그리고 빌 그로스가 공동으로 설립한 핌코라는 작은 자회사는 오늘날 직원 수 1,200명이 넘고 대략 7,500만 달러를 운영 중이다. 또한 그는 〈포브스〉가 선정한 세계 최고 갑부 중 한 사람이다. 그런데 이 모든 것이 단돈 50달러를 들고 바하마로 떠난 휴가에서 시작되었다면 믿겠는가!

바하마 수도, 낫소(Nassau)에서 그는 호주머니에 50달러가 있음을 알게 되었다. 그는 껄껄거리며 내게 말했다. "처음에는 그 돈으로 맥주를 마시고 여자들과 놀 마음 밖에는 없었소." 낫소에는 카지노가 몇 군데 있었는데, 그는 맥주를 몇 잔 마신 후 블랙잭 테이블에 앉았다.

"비교적 게임이 쉬워 보였습니다. 5분 정도면 돈을 배로 늘릴 수 있을 거라는 자신감이 충만했어요."

과연 그는 돈을 땄을까? 물론 결과는 참패로 끝이 났다. 하지만 그 일이 억만장자가 되기 위한 빌 그로스의 첫 발걸음이었다.

대략 5분쯤 블랙잭 테이블에 앉아 있었다. 그런데 불과 5분 후 50달러가 눈앞에서 사라져버렸다! 빈털터리가 된 나는 친구들로부터 맥주 마실 돈을 빌릴 수밖에 없었다. 술집에서 화끈하게 놀 수 있을 거란 기대 또한 수포로 돌아갔다. 다시 듀크로 돌아온 나는 자동차 사고를 당했다. 머리를 크게 다쳐 4학년 2학기 내내 성형수술을 받느라 병원에서 누워 지내야만 했다. 우연히 병원 구내서점에 가게 되었는데, 블랙잭 카드 카운팅(card counting, 게임 참가자에게 나눠주는 카드 패의 흐름을 기억한 후 남은 카드를 추적하는 기술—옮긴이)의 창시자 에드 소프(Ed Thorp)의 책을 발견했다. 책 이름은 《딜러 이기기(Beat the Dealer)》였다. 카지노에서 잃은 50달러를 잊지 못한데다가 수술에서 회복하기까지 시간이 좀 있었기에 에드의 책을 읽으며 카드 시스템을 익혔다. 그리고 책에서 알려준 대로 카드를 세고 돈을 걸면서 가상의 딜러를 상대로 수천 번 게임을 벌였다. 대학 졸업 무렵, 적어도 게임에서는 잃지 않을 자신이 있었다.

　해군 조종사가 되기로 서명한 나는 졸업식 이후 해군에 입대하기까지 넉 달 정도의 시간이 있었다. 그 넉 달 동안 딱히 할 일이 없었다. 대학 다닐 때 고맙게도 부모님이 주신 돈이 있었는데, 거의 다 쓰고 200달러가 수중에 있었다. 나는 200달러를 지갑에 챙겨 라스베이거스로 가는 열차에 몸을 실었다. 라스베이거스에 도착한 이후 군에 가기 전까지 하루도 안 빠지고 꼬박 16시간씩 블랙잭을 했다. 내겐 동반자도 없었다. 그런 여행에 누가 따라오겠는가? 나는 하루에 6달러를 지불해야 하는 호텔에 머물며 아침이면 일어나 블랙잭을 하고 16시간 뒤 잠자리로 돌아왔다. 그런 일과가 넉 달 동안 반복되었다.

　하루도 안 빠지고 블랙잭에 미친 결과, 200달러였던 돈이 1만 달러로 불어 있었다. 꽤 성공적인 이야기처럼 들리겠지만, 모든 것을 고려해보면 별로 남은 게 없는 장사다. 시간당으로 계산해보니 1시간에 5달러를 번 셈이었다. 그러나 중요한 사실은 내가 이겼다는 점이다. 나는 블랙잭과 그 시스템에 통달했고, 아무것도 모르고 불과 몇 분 만에 돈을 몽땅 날린 낮소에서와는 반대로 라스베이거스에서는 늘 승기를 잡았다. 엄밀히 말해 낮소에서의 경험이 실수였다면 라스베이거스의 경험이 성공, 위닝포인트일 것이다. 나는 두 가지 경험을 기초로 3년 후 해군 복무를 마쳤을 때 수학적 능력이나 확률, 계산, 돈을 따려는 정신, 리스크 감수 등의 기술로 무슨 일을 할 수 있을지 생각했다. 해군에서 복무하던 3년 동안 찬찬히 진로를 고민할 수 있었다. 듀크 대학에서 심리학을 전공했지만 복무를 마치고 나니 정말로 내가 하고 싶은 일은 투자매니저가 되어 뮤추얼펀드를 운영하는 것이었다. 당시 채권은 사람들의 관심사 밖에 있었기 때문에 펀드라고 하면 주식펀드만을 의미했다. 복무를 마친 후 뮤추얼펀드의 포트폴리오 매니저 자리에 지원했다. 군복무 전 카지노에서 배운 경험과 기술은 정확히 내가 성공하는 데 이용할 수 있는 기술이었다. 내 삶에서 위닝포인트는 처음 50달러를 잃은 낫소에서 시작되었다고 해도 과언이 아니다. 낫소에서의 참패가 나를 라스베이거스까지 가도록 만들었고, 다시 대학원으로 진학하게 이끌었다. 그리고 나를 퍼시픽 뮤추얼에 취직하게 만들었고, 핌코로 이끌었다. 결국 나는 1970년대 초 한창 성장세에 있던 채권시장에 발을 딛게 되었다. 나는 제 때에 딱 맞는 자리에 있었던 것이다.

생명보험사였던 퍼시픽 뮤추얼은 규모가 상당히 작았다. 주식보다는 채권을 더 많이 보유하고 있었다. 그래서 나는 채권 운영을 위해 핌코를 시작했다. 그리고 나머지 이야기는 다들 아는 대로다.

질문: 첫 블랙잭에서 50달러를 몽땅 날린 일이 계기가 되었군요?

난 지는 걸 죽기보다 싫어한다. 게다가 멍청하게 지는 것은 더더욱 견딜 수 없다. 돈을 잃고 속이 상했지만 어쩔 도리가 없었다. 병원에서 책을 처음 발견했을 때, 만약 책이 사실이라면 내가 당했던 것과는 반대로 블랙잭 시스템을 무너뜨릴 수 있을 거라고 생각했다.

질문: 블랙잭의 카드 카운팅이 자금관리로 바뀔 수 있나요?

거의 완벽하게 바뀔 수 있다. 그 책은 켈리 시스템(Kelly system)이라는 계산법에 근거한다. 실제로 켈리 시스템은 1970년대와 1980년대를 주름잡으면서 로버트 머턴(Robert Merton)과 마이런 숄즈(Myron Scholes)에게 노벨상을 안긴 블랙-숄즈(Black-Scholes)옵션 기법의 선조가 되었다. 에드 소프의 방식은 리스크 관리 이론이었다. 켈리 계산법은 조잡한 형태의 옵션 이론이었다. 나는 UCLA 대학원에서 켈리 리스크 기법에 관해 석사논문을 썼는데, 이 기법을 채권 대 주식 리스크 차익거래에 적용했다. 그래서 나는 보상과 관련된 리스크의 기초를 익혔고, 채권시장에서 운영할 돈이 생겼을 때, 얼마의 돈을 특정 분야나 기업에 투자할 수 있는지, 포트폴리오에서 어느 정도의 리스크를 고려할 수 있는지 등등의 지식을 갖출 수 있었다. 카지노에서의 경험을 통해 리스크와 보상에 대한 감각을 익혔고, 지금도 그 감각을 유지하고 있다. 어떤 일을 하겠다고 마음을 먹었다면 게임의 규칙뿐 아니라 승패의 확률 또한 반드시 알아야 한다. 낫소에서는 그런 것을 전혀 몰랐다.

Bill Gross's History

빌 그로스는 핌코의 창립자로 뉴포트비치 본부 사장이자 최고정보관리 책임자이다. 38년이 넘는 세월 동안 핌코를 지킨 그는 8,000억 달러가 넘는 고정수익증권을 관리감독한다. 그는 1997년에 출간된 저서, 《당신이 투자와 관련해 들은 얘기는 모두 틀렸다(Everything You've Heard about Investing is Wrong)》를 포함하여 채권시장에 관한 논문도 다수 발표했고 전국지와 언론에 자주 출연한다. 그는 상도 많이 받았는데, 〈모닝스타〉는 1998년, 2000년, 2007년, 세 번에 걸쳐 그와 그가 이끄는 투자팀을 올해의 채권매니저로 선정했다. 이 상을 1회 이상 받은 사람은 그가 유일하다. 〈모닝스타〉는 그가 뛰어난 투자능력과 여론과 의견을 달리하는 용기, 장기 실적을 전달하는 데 필요한 주주에 대한 헌신을 보여주었다고 지적했다. 2000년에 그로스는 채권시장협회(Bond Market Association)가 수여하는 뛰어난 서비스상(Distinguished Service Award)도 수상했다. 1996년, 그는 채권분석과 포트폴리오 운영 발전에 막대한 공헌을 했다는 이유로 포트폴리오 매니저로는 처음으로 채권 애널리스트협회의 명예의 전당에 입회했다. 1993년 〈연금과 투자(Pensions & Investments)〉지가 실시한 설문조사에서 빌 그로스는 업종 내 동료들에 의해 미국 채권시장에 관한 가장 영향력 있는 권위자로 인정받았다.

05 William O'Neil

윌리엄 오닐

파는 시점을 몰라 낭패 보다!
: 매도, 매수규칙의 재발견

〈인베스터스비즈니스데일리(Investor's Business Daily, IBD)〉창립자이며, 'CAN SLIM' 주식투자 모델을 개발했다. 최연소로 뉴욕증권거래소(NYSE)의 회원이 된 이력을 갖고 있다.

UCLA의 전설적인 농구 코치, 존 우든(John Wooden)은 선수들에게 신발과 양말 신는 법을 가르치며 시즌의 첫 연습을 시작하곤 했다. 〈인베스터스비즈니스데일리(IBD)〉의 창립자이자 저명한 투자가 윌리엄 오닐은 그와 같은 종류의 집중력을 무척 좋아한다.

"우든은 선수들에게 패배를 안길 수도 있는 통제 가능한 사항을 모두 제거하려고 애쓰는 것이다."

존 우든의 코칭은 단순히 선수들 발에 물집이 생기거나 신발 끈이 풀려 경기를 망치는 상황을 막는 실용적인 조언에만 그치는 것이 아니다. 오닐은 그런 코칭이 성공하려고 애쓰는 사람을 위한 수업이라고 판단한다. 우든은 세세한 사항에 주의를 기울이는지의 여부가 챔피언이 되느냐 마느냐를 결정한다고 말했다. 섬세함과 관련해서는 농구 코치 우든에 대적할 사람이 아무도 없을 것이다.

한편 창의력과 실적, 영향력과 관련해서는 윌리엄 오닐의 투자 경력에 호적수가 될 만한 사람도 없을 것이다. 무엇보다 세부적인 사항에 대한 주의력과 관련해서도 오닐을 상대할 사람은 없다.

텍사스에서 어린 시절을 보낸 오닐은 사우스 파드리 섬(South Padre Island)까지 가서 샌드위치를 팔곤 했다. 어린 나이였지만 엄연한 사업가였다. 오닐은 당시를 이렇게 기억했다.

"바다가 가까운 곳에서는 샌드위치가 눅눅해진다는 사실을 알게 되었다."

　세부적인 사항에 대한 주의력 덕분에 그가 차린 윌리엄오닐플러스(William O'Neil＋Company)는 주식에 관한 엄청난 정보 데이터베이스를 축적할 수 있었다.

　"우리는 그 사이에 변한 게 그리 많지 않다는 사실을 알게 되었다. 1910년, 1930년, 1950년의 차트 패턴은 지금과 똑같다. 유일한 차이라면, 그 옛날엔 J. P 모건(J. P Morgan)이나 에드워드 해리먼(Edward Harriman) 같은 사람들이 주식을 사들였고, 1930년대 이후에는 뮤추얼펀드가 주식시장을 결정하는 시장의 지배 요인으로 등장했다는 점이다. 그러나 패턴은 예나 지금이나 변한 것 없이 똑같다."

　세부적인 사항, 그것은 오닐이 1984년에 금융일간지 〈IBD〉(처음에는 〈인베스터스데일리(Investor's Daily)〉였다.)를 창간한 이유였다. 여기 저기 여행을 다니다가 〈월스트리트 저널〉을 집어 들면, 사람들에게 필요한 데이터나 중요하다고 생각되는 내용은 눈 씻고 찾아봐도 없었다고 한다. 그들은 그냥 AP(Associated Press, 연합통신사)의 지난 뉴스를 덕지덕지 바르고만 있었다. 그러나 오닐은 단순히 세부적인 사항을 수집하거나 발표하는 일에 그치지 않고 그것들을 해석했다.

"우리는 1880년부터 지금까지 통하는 우량주식 선별 모델을 손에 넣었다. 그리고 순이익, 자기자본이익률(return on equity, 기업의 자기자본에 대한 기간이익의 비율―옮긴이), 제품 등의 변수와 기본적인 요인들을 모두 살펴본 후 기술적인 요소들까지도 눈여겨보았다. 우리가 착안한 모델은 후원, 업계의 상황, 제품 등 여러 가지 변수까지 종합한 것이었다. 그리하여 결국 우량주에 대한 일련의 규칙을 얻어낼 수 있었다."

그러면서도 오닐은 다음과 같이 인정한다.

"물론 완벽하지는 않다. 실수는 늘 있게 마련이니까…. 하지만 실수가 발생할 경우, 그것을 잘라내고 다음 것으로 옮겨간다는 규칙을 갖고 있다."

실제로 오닐은 그 모든 데이터에 기초한 거래 전략을 제안했고, 'CAN SLIM'이라는 약어로 널리 알려져 있다. 이 전략은 다음과 같은 정보로 시작된다.

C : 현재 순이익(Current earnings)

A : 연간 순이익(Annual earnings)

N : 신제품 또는 새로운 서비스(New product or service)

S : 수요와 공급(거래량에 기초한, Supply and demand)

L : 주도주 또는 소외주(Leader or laggard)

I : 기관투자가 소유(Institutional ownership)

M : 주요 시장지표와 추세(Major market indexes and their trends)

이러한 정보는 수년 동안의 리서치에 근거한 수천 가지 성공적인 주식 실적과 오닐 자신의 거래 경험에 근거한 것이다.

"우리의 제1규칙은 자신이 매수한 모든 주식이 처음 살 때보다 7~8% 정도 내려가면 팔아야 한다는 것이다. 주가가 다시 회복하여 오를 수도 있지만, 주가가 폭락하면서 70%나 떨어질 수도 있음에 유의하라. 주가와 너무 주저앉으면 상처를 입을 수밖에 없다."

오닐은 '싸게 사서 비싸게 팔라'는 투자경험에 대해 일찍이 배운 것이 있었다.

"정말로 놀라운 점은 그 말이 실제로는 '비싸게 사서 더 비싸게 팔라'는 의미라는 것이다. 이는 '싸게 사서 비싸게 팔라'는 과거의 철학에 따라 싸구려 주식을 사들이기보다는 가격이 높은 우량주를 사야 함을 입증하는 리서치에 근거했다."

주식을 사는 것은 방정식의 절반에 불과하며, 방정식의 나머지

부분도 제대로 맞춰야 했던 것이다. 오닐은 '주식을 언제 팔아야 하는지는 아무도 모른다'고 털어놓는다.

"우량주가 최고가를 친 시점에 대해 연구한 결과, 이런 식으로 해야 한다고 말할 수밖에 없는 규칙을 몇 가지 알게 되었다. 그중 하나는 시장 주도기업의 주식이 마침내 신고가에 도달하면, 보통 72%가 조정받는다는 것이다. 그래서 아주 오래 기다려야 본전치기라도 할 수 있게 된다."

오닐은 'CAN SLIM' 전략의 규칙을 실제 적용하는 방식에 대해 워크숍을 열었다. 전미 개인투자자협회(American Association of Individual Investors)는 1998년 1월부터 2009년 12월 31일까지 50개가 넘는 유명 투자기법 가운데 오닐이 창안한 'CAN SLIM 기법'을 최고의 전략으로 선정했다. 'CAN SLIM'의 성공은 부분적으로 몇몇 일간지들이 문을 닫는 시대에 〈IBD〉가 살아남게 된 이유이기도 하다. 〈IBD〉의 총수입에서 광고가 차지하는 비중은 20~25%에 불과하다. 나머지 수입은 주식선택 전략에 대한 'CAN SLIM' 추종자들을 교육시키는 워크숍과 구독자로부터 발생한다.

윌리엄 오닐과의 대화에서 흥미로웠던 점이 하나 더 있다. 그의 눈을 보면 주식을 선택하고 〈IBD〉를 읽는 것이 성공적인 투자전략 그 이상의 것이라는 느낌이 든다. 그것은 인생에서 성공을 위한 조직적인 접근방식의 일부라는 느낌이 든다. 얼마나 많은 신문이 '성공의 비법'을 알려주고 있는가?

여기서 잠시 〈IBD〉가 제시하는 10가지 성공비법을 소개한다. 〈IBD〉는 모든 분야에서 성공을 이룬 인물과 리더를 분석하는 데 여러 해를 보냈다. 대부분의 인물들이 아래에 제시하는 10가지 특징을 갖고 있는데, 10가지를 모두 합치면 꿈이 현실로 바뀌는 경험을 누릴 수 있다.

1. **어떻게 생각하느냐가 중요하다:** 항상 긍정적인 마음을 가져라. 실패가 아니라 성공을 생각하라. 부정적인 환경을 조심하라.

2. **진짜 꿈과 목표를 정하라:** 구체적인 목표를 적어두고 그 목표를 달성하기 위한 계획을 세워라.

3. **행동을 취하라:** 행동이 없는 목표는 무의미하다. 시작을 두려워 마라. 일단 행동으로 옮겨라.

4. **배우기를 멈추지 마라:** 학교로 돌아가거나 책을 읽어라. 훈련을 받고 기술을 습득하라.

5. **끈질기게 버티고 노력하라:** 성공은 단거리경주가 아니라 마라톤이다. 성과가 없다고 중간에 포기하지 마라.

6. **세부사항을 분석하는 법을 배워라:** 모든 사실과 정보를 취하라. 어려움 속에서 이기는 길을 찾아라.

7. **시간과 돈을 한 곳에 집중하라**: 다른 사람이나 사물로 인해 정
   신을 딴 데 쏟지 마라.

8. **혁신을 두려워하지 말고, 차별화하라**: 부화뇌동은 평범한 사람
   으로 사는 확실한 방법이다.

9. **사람들을 효과적으로 대하고, 사람들과 효과적으로 대화하라**:
   어떤 사람도 섬처럼 혼자 살 수는 없다. 다른 사람들을 이해
   하고 그들에게 동기를 부여하는 법을 배워라.

10. **성실하고 믿을 수 있는 사람이 되라, 책임을 지는 사람이 되라**:
    1에서 9번을 모두 합친 것 이상으로 중요한 항목이다.

오닐은 '시장의 상황이 어떻든 간에 희망을 갖고 앞날만 생각한
다'고 말하며 다음과 같이 설명했다.

"우리는 주식시장에서 26가지 주기를 찾아냈다. 각각의 주기는
모두 철도, 비행기, 라디오, 자동차, 자동엘리베이터와 같은 새로
운 발명품과 혁신자, 진취적인 사업가에 의해 주도되었다. 오늘날
에는 인터넷과 반도체가 주가를 주도한다. 미래에는 더욱 흥분되
는 성장 분야가 나타날 것이다. 기술은 정말로 강력하며, 미국 대
통령이 누구든 자유와 기회는 항상 저 너머에 존재할 것이다. 어딘
가에서 애플 같은 기업이 또 나타날 것이다. 각각의 주기는 기술,
혁신과 함께 주도 분야를 발생시킨다. 인터넷은 여전히 어린 아이

다. 그것이 미국 경제를 밀고 나간다. 소련의 붕괴를 목격한 중국
은 미국인들이 어떻게 돈을 벌고 있는지도 목격했다. 따라서 중국
은 미국을 흉내 내고 있다. 그들은 공산주의체제가 그렇게 생산적
이지 않다는 사실을 깨달았기 때문에 우리의 모델을 모방하고 있
는 것이다.”

〈IBD〉의 성공비법을 보면 알겠지만, 앞에서 소개한 6번 ‘세부
사항을 분석하는 법을 배워라: 모든 사실과 정보를 취하라. 어려움
에서 이기는 길을 찾아라’는 이 책의 주제와 깊은 관련이 있다. 오
닐은 직장생활을 시작하면서 이 방식을 적용했다. 그는 1958년에
주식중개인으로 출발하여 적절한 시기에 적절한 주식을 사는 법
칙을 제시했다. 그리고 1961년에는 위너 종목을 선택하는 데 탁월
한 능력을 보여주었다. 그리고 1963년, 30세 나이에 뉴욕증권거래
소 회원이 되었고 윌리엄오닐플러스를 세웠다. 이 기업은 매일 컴
퓨터로 처리되는 증권 데이터베이스를 최초로 개발했고, 현재 1만
개가 넘는 기업을 위해 200가지 이상의 데이터 항목을 추적한다.
하지만 오닐 역시 자신의 삶에서 특별한 사건이 없었다면 오늘날
의 성공은 꿈꾸지도 못했을지 모른다.

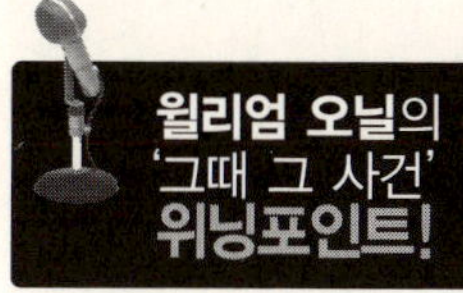

차트를 이용하기 시작한 나는 브런즈윅(Brunswick), 그레이트웨스턴파이낸셜(Great Western Financial), AMF 주식을 사들였다. (중략) 이 주식 모두 1960년대 초에는 시장을 주도하는 기업이었다. 나는 적절한 타이밍에 적절한 방식으로 주식을 사들였고, 매우 훌륭한 투자 포지션을 취하여 큰 수익을 올렸다. 하지만 주가가 신고가에 도달했을 때, 너무 오래도록 주식을 보유하는 바람에 그 모든 수익을 날려버렸다. 나는 수익을 날려버려 보여줄 만한 성과가 없다는 사실에 속이 쓰렸다. 정말로 제 때에 좋은 주식을 샀지만 모두 허사로 만들었기 때문이었다. 그래서 나는 몇 달 동안 전 해에 매수한 주식을 하나하나 세세히 분석하는 데 전념했다. 나는 붉은 색 펜으로 차트 위에 주식의 매수시점과 매도시점을 표시했다. 그리고 커다란 결산 작업표에 날마다 이들 주식이 내내 어떤 모습을 보였는지, 예컨대 가격이나 거래량 변화 등이 어땠는지를 자세히 기록하고 설명했다.

결과는 놀라웠다. 그리고 마침내 내가 불 보듯 뻔한 사실을 놓쳤음을 깨달았다. 나는 제대로 된 주도주를 살줄만 알았지, 언제 팔지에 대해서는 아무 계획도 없었던 것이다. 그때까지 나는 매도시점에 대해서 고민해본 적이 없었다. 곧바로 나는 매도규칙, 즉 어떤 특정한 일이 일어나기까지의 과정에서 주식을 언제 팔지에 관한 규칙을 세웠다. 그리고 시장이 최고점에 이르면 이 주식들도 모두 최고가에 도달한다는 사실도 알아냈다. 그래서 나는 일반적인 시장 활동에서도 매수, 매도규칙을 갖고 있어야 한다는 사실을 알게 되었다. 사리에 맞고 효과가 있는 하나의 시스템을 최종적으로 마무리하면서 그 규칙들을 개발했다. 과거에는 게임을 절반만 했다. 나는 공격은 했지만 방어는 하지 못했던 것이다. 이는 마치 포핸드는 좋지만, 백핸드로 공 치는 법을 모르는 테니스 선수와 같은 것이다.

이 과정에서 알게 된 것이 하나 더 있었다. 내가 정말로 망쳐버린 주식은 서튼티드(Certainteed)였다. 서튼티드 주가는 급등 뒤에 호된 조정을 거쳤다. 나는 대략 두 자리 수의 수익을 내고 그 주식을 매도했다. 그러자 주가는 반전하여 2~3배로 상승했다. 그래서 나는 그 주식을 더욱 열심히 연구했고, 그와 비슷한 상황에 처할 경우 제대로 대처할 수 있도록 새로운 규칙을 작성했다. 그리고 만약 어떤 주식이 바닥에서 벗어나 불과 3주 만에 20%가 상승할 경우, 5주간 그 주식을 더 보유한 뒤 재평가해야 한다는 규칙을 제시하게 되었다. 이런 조치는 무척 예외적이라, 무슨 일이 일어나더라도 더 많은 행동의 폭과 여유를 갖게 될 것이었다. 실제로 이 규칙은 1년 후 경구피임약을 최초로 생산한 신텍스(Syntex)가 등장했을 때 큰 도움이 되었다. 이 주식은 서튼티드처럼 일정한 기간 안에 일정한 비율로 급상승했다. 하여 나는 신텍스 주식을 이 자동규칙에 적용하여 일정 기간 동안 보유한 결과, 심한 조정장에서 살아남을 수 있었다. 신텍스는 6개월 만에 100달러에서 550달러로 상승하며 그 해의 진정한 위너 종목이 되었다.

나는 처음으로 모든 것을 제대로 맞췄다. 알맞은 시기에 알맞은 주식을 사서 흔들리지 않고 오랫동안 보유한 후 바라는 가격에 매도했던 것이다. 여기서는 내가 아주 구체적인 규칙을 갖고 있었다는 것이 핵심이다. 몇 년 전처럼 했다면 나는 이 주식을 아주, 그것도 아주 일찍 팔아치웠을 것이다. 왜냐하면 두 번이나 심각한 조정을 거쳤기 때문이다.

실수를 저지르고 난 후 곰곰이 생각하며 그때 얼마나 멍청한 짓을 했는지 되돌아보니, 나의 명백한 약점 몇 가지가 드러났다. 당시 나에게는 매수규칙은 있었지만, 서튼티드 상황에 대처할 방법은 없었던 것이다.

오닐은 주식투자에 관한 거의 모든 것이 인간의 본성에 반대된다는 사실을 깨달았기 때문에 규칙을 개발할 수 있었다. 아무리 많이 배운 사람도 주식을 산 후에는 잘못된 결정을 내린다. 대부분의 사람들은 50달러에 주식을 샀는데 40달러로 떨어지면, 주식을 팔려고 하지 않는다. 그 이유는 사람들이 수학과 심리학에 의해 바보가 되기 때문이다. 간단히 말해 오닐은 투자에서 감정을 제거하는 규칙을 개발했다. 그냥 느낌대로 행동하기보다는 규칙을 갖고 있어야 한다. 느낌대로 행동할 경우, 항상 겁을 먹거나 항상 기대만 품을 것이기 때문이다.

William O'Neil's History

오클라호마에서 태어나 텍사스에서 자란 윌리엄 오닐은 20대에 공군에서 근무할 무렵 프락터앤갬블(Procter & Gamble)에 300달러를 투자하면서 주식과 처음 인연을 맺었다. 이후 그는 헤이든 스톤(Hayden Stone)에 주식중개인으로 들어간 뒤, 최고 위너 종목들의 구체적인 공통점을 알아내기 위한 연구에 몰입했다. 그리고 26개월 만에 자신의 계좌를 20배로 불린 오닐은 서른의 나이에 뉴욕증권거래소 최연소 회원이 되었고, 미국에서 가장 인정받는 증권리서치센터가 된 윌리엄오닐플러스를 세웠다. 1960년대에 그는 최초로 하루하루의 주가 정보를 컴퓨터로 처리했으며, 결국 최고의 주식들이 가진 공동의 특징들을 확인해낸 'CAN SLIM' 투자전략을 개발했다.

이 기법은 주도적인 성장전략으로서, 강세장에서나 약세장에서나

S&P500을 능가하는 실적을 올렸다. 오닐은 1984년에 〈인베스터스비즈니스데일리(IBD)〉를 창간하여 주식투자자들에게 최고의 경기장을 열어주었다. 〈IBD〉의 독특한 검색도구는 'CAN SLIM' 주식을 빠르게 찾을 수 있도록 해주며, 현재와 같은 경제환경에서 수많은 개인투자자가 보기 드문 투자성공 스토리를 이루어나가도록 도움을 주었다.

저서로는 오래 전부터 대표적인 시장 관련자나 역사가, 금융전문가, 경제학자 들이 필독서로 꼽아온 《최고의 주식, 최적의 타이밍(How to Make Money in Stocks: A Winning System in Good Times or Bad)》과 같은 베스트셀러가 있다. 그 외에도 《성공하는 주식투자의 5단계 원칙(The Successful Investor)》, 《성공적 투자에 필요한 24개의 철칙(24 Essential Lessons to Investing Success)》, 《공매도 투자 기법(How to Make Money Selling Stocks Short)》 역시 베스트셀러가 되었다.

Jim Rogers

짐 로저스

풋옵션 투자가 발목을 잡다!
: 시장을 보는 눈 기르기

● ● ●

퀀텀펀드(Quantum Fund)의 공동설립자이자 컬럼비아 대학 교수이기도 하다. 오토바이를 타고 전 세계를 여행한 일이 유명한데, 많은 이들의 부러움을 사기도 했다.

짐 로저스는 누구보다 시간을 잘 활용하는 사람이다. 그는 나와 전화로 인터뷰하면서도 체육관에서 운동을 한 유일한 사람이다. 그가 러닝머신 위에 있었는지, 운동용 자전거를 타고 있었는지 확실하지는 않지만, 나는 어떤 이가 전화기에 대고 헐떡거릴 때 질문을 많이 던지는 스타일은 아니다. 중요한 점은 인터뷰가 끝났을 때, 짐이 나보다 몸이 더 건강해졌고 이미 나보다 훨씬 더 부자라는 사실이다. 이처럼 그는 자신에게 주어진 시간을 어떻게 써야 하는지 잘 아는 인물이다. 성공한 펀드매니저로서, 짐은 시간을 낭비하지 않았다. 그는 자기가 이미 알고 있는 사실을 다른 사람들이 알아내기 전에 자신의 입장을 정했다. 그는 '모든 사람이 투자하는 것에는 투자하지 않는다'라고 말하곤 한다.

"나는 아주 저렴하고, 긍정적인 변화가 일어나는 기업을 발굴해 그 주식을 산다."

1998년 8월에 원자재상품 펀드를 시작했을 때와 비슷한 이야기다. 그 펀드는 대부분의 투자자들이 차기 닷컴 주식을 찾는 데 주력하고 있을 때 시작했다. 다들 닷컴 주식에 무슨 일이 일어났는지 잘 알고 있을 것이다.

"처음 네다섯 달 동안 원자재상품 펀드는 하락했다. 아시아에서 발생한 경제위기에다 몇 가지 사건이 겹치며 터졌다. 하지만 1999

년 1월을 기점으로 원자재상품은 강세장으로 돌아섰다. 그런데도 대부분의 사람들이 원자재상품 가격이 상승할 것이라는 사실을 알게 되기까지는 서너 해가 더 지나야 했다. 그리고 오늘날까지도, 지난 10년 동안 원자재상품 시장이 호황을 누렸음에도 불구하고 원자재상품에 돈을 투자한 사람은 거의 없었다."

그를 역행투자자로 부르지 말기 바란다. 역행투자자라는 말이 극단적으로 단순화된 표현이기 때문이다. 그의 투자방식에는 단순히 일반인들과 다르게 행동하는 것 이상의 많은 생각이 담겨 있다. 그의 이야기에 주목해보자.

"나는 단순히 반대가 되기 위해 무언가를 사지는 않는다. 나는 그럴 만한 이유가 있다고 생각하기 때문에 산다. 가격이 싼 것은 아무도 쳐다보지 않기 때문이다. 또한 지나치게 비싼 것, 다시 말하면 내가 팔 수 있거나 공매도할 수 있는 것은 모두가 주목하는 물건이다. 또한 대개 모든 사람이 어떤 물건을 소유하고 있다면, 그것을 살 사람이 하나도 남아 있지 않을 것이다. 그리고 부정적인 변화가 일어나고 있으면 팔아야 할 때다."

짐이 원자재상품 가격이 더 오를 여지가 있다고 믿는 이유가 있다. 그는 프라하에서 열린 컨퍼런스에 대해 이야기한다.

"한 연설자가 청중에게 금을 갖고 있는 분이 얼마나 있는지 물었다. 객석에 앉아 있던 사람들은 대부분 성공한 투자자였는데, 그들 중 76%는 한 번도 금을 가져본 적이 없었다. 만약 연설자가 콩 같은 것에 대해 물어봤다면, '예스'라고 대답했을 사람은 나 혼자였을 것이다."

짐은 기존의 유행 트렌드에도 역행한다. CNBC, 블룸버그(Bloomberg), 폭스에 출연한 그를 본 적이 있는 사람이라면 나비넥타이만 보고 대번에 그를 알아볼 것이다. 하지만 짐은 나비넥타이에 대해 다른 사람들이 자신에게 동의해줄 거라 기대하지는 않는다. 짐은 나비넥타이가 훨씬 실용적이라고 말한다. "나비넥타이는 긴 타이보다 쌉니다. 그리고 더럽힐 수도 없습니다. 나비넥타이에 수프를 쏟지는 못하니까요."

원자재상품에 대한 짐 로저스의 관심은 일시적인 것이 아니다. 그의 주요 투자대상은 원자재상품이다. 경제의 기초가 나아지고 있기 때문이다. 하지만 모든 원자재상품의 공급은 계속 부족 상태를 유지하고 있다. 따라서 짐은 세계경제가 나아지면 공급부족이 악화되기 때문에 원자재상품이 좋은 투자처가 될 것이라고 판단한다. 거꾸로 세계경제가 나아지지 않는다고 해도 원자재상품은

여전히 좋은 투자처라고 말한다. 그 이유는 각국 정부가 돈을 찍어
내고 있기 때문이다. 역사를 통틀어볼 때 통화량 증가는 물가상승
으로 이어졌다. 유사 이래로 지금은 거의 모든 나라들이 많은 돈을
찍어내고 있다. 상황이 나아지지 않으면 사람들은 더 많은 돈을 찍
어낼 테고, 이는 원자재상품에 훨씬 더 좋은 조건이 될 것이다. 돈
을 찍어내는 시기에 실물자산은 자기 자신을 보호하는 방법이며
돈을 벌 수 있는 방법임을 사람들은 잘 안다. 따라서 짐은 '경제가
어떻게 되든 중요하지 않다'고 잘라 말한다. 원자재상품은 어떤 식
으로든 잘 것이라고 믿기 때문이다.

한편, 원자재상품을 선호하는 다수의 투자자들이 중국을 주요
원동력으로 지적하지만 짐은 그러한 시류에 동조하지 않으며 이
렇게 지적한다.

"중국 경제의 규모는 미국과 유럽 경제의 10분의 1 수준이다.
따라서 중국이 무엇을 하든, 어떤 시장에서도 주도적인 세력이 될
수는 없다. 중국이 많이 사들이고 성장하고 있는 것은 확실하지
만, 유럽과 미국의 경제는 중국 경제의 10배다. 오히려 도전은 도
처에서 일어나고 있다. 중국이 그 도전세력의 일부라는 건 확실하
지만, 한국과 일본을 비롯한 다른 아시아도 무시할 수 없는 세력
이다."

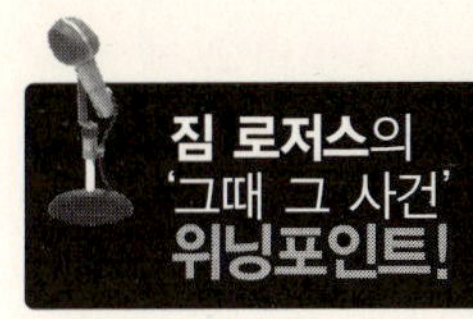

나의 사업 경험은 미숙했다. 정확히 말해 1970년 1월이었는데, 약세장이 될 거라는 결론에 이르렀다. 사실 계속 약세장이었는데, 더 나빠질 것 같았다. 당시 내 생각은 다소 과격한 편이었다. 결국 나는 풋옵션(put, 옵션 거래에서 특정한 기초 자산을 장래의 특정 시기에 미리 정한 가격으로 팔 수 있는 권리를 매매하는 계약—옮긴이)을 사들이는 데 모든 돈을 투자했다. 내 돈은 몽땅 풋옵션에 들어갔다. 5월이 되자 내 돈은 3배가 되었다. 당시는 100여 년의 역사를 지닌 기업들도 문을 닫는 시기, 즉 1938년 이래 최악의 약세장으로 정말 특이한 상황이었다. 그런 상황에서 나는 돈을 3배로 불렸다. 그리고 시장이 바닥을 친 날, 풋옵션을 매도하며 이렇게 말했다.

"정말, 누워서 떡 먹기군!"

나는 이익을 챙겼고, 시장이 회복되기만을 기다렸다. 물론 시장은 회복되었다. 두 달 뒤 나는 돈을 모두 챙겼고, 6개 회사의 주식을 공매도했다. 당시 풋옵션은 너무 덩치가 커져 있어서 풋옵션을 매수하고 싶지는 않았다. 그리고 다시 두 달 뒤 나는 완전히 망했다! 시장이 계속 상승하고 있었기 때문에 더 이상 버틸 수가 없었다. 당시의 일로 내가 배운 사실은 내가 시장에 대해, 또 시장에서 무슨 일이 일어날 수 있는지에 대해 너무나 모른다는 점이었다. 정말로 흥미로운 사실은 앞서 공매도한 6개 기업 모두가 결국 파산하고 말았다는 것이다. 그들은 5년 만에 모두 파산했다. 그렇다고 내가 처음에 모든 것을 잃지 않았다는 얘기는 아니다. 실제로 나는 모든 것을 잃었다. 거래가 지속되는 상황에서 시장을 충분히 파악하지 못했기 때문이다. 그 사건을 계기로 내가 어떤 투자 포지션을 취하려고 할 때, 내가 아는 정보나 사실은 다른 사람들도 다 안다고 추정했음을 깨달았다.

그리고 효율적인 시장이론(efficient market hypothesis, EMH는 금융상품 가격이 상품에 대한 이용 가능한 모든 정보를 반영하며, 그 가격은 곧바로 바뀌어서 새로운 정보를 반영하게 될 거라고 주장한다)이 허접한 이야기에 불과하다는 사실도 알게 되었다. 어떤 사람들은 다른 사람들보다 앞을 내다보는 일에 분명히 뛰어나지만, 나는 모든 사람들이 XYZ는 쓰레기 같은 회사이며 곧 망할 거라는 사실을 알고 있다고 늘 추정했다. 그런데 사람들이 다 그런 건 아니었다!

나는 사람들이 정말로 무슨 일이 벌어지고 있는지 알아내기까지는 시간이 조금 걸리며, 그 동안 사람들이 더 깊은 속사정을 몰라서 파악하지 못하는 시장의 움직임이 있음을 알게 되었다. 따라서 무슨 일이 벌어지고 있는지 다른 사람들이 완전히 모른다는 사실을 참작하는 방법을 알아내야 했다.

아마도 수익으로 따지면 그때의 일이 내 삶에서 가장 가슴 아픈 악수였을 것이다. 그러나 나는 학생들에게 이야기할 때, 한두 번 정도는 모든 것을 잃어버리는 것도 괜찮다고 말한다. 실패했다가 다시 재기한 사람들 이야기는 다들 알 것이다. 하지만 젊을 때, 그리고 500만 달러가 아니라 500달러일 때 모든 것을 잃어보는 경험도 괜찮다.

Jim Rogers's History

앨라배마 주 출신인 짐 로저스는 작가이자 금융해설가인 동시에 성공적인 투자자이다. 그는 〈타임〉, 〈워싱턴 포스트〉, 〈뉴욕타임스〉, 〈배런스(Barron's)〉, 〈포브스〉, 〈포춘〉, 〈월스트리트 저널〉, 〈파이낸셜타임스〉, 〈비즈니스타임스〉, 〈스트레이츠타임스(Straits Times)〉등 전 세계 여러 언론매체에 자주 등장한다. 아울러 그는 다양한 매체의 정규 해설자 및 칼럼니스트로도 활동해왔고, 컬럼비아 대학 초빙교수직도 지냈다.

로저스는 세계적인 투자합자사인 퀀텀펀드를 공동 설립했다. 이후 10년 동안 S&P500이 50%에도 못 미치는 성장세를 보인 반면, 퀀텀펀드는 4,200%나 증가했다. 당시 37세였던 로저스는 은퇴를 결심했다. 그는 자신의 포트폴리오를 계속 운영하면서 컬럼비아 경영대학원에서 재무학과 교수직을 맡아 바쁜 나날을 보냈다. 그리고 1989년과 1990년에는 WCBS의 〈드레퓌스 토론회(The Dreyfus Roundtable)〉와 FNN의 〈짐 로저스와 함께 하는 이윤 동기(The Profit Motive with Jim Rogers)〉의 사회자로도 활약했다.

1990년부터 92년까지, 로저스는 평생의 꿈을 이루었다. 오토바이를 타고 6개 대륙을 횡단하며 16만 킬로미터를 달렸고 그 위업은 〈세계 기네스북(Guinness Book of World Record)〉에 올랐다. 개인투자가로서 투자 아이디어를 얻고자 다녀온 여러 나라들을 꾸준히 분석했다. 그리고 자신의 독특한 여행담을 《월가의 전설, 세계를 가다(Investment Biker: On the Road with Jim Rogers)》에 일일이 기록했다. 또한 짐은 1,101일 동안 세계일주 여행을 다녔는데, 이 역시 기네스 기록에 올랐다. 그는 116개 국을 통과하면서 24만 5,000킬로미터를 여행했고, 그 여행담을 《어드벤처 캐피탈리스트: 최고의 도로여행(Adventure Capitalist: The Ultimate Road Trip)》에 고스란히 담아냈다. 그의 또 다른 책, 《상품시장에 투자하라(Hot Commodities: How Anyone Can Invest Profitably in the World's Best Market)》는 2004년에 출간되었다. 최근에 출간된 《불 인 차이나(A Bull in China)》는 중국의 변화와 기회뿐 아니라 중국에서의 경험을 서술하고 있다. 가장 최근에는 《내 아이들에게 주는 선물(A Gift to My Children)》을 발표하여 호평을 이끌어냈다.

Mohamed El-Erian

모하메드 엘 에리언

케임브리지 입학에 실패하다!

: 의문을 품고, 적당한 질문 던지기

••••

핌코의 최고정보책임자 겸 최고경영자, 전직 하버드 대학교 대학기금 대표를 지냈다. 전미 경제조사국(National Bureau of Economic Research)의 회원이기도 하다.

모하메드 엘 에리언은 예스맨(또는 예스우먼일 수도 있다)에 둘러싸이는 것을 원하지 않는다. 그는 비즈니스 회의를 마치고 난 후 동료들에게 다음과 같이 묻기를 좋아한다.

"그 회의에서 달리 생각할 수 있는 일이 무엇이었을까요?"

엘 에리언은 위기나 실수 속에 위닝포인트가 있다고 믿기 때문에 적절한 질문을 던지는 걸 좋아한다. 그리고 실수 없이 살아갈 수 있는 사람은 아무도 없다고 말하며, 다음과 같이 덧붙인다.

"인생은 예측하기가 힘들고, 인간은 인생을 처리하기엔 너무나 불완전한 도구다. 그래서 우리는 무심코 잘못을 저지르지만, 중요한 점은 그 실수 속에 성공의 길이 있다는 사실이다."

모든 것들을 물어보고자 하는 엘 에리언의 적극적인 태도는 빌 그로스와 공동으로 최고경영자직을 맡고 있는 핌코에 잘 어울린다. 그는 나에게 '내가 17살 때 배운 대로 우리 회사가 항상 의문을 품고 다른 관점에서 문제를 생각하면서 업무를 처리하기 때문에 궁합이 그렇게 잘 맞는 것'이라고 들려주었다.

한때 UN에서 근무했던 외교관 아버지는 모하메드의 훌륭한 롤모델이 되었다. 그는 어린 시절 파리에서 살 때 아버지가 신문을 4

개나 구독했다고 털어놓았다.

"아버지에게 왜 신문을 4개나 봐야 하냐고 물었더니, 아버지는 이렇게 말씀했다. '사물을 다른 관점에서 봐야 하기 때문이지.' 아버지는 입버릇처럼 말씀했다. '사물을 보는 한 가지 방식에 볼모가 되지 마라.'"

모하메드 엘 에리언은 주류의 입장에서 벗어나 사물을 보는 데 익숙하다. 뉴욕에서 태어났지만, 이집트의 아버지 집에서 유년 시절을 보냈고 10살 때 다시 가족이 뉴욕으로 옮겨온 후에는 양키스와 사랑에 빠진 마을에서 메츠팀을 응원했다. 이후 다시 가족과 파리로 가게 된 그는 거기서 프랑스어를 배웠다. 어릴 때 너무 많이 돌아다닌 탓에 그는 부모님에게 영국에 있는 기숙학교에 보내달라고 부탁했다. 학교를 다니는 동안 한 곳에 정착하고 싶었기 때문이다. 현재 캘리포니아의 전형적인 도시 뉴포트 비치에서 살고 있는 모하메드는 영어와 불어뿐 아니라 아랍어도 조금 구사할 줄 안다. 사물을 다른 관점에서 바라보는 습관은 단순히 흥미를 자아내는 핌코의 규칙이 아니다. 그것은 실제로 의사결정 과정의 일부다.

"적어도 1년에 한 번, 우리는 시간을 내어 시장뿐 아니라 우리 자신으로부터도 한 걸음 물러난다. 그리고 앞서가는 사상가를 초대하여 그들이 선택한 분야에 대한 견해를 듣는다. 그들이 독특한 시각을 갖고 있기 때문이다. 초청강사들은 대개 작가이거나 정책입안자들인데, 한 번은 벤 버냉키(Ben Bernanke)를 초대한 적도 있다. 그들은 우리가 세계에 대해 어떻게 생각해야 하는지 조언한다."

핌코는 갓 입사한 MBA 출신들을 데려와 무대 위에서 그들이 생각하는 세계에 대해 말하게 하는 자리도 마련한다. 윗자리에 있는 사람들이 자신의 세계관을 아랫사람에게 이야기해주는 것이 아니다. 또한 엘 에리언은 이렇게 설명한다.

"핌코에는 그림자 투자위원회라는 조직도 있다. 그림자 투자위원회는 투자위원회에 의문을 제기하는 역할을 한다. 이 조직의 대표는 투자위원회의 일원인데, 그림자 위원회가 투자위원회의 제안에 의문을 제기할 수 있도록 촉매 역할을 제대로 하는지에 따라 최종 평가를 받는다."

그리고 그러한 핌코의 일처리 과정에서 구체적인 투자 아이디어가 발생하기도 했다. 일례로, 1999년에 핌코는 중국인 연사를 한 명 초청했다. 그의 연설 덕분에 핌코 임직원들은 중국이 발전해가고 있는 방식과 그 발전 과정의 관점에서 임계질량을 달성하고 있는 정도에 대해 생각하게 되었다. 그리하여 아주 일찍이 핌코는 현재 벌어지고 있는 사태를 설명하는 방정식에서 중국을 고려해 넣기 시작했다. 모하메드 엘 에리언은 다음과 같이 기억하고 있었다.

"누군가가 '헤이, 당신들은 이것을 심각하게 봐야 해요'라며 우리에게 신호를 보내주지 않았다면, 우리는 그렇게 하지 못했을 것이다. 당시 중국은 미국 투자자들의 레이더망에 전혀 잡히지 않았기 때문이다. 한편 우리는 성공한 기업을 연구한 교수 한 분을 초대해 강의를 듣기도 했다. 그분 덕분에 성공한 기업들이 패러다임의 변화를 쉽게 처리하지 못하는 이유에 대해 생각해볼 수 있었다."

■ IBM이 더 좋은 본체를 만들어 PC 혁명에 대응하게 된 것은 무엇 때문이었을까? 미국의 4대 타이어 업체들이 3겹 타이어에서 5겹 타이어로 전환함으로써 미쉐린(Michelin)의 레이디얼 타이어(radial tire)에 맞서게 된 것은 무엇 때문이었을까?

■ 엄청난 자본금과 연구개발비를 갖춘 성공 기업들이 변화의 도래를 인정하면서도 잘못된 방향으로 대응하여 이후 좋은 성과를 거두지 못한 이유는 무엇인가?

이런 질문들은 모두 훌륭하다. 모하메드 엘 에리언은 이처럼 훌륭한 질문들을 많이 던진다.

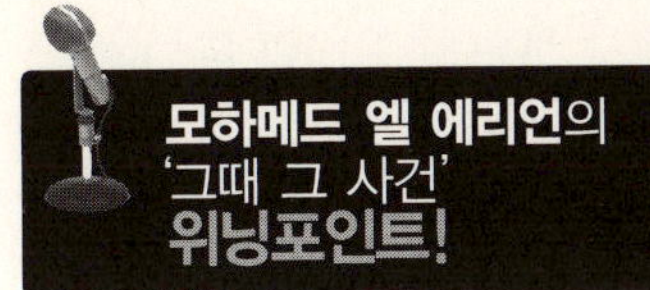

영국에서 고등학교를 다니면서 케임브리지 대학에 지원했다. 당시 우리 고등학교에는 나를 지도하던 경제선생님이 계셨다. 선생님은 내게 막 출간된 책을 하나 건네주시며 이렇게 말씀하셨다. "이 책을 꼭 읽어. 그리고 면접에서 이 책에 대한 이야기를 꼭 꺼내도록 해. 네가 경제학을 비롯해서 뉴스와 같은 일에도 관심이 있다는 걸 교수들에게 어필할 수 있을 테다."

나는 선생님이 준 책을 열심히 읽었다. 기본 내용을 모두 이해한 나는 대답할 말을 짧게 준비한 후 면접장으로 갔다. 면접장에는 교수 두 분이 계셨는데, 한 분은 계속 질문만 하고 다른 한 분은 기록만 했다. 이런저런 얘기를 모두 하고 나서 시계를 보니, 55분이나 지나 있었다! 면접은 1시간으로 예정되어 있었지만 나는 그때까지 책 얘기를 전혀 꺼내지 못했다. 그래서 어떤 주제에 대해 질문을 받던 나는 뜬금없이 이렇게 말했다. "이 질문을 들으니 최근에 매우 흥미롭게 읽은 책이 생각납니다." 물론 질문과 그 책은 아무런 관계가 없었다. 기록을 담당하던 교수님은 메모지를 내려놓더니 "정말? 그럼 얘기 좀 해보게"라고 말했다.

나는 잘 준비된 독백을 아주 열심히 해나갔다. 그러자 그 교수님은 자리에서 일어나더니 책꽂이에서 책을 하나 꺼낸 뒤 다시 앉으셨다. 그런 다음, 내가 말하고 있던 그 책의 요지를 기본적으로 뒤엎는 아주 간단한 질문을 던지셨다. 나는 대답을 하려고 무진장 애를 썼지만 대답할 수 없었다. 그러자 교수님은 최근 정기간행물에 실린 서평을 보여주면서 이렇게 말했다.

"모하메드, 자네가 읽은 것을 모두 믿어서는 안 돼. 책으로 인쇄된 것이라고 다 맞는 건 아니니까."

나는 완전히 풀이 죽은 채로 면접장을 빠져나왔다. 케임브리지에 진학하는 것은 내 꿈이었다. 내가 읽은 책이 틀릴 수 있다는 생각은 전혀 하지 못했다. 나는 의기소침하며 크게 낙담했다. 책에 적힌 내용을 믿을 수밖에 없는 17살 소년이었지만 그날이 내 삶에서 위닝포인트가 되었다. 많은 것에 의문을 품어야 한다는 교훈과 핵심을 찌르는 질문에 대해 고민하게 되었다.

따라서 내가 개최하는 대규모 투자회의는 모두 어떤 상황에 대한 질문으로 채워졌다. 예를 들면 이렇다. 우리는(핌코) 다른 여러 사람들처럼 일찍이 아르헨티나가 문제가 있을 것임을 알아냈다. 아르헨티나가 제대로 굴러가지 않는다는 증거를 매일 발견했기 때문이다. 그때가 2000년이었고, 아르헨티나는 2001년 12월에 모라토리엄(국가부도)을 선언했다.

나는 토론자로 앉아 있었는데, 첫 번째 질문은 이러했다. "아르헨티나에 대해 어떤 느낌이 듭니까?" 내 대답은 단호한 부정이었다. 그러자 사람들은 물었다. "당신의 포지션은 무엇입니까?" 그래서 나는 말했다. "나는 아르헨티나 비중을 축소했습니다." 그러자 다음 질문이 쏟아졌다. "비중을 얼마나 축소했나요?"

당시 아르헨티나는 이머징 마켓 인덱스에서 20%가 넘는 비율을 차지하고 있었다. 나는 일단 다른 사람들이 먼저 말하도록 놔두었다. 누군가가 "난 비중을 대폭 축소했습니다. 15%만 보유하고 있습니다"라고 말했다. 그러자 다른 한 명도 이렇게 말했다. "나도 비중을 많이 축소했습니다. 겨우 17%만 보유하고 있습니다." 사람들이 다시 우리(핌코)에게 묻기에 나는 "우리는 전혀 갖고 있지 않습니다"라고 대답했다. 그러자 사람들은 말했다. "전혀 없다니요, 무슨 뜻이죠? 인덱스의 20%를 차지하고 있지 않습니까! 핌코의 포트폴리오는 아르헨티나가 전혀 없는 듯 움직이지 않았는데요." 그 말에 나는 미소를 지었다.

당시 핌코가 한 일은 단순히 인덱스(J. P모건 이머징마켓 채권인덱스)에 편입되어 있다는 이유로 예금을 유지해야 한다는 생각에 의문을 제기한 것이었다. 우리의 판단은, 아르헨티나가 이 모든 어려움에 직면할 거라고 생각한다면, 그 인덱스에 15%를 보유하고 있는 게 무책임한 행동이라는 것이었다.

그래서 우리는 어떻게 했을까? 핌코는 아주 간단한 조치를 취했다. 우선 아르헨티나와 밀접하게 관련된 국가들을 살펴보았다. 그 국가들이 지역적인 특징을 공유하고 있기 때문이었다. 우리는 이렇게 판단했다. '아르헨티나는 보유하지 말자. 하지만 다른 국가들은 조금 더 보유하자. 아르헨티나가 침몰하면 우리는 완벽히 보호받을 것이고, 반대로 아르헨티나가 살아나면, 우리가 이익의 일부를 얻게 될 것이다.'

아르헨티나가 망하기 직전 그 인덱스는 마치 우리가 아르헨티나를 보유한 듯 움직이고 있었다. 마침내 아르헨티나가 국가부도를 선언했을 때 실제로 아르헨티나 증시는 65%가 무너졌지만, 그 인덱스는 1%만 떨어진 채 종결되었고, 우리는 20%가 넘는 수익을 올렸다. 핌코의 장점은 기본적인 생각들에서 벗어나 늘 새로운 질문을 던지는 것이다. 나는 이런 진리를 케임브리지 대학의 면접 교수님으로부터 배웠다.

Mohamed El-Erian's History

모하메드 엘 에리언은 캘리포니아, 뉴포트 비치에 본사를 둔 핌코의 공동 최고경영자이자 공동 최고정보책임자다. 그는 하버드대 기부금과 관련된 계좌를 관리하는 법인 하버드 관리사(Harvard Management Company)의 사장 및 최고경영자로 2년을 지낸 뒤, 2008년 핌코로 복귀했다. 엘 에리언 박사는 하버드 경영대학원 교수직도 역임했고, 하버드대 부(副)회계담당자로도 활동했다. 1999년에 상무이사로 처음 핌코에 입사한 그는 포트폴리오 관리팀과 투자전략 그룹의 상임위원으로도 활동했다. 핌코에 입사하기 전, 런던의 살로몬 스미스 바니/시티그룹(Salomon Smith Barney/Citigroup)에서 상무이사를 지냈고, 그 전에는 국제통화기금(IMF)에서 15년 동안 일했다. 그는 국제경제와 금융을 다룬 폭넓은 저술활동을 벌였고, 이머징 마켓 트레이더 협회(Emerging Markets Traders Association)와 IMF 저명인사위원회(Committee of Eminent Persons)등 여러 이사회와 위원회에서도 일했다. 현재 미재무부 대출관리 자문위원회(U.S. Treasury Borrowing Advisory Committee)와 IMF 자본시장자문그룹(Capital Markets Consultative Group)의 회원이며, 마이크로소프트의 투자자문위원회 회장직을 맡고 있다. 25년의 투자 경험을 지닌 그는 옥스퍼드 대학교 경제학과 박사 출신이다.

로버트 프렉터

미수에 그친 직원들의 쿠데타!
: 곤경이 전화위복의 기회로…

엘리엇웨이브인터내셔널(Elliott Wave International) 설립자이자 사장이다. 〈파이낸셜 뉴스 네트워크(현재 CNBC)〉 선정 '1980년대의 대가' 이자 〈뉴욕타임스〉 베스트셀러 《디플레 뛰어넘기(Conquer the Crash)》를 비롯한 13권의 책을 집필했다. '엘리어트 파동이론' 을 알린 장본인이다.

— 로버트 프렉터는 사는 동안 내내 자신이 1987년에 한 일과 늘 연관 지어질 것이다.

— 프렉터는 1987년의 주식시장 붕괴를 예측한 인물로 유명하다. 〈월스트리트 저널〉

— 프렉터는 1987년 시장의 붕괴를 예측한 예언가이자 신이다. 〈뉴욕타임스〉

— 1987년 10월, 증시 붕괴 몇 주 전 투자자들에게 주식을 처분하라고 말한 프렉터! 〈배런스〉

증시 애널리스트에게는 시장 붕괴를 정확히 예측하는 일만큼 중요한 일은 없다. 하지만 프렉터는 그 이상의 업적으로 인정받길 원한다. 프렉터는 이렇게 말한다.

"사람들은 '아, 그 사람, 주식시장이 붕괴된다고 말했잖아'라고 이야기하지만, 실제로 나는 1975년부터 1980년대 내내 강력한 주가상승을 내다봤다."

그는 자신이 종합적인 예측으로 널리 알려지기를 더 희망한다.

"사람들이 아주 오래 전으로 돌아간다면, 내가 1978년에 아주 강력한 강세장을 내다본 책 《엘리어트 파동이론: 시장행동을 파악하는 열쇠(Elliott Wave Principle: Key to Market Behavior)》을 썼고 1982년에 다시 그 책을 보완했으며, 결국엔 처음 자리로 완전히 되돌

아갔지만 한때는 대단한 투자 붐이 분 거대한 황소시장을 예견했
다고 말해줬으면 좋겠다."

완전히 되돌아갔다고?

'되돌아갔다'는 표현은 엘리어트 파동이론(EWP)의 핵심 이론을
대중에게 널리 알린 것으로 유명해진 인물의 어휘목록에 들어 있
었다. 엘리어트 파동이론은 랄프 넬슨 엘리어트(Ralph Nelson Elliott)
가 1930년대에 처음 제안한 이론으로, 사람들의 행동이 일정한 파
동을 거쳐간다는 주장이다. 엘리어트는 그러한 대중심리의 파동
이 금융시장에 영향을 미친다고 말했다. 실제로 주식시장의 역사
를 살펴보면, 그러한 투자자 심리에 의해 조종되는 반복된 패턴이
나타난다. 투자에 대한 사람들의 생각이 낙관적이면 주가가 오르
고, 반대로 비관적이면 주가는 내려간다. 프렉터는 엘리어트 파동
이론이 흥미롭다고 생각했다. 아마도 그가 예일 대학에서 경영학
이나 금융 관련 학문이 아니라 심리학을 전공했다는 사실은 우연
이 아닐 것이다.

"사회 분위기의 파동이 시장 움직임의 원인인 동시에, 모든 사
회적 행동의 원인이라고 생각한다. 그것은 역사의 엔진이다. 따라
서 펀더멘털은 사회 분위기의 파동에 뒤처져 그것을 따라간다. 펀

          위닝포인트

더멘털은 결과이다"라고 프렉터는 말한다. 이를 달리 정리하자면, 수익이나 국내총생산 증가율과 같이 기업이나 경제의 펀더멘털이 아니라 시장 내 사회의 움직임이 주가의 상승이나 하락을 유발한다는 것이다. 그리고 바로 그 때문에 기술적 분석가인 프렉터는 경제의 펀더멘털보다 시장의 파동을 더욱 주시한다. 프렉터는 이렇게 설명한다.

"펀더멘털 분석은 시장 외부에서 전해지는 정보다. 예컨대 기업의 실적을 x라 하고, 그 기업 사주의 방침을 y라고 하자. 사람들은 이러한 정보로부터 시장이 어디로 갈지 추측하려 한다. 전문가는 시장의 움직임 자체에 의해 발생하는 정보를 연구하는 사람이다. 따라서 그는 가격동향과 시장의 심리, 낙관과 비관의 정도를 주시하며 시장의 속도와 폭, 거래량을 살펴본다. 말하자면 시장의 내적 요소들을 살펴보는 것이다."

프렉터는 바로 이 부분에서 파동의 유형을 따라가는 것이 중요하다고 생각한다. '파동의 유형에는 정서, 가속도, 심지어 거래량 관찰 등이 포함된다. 따라서 그것은 100% 기술적인 접근방식'이라는 설명이다.

프렉터는 1970년대 초에 대학을 졸업한 뒤 A. J. 프로스트(A. J.

Frost)와 일하기 시작하면서 엘리어트 파동이론을 처음 알게 되었다. 그는 리처드 러셀(Richard Russell)의 '다우 이론 레터(Dow Theory Letters)'를 접했고, 1975년에는 엘리어트 파동이론을 다룬 해밀턴 볼튼(Hamilton Bolton)의 책을 우연히 읽게 되었다. 프렉터는 거기서 그치지 않고 더 많은 내용들을 알고 싶었다. 결국 도서관을 모두 뒤져 R. N. 엘리어트가 쓴 두 권의 책을 찾았다. 그가 가장 먼저 찾아간 국회도서관에는 그의 책이 없었다. 대신 뉴욕 공립도서관의 카드색인 목록에서 엘리어트의 책을 찾았다.

"뉴욕 공립도서관은 엘리어트의 책을 마이크로필름으로 보관하고 있었다. 그래서 한 페이지에 몇 센트씩 지불하고 두 책을 모두 복사했다. 그리고 책의 모든 내용을 조합하는 데 2년 정도 걸렸다."

그토록 오래 전인 1938년과 1946년에 출간된 책의 내용을 해석할 수 있었을까? 그는 '완벽히 가능했다'고 말한다. 당시 프렉터의 연구와 엘리어트 파동이론의 적용은 이후 그가 시도하는 모든 시장분석의 토대가 되었다. 그의 연구는 1970년대 중반에 메릴 린치에서 기술분석가로 재직하던 시기에 본격적으로 시작되었는데, 당시에는 파동의 형성과정에 대한 기초적인 개념만 거론되고 있을 뿐이었다. 프렉터는 연구에 더욱 매진하여 1976년에 처음으로 〈엘리어트 파동이론가(Elliott Wave Theorist)〉라는 월간 소식지를 출간했다. 나아가 프렉터는 13권의 책을 저술했고, 엘리어트웨이브 인터내셔널(금융시장에 대한 분석을 발표하는)을 세웠다. 그리고 시장 전문가 협회(Market Technicians Association) 회장직을 역임하고, 사회 경제학(socionomics)이라 불리는 사회분위기 이론을 만들어냈다. 그는 이 이론에서 대중심리 파동에 기초한 사회 동향을 분석한다. 이러한 분석을 위해 사회경제학인터내셔널(Socionomics International)과 비영리단체인 사회경제학 재단(Socionomics Foundation)도 설립했다. 또한 《사회경제학(Socionomics)》을 저술하고 MIT, 런던정치경제대학교(London School of Economics) 등 주요 교육기관에서 사회경제학에 대한 강연을 가졌다.

이 모든 것이 엘리어트의 책을 찾아간 프렉터의 행동으로부터 시작되었다고 해도 과언이 아니다. 프렉터는 자신이 수집한 추가적인 데이터를 설명하면서 다음과 같이 밝혔다.

"대부분의 사람들이 강세장에서는 5개, 약세장에서는 3개의 파동에 대해 이야기한다. 하지만 엘리어트의 이론에는 더욱 섬세한 내용과 추론이 담겨 있다. 엘리어트는 이런 상황이 벌어지고 있는 이유에 대해 많은 사례와 의견을 제시했다."

프렉터의 성공적인 이론 적용은 1980년대의 강세장에서 성과를 거두었다. 그 시기에 프렉터는 시장타이밍(market timing, 자산가치뿐 아니라 단기 가격변동 유형에 근거하여 증권을 매매하는 것—옮긴이) 기법으로 여러 차례 상을 받았다. 지금은 CNBC가 된 파이낸셜뉴스 네트워크는 1989년에 그를 '1980년대의 대가'로 선정했다. 그리고 몇몇 이들은 1987년의 주식시장 폭락 이후에 대한 그의 예측이 시장을 움직일 정도로 무척 유력했다고(프렉터 자신은 말도 안 된다고 생각한다)주장했다. 1987년 10월, 블랙 먼데이 이후 몇 달 동안 프렉터의 〈엘리어트 파동이론가〉 구독자는 2만 명을 넘어섰다.

금융시장에 파동이 있다면, 사업상의 성공에도 파동이 있는 법이다. 프렉터는 자신이 주식시장처럼 좋을 때와 나쁠 때를 모두 경험했다고 생각한다. 그는 1980년대를 정확히 예측함으로써 강세장의 세 번째 파동에 해당되는 상승세를 누렸지만, 1990년대의 예측은 그리 좋지 않았다. 급등세를 보인 1990년대와 2000년대 초반까지 이어진 좋은 분위기에도 불구하고 그가 견지한 약세장 예측으로 인해 비판가들은 엘리어트 파동이론이 정확하지 않은 기술적 분석이라고 생각하게 되었다. 그는 여러 차례 주식시장 붕괴를 예측했고 주요 지수가 떨어질 것으로 생각했지만, 실제로 주식시장은 그가 예상한 수준까지 급락하지는 않았다.

《바보들을 위한 개인 금융(Personal Finance for Dummies)》 등을 쓴 작가, 에릭 타이슨(Eric Tyson)은 프렉터의 예측에 대해 다음과 같이 말했다.

 위닝포인트

"프렉터의 뉴스레터가 제 기량을 보여주지 못했다는 것은 그저 놀라울 뿐이다. (1985년 초부터 2009년 5월 말까지) 연간 기준으로 볼 때, 그는 미국 주식시장의 윌셔 5000지수(Wilshire 5000index)보다 연 25%가 떨어지는 실적을 보였다. 이는 어마어마한 격차다."

하지만 프렉터는 여러 가지 면에서 자신의 실적을 변호하며 이렇게 말했다.

"그것은 확률 게임이다. 우리 같은 사람들은 미래를 예측하려 한다. 그런데 우리가 고려해야 할 것은 예측의 수준이다. 그런 투자열기를 예측한 사람은 내가 유일했다고 생각한다."

그리고 프렉터는 최근 몇 년 간 나아진 실적을 지적한다. 금융 전문 사이트 마켓워치(Market Watch)는 엘리어트웨이브파이낸셜포어캐스터(Elliott Wave Financial Forecaster, EWFF)가 2008년의 주식시장 붕괴 시기에 수익을 낸, 몇 안 되는 곳 중 하나라고 지적한 바 있다. 그리고 2009년 9월 마켓워치는 거친 시장에서의 성공을 다음과 같이 지적했다.

실제로 지금 당장은 비관론이 성공한 듯 보인다. 〈헐버트파이낸셜다이제스트(Hulbert Financial Digest)〉의 집계에 따르면, 2009년 7월까지 지난 12개월 동안, EWFF는 11.4%의 이익을 낸 반면, 배당금이 재투자된 윌셔 5000 전체주식시장지수(Wilshire 5000 Total Stock Market Index)는 20.03%의 손실을 입었다.

지난 3년 동안 EWFF는 연간 3.58%의 수익을 달성한 반면, 윌셔 5000지수는 연간 5.78%의 손실을 입었다. 그리고 지난 10년 동안 EWFF는 1.2%의 연간수익을 올린 데 비해, 윌셔의 경우는 0.26%의 손실을 입었다.

한편 프렉터는 2007년, 주식시장이 대재앙을 눈앞에 두고 최고점을 찍는다고 정확히 예측했다. 그는 이 최고점이 전형적인 다섯 번째 파동이라고 말한다. 그리고 저금리로 인해 돈이 너무 많이 풀리는 바람에 증시가 최고점에 도달했다는 사람들의 의견에 동의한다. 하지만 돈이 많이 풀린 이유로 돈에 대한 대중의 분위기 때문이라고 설명한다.

"신용거래는 갑자기 생기는 게 아니며, 연방준비제도 때문에 생기는 것도 아니다. 바로 다섯 번째 파동에 접어들 때, 채무자들은 '돈을 갚는 데 아무런 문제도 없을 테니 돈을 빌려야겠어'라고 말했다. 그리고 채권자들도 '이 사람들은 분명히 돈을 갚을 거야. 파산한 상태라고 해도 그들이 집을 원한다면 기꺼이 자금을 대줘야지'라고 말했다. 이처럼 극단적인 낙관주의 때문에 나는 그들이 생각조차 없는 사람들처럼 보였다.”

프렉터는 자신이 처한 현재의 시점이 상승하는 강세장의 시작으로 생각한다. “좋은 소식은 내가 실제로 제 5파동에 접어들었다는 점이다. 내 상황은 좋아지고 있다. 나는 지금 완벽한 상승 분위기를 타고 있다.”

그의 경력은 주식시장에 대한 예측이 성공했느냐, 실패했느냐에 따라 규정된다. 그런데 프렉터의 경력에서 종종 철저히 검토되지 않는 부분이 있다. 바로 그가 이끄는 시장예측기업 엘리어트웨이브인터내셔널이다. 프렉터가 고백하는 최고의 사건은 그의 경력 중 약세장 단계에서 발생했다.

“내가 길고 지루한 네 번째 파동을 경험하고 있을 때였다. 놀랍게도 그 위기(그가 말하는 ‘최고의 사건’)는 네 번째 파동이 끝날 무렵에 발생했는데, 이는 주식시장의 패턴에서 발생하는 사건이 그대로 나타난 것이었다. 조정이 끝날 때 일시적인 후퇴나 전쟁을 맞이하는 것처럼 말이다.”

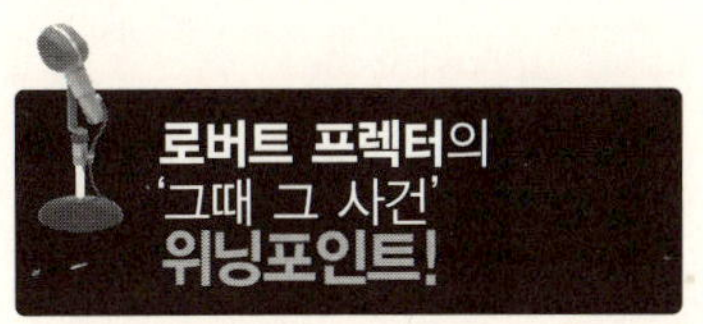

1990년대에 들어서면서 소매투자출판업은 시들해지고 있었다. 그래서 나는 엘리어트웨이브인

터내셔널의 발표자료에 은행이나 보험사, 연기금과 같은 기관투자가를 위한 분석자료를 포함시킴으로써 떨어지는 수익에 맞서기로 결심했다. 나중에 밝혀진 것처럼, 1990년대에는 기관이 왕이었기 때문에 소매투자자를 위한 분석 서비스만 제공하는 다수의 업체가 문을 닫은 반면, 우리는 계속 성장할 수 있었다. 이 새로운 사업을 시작하기 위해 우리는 통화, 금리, 국제주식시장 등 다양한 시장을 전문으로 다루는 외부 분석가들을 채용했다. 비록 속도는 더디지만 전 세계 주요 시장을 24시간 커버하는 체제를 향해 꾸준히 나아갔다. 나는 사세가 증가함에 따라 분석가를 한 명씩 늘려 채용해나갔다.

새로운 서비스 판매를 위하여 영업부서를 설립해야 했다. 기관들이 마케팅에는 거의 대응을 해주지 않지만 전화나 프레젠테이션, 개인적인 방문은 선호했기 때문이다. 이제 막 시작한 벤처 사업에 사람들을 끌어들이고자 주요 분석가에게 높은 연봉을 지급했고 몇 가지 참여계약조항을 만들었다. 우리가 성공을 거두면 그들의 보수 또한 함께 올라가는 것이었다. 그 조항은 내가 '을'의 입장이라면 당장이라도 계약하고 싶은 좋은 조건이었다.

소매투자출판 부문이 시들해지면서, 우리의 기관투자출판 부문은 성장했다. 1999년이 되자 대략 12명 정도의 분석가가 기관 서비스를 담당하게 되었고, 그만큼의 영업직원들이 확보되었다. 하지만 가끔은 지속적인 성장이 특혜의 감정을 발생시키기도 했다. 1999년 2분기가 되자 기관 부문에서 불평이 제기되기 시작됐다. 별로 내키지는 않았지만 그 해 초, 회사 최고경영자가 자리에서 물러났기 때문에 나는 관행을 찾아내고 쓸데없는 비용을 억제하기 위해 점검 작업에 들어갔다. 밝혀진 바에 따르면, 영업부서는 활용할 수 있는 단서는 거의 물어오지 못하면서 오직 즐기기 위해 해외로 출장을 다니고 있었다. 카푸치노, 객실 내 미니바, 투우, 골프장, 리무진서비스 등의 영수증이 발견되었다. 그래도 나는 그들의 변명이 진심이라고 믿으며 악의적인 마음을 가졌다고 의심하지 않았다. 나중에 안 사실이지만 영업부장은 그 실수를 감지하지 못했다.

그 해 2분기 무렵, 영업실적이 약간 떨어졌다. 최고의 수입을 올리던 분석가들은 자신의 급여가 몇 퍼센트 떨어진 데 대해 분개했다. 나로서는 그들의 그런 태도가 이해되지 않았는데, 내가 알기로 그들은 다른 곳에 가면 그만큼 월급을 못 받기 때문이었다. 하지만 그들 중에는 융자를 많이 받아 점점 더 많은 돈을 굴리는 데 익숙해진 사람들이 있었다. 이즈음, 영업부장과 고위 분석가 한 명이 제한 조약이 존재함에도 불구하고 경쟁사를 비롯한 일부 알려지지 않은 금융 비즈니스 인사들과 함께 나의 기관부서 인력을 훔쳐낼 방법을 모의하기 시작했다. 그들은 일확천금을 노리는 시나리오를 만들어 우리 분석가들과 영업직원들을 설득하는 일부터 시작했다. 그들은 새로운 회사를 만들어 직원 모두에게 주식을 나눠주겠다고 했다. 그들은 분석가들을 한편으로 끌어들이고자 우리 회사가 파산할 거라며 여름 내내 직원들에게 겁을 주었다. 1~2분기 매출과 보수가 감소했기 때문에 그들의 주장은 그럴 듯하게 들렸을 것이다. 나중에 찾아낸 영업부장이 보낸 삭제된 이메일에 따르면, 그는 분석가들에게 그들이 월급을 못 받을 수도 있지만 자신이 그들의 권리와 복지를 위해 싸우고 있다고 말했다. 나중에 안 사실인데, 그는 내가 거짓말을 할 게 분명하니 회사의 어려운 사정에 대해 내게 묻지 말라고 분석가들에게 충고했다고 한다. 근거 없는 의심 많은 기관 분석가들을 사로잡았다. 사실 나는 그들을 제대로 알고 있지는 못했다. 배신자는 새 회사에서 일하지 못할 것이라는 얘기를 들었기 때문에 그들 중 어느 누구도 내게 그런 말을 해주지 않았다. 그들은 쿠데타가 성공하고 나면 이 선택된 집단의 멤버들은 믿을 수 없을 정도로 부자가 될 것이며 나는 거의 파산지경에 이를 것이라는 소리를 들었다. 달리 말하면, 변절하거나 뒤에 남는 사람은 누구든 일자리를 잃는다는 것이었다. 협박과 기회가 교묘히 조합되면서 사람들의 입에는 아주 효과적인 재갈이 물려졌다.

밀모자들은 우리의 고객명단을 훔쳐내는 동시에 기관부서의 핵심 직원들을 모두 데려갈 계획을 세웠다. 그들은 호텔을 빌려 비밀 회의를 가졌다. 외부에서도 공모자가 합세하여 자신들이 얼마나 부자가 될 것인지 상세히 알려주는 파워포인트 프레젠테이션까지 작성했다. 그들은 이 모든 것이 핵심 분석가들과 영업직원들이 한 번에 모두 회사를 그만둠으로써 회사의 인터넷 분석이 한순간에 정지되어 내가 어쩔 수 없이 모든 기관고객에게 돈을 돌려주게 되는 그날까지 비밀을 지키는가에 달려 있다고 말했다. 그렇게 되면, 나는 파산하게 될 것이고 반격에 필요한 돈도 마련하지 못할 것이었다. 또한 회사의 거의 모든 사람들을 내보내야 하는 형편에 이를 것이었다. 그때 새 사무실에 자리를 잡은 영업직원들이 우리의 과거 고객들에게 죄다 전화를 걸어 우리의 모든 기관분석가들이 속해 있는 새 회사로 돈을 보내라고 말할 참이었다. 경쟁기업이 종자돈을 공급해주기로 되어 있었다. 그들은 이미 근처 지역에 사무실을 임대하여 전화와 컴퓨터를 설치하기 시작했다. 서류상으로는 꽤 훌륭한 계획처럼 보였다.

하지만 그 계획에는 몇 가지 결점이 있었다. 첫 번째 결점은 책임자들이 오만하여 자기들 마음에 들지 않거나 무능하다고 생각한 사람들은 제외시키자고 주장했던 점이다. 나중에 내가 예상치도 않은 사표를 세 장이나 받은 충격에서 헤어나지 못하고 있을 때, 그들의 계획에서 제외된 영업사원 중 한 명이 음모가 진행되고 있음을 눈치 채고 질문을 던지기 시작했다(현재 그는 우리 회사의 이사다). 두 번째 결점은 잔인할 정도로 영악하게 느껴지는 결정이었다. 20명의 직원들은 10월 마지막 주, 마지막 3일 동안 한 사람씩 차례로 사표를 제출하기로 했는데, 모두 금요일까지 근무를 하겠다고 했다. 이는 일시에 회사를 마비시키겠다는 의미였다. 그들은 어디로 갈지, 왜 사표를 내는지, 엉터리 이야기를 지어내어 적어도 처음에는 그 결정들이 개인적으로 이루어진 것처럼 보이도록 만들려고 했다. 그들은 이런저런 이야기를 지어냈고, 신중하게 날짜를 선택하여 금요일에 회사를 그만두는 모든 직원이 그 달 봉급과 보너스를 완벽히 받을 수 있도록 했다. 그들은 모두가 최대한의 수입을 챙길 뿐 아니라 회사를 재정적으로 약화시킬 작정이었다. 하지만 정작 이러한 시간표는 완벽한 기습이었을 것을, 완벽에 가까운 기습으로 바꾸어놓고 말았다. 그리고 그 차이는 결정적으로 중요했다. 나는 수요일에 누군가로부터 세 번째 퇴직 예고를 받은 직후에 그들의 음모에 대해 알게 되었다. 따라서 퇴직을 망설임으로써 자신들의 의도를 감추고, 더 중요하게는 금요일에 한 달치 봉급까지 챙기려던 그들의 속셈 덕분에 나는 하루 동안 여유를 갖고 이 사태를 어떻게 처리해야 할지 알아낼 수 있었다. 그리고 운이 좋아서였는지 자주 출장을 다니는 유능한 변호사 친구가 집에 있어서 그의 도움을 받을 수 있었다. 더 많은 사표가 제출되자,

　　　　　　　　　　　　　　　　　　　　　　위닝포인트

나와 변호사 친구는 목요일에 이야기를 했다. 그의 조언에 따라 나는 금요일 아침에 그와 그의 동료 1명, 다른 부서의 충성스런 이사 3명과 함께 계단 옆 모퉁이 사무실에 모였다. 직원들의 사표를 받은 나는 회사를 그만두려는 각 직원들에게 퇴직자 면접을 마친 뒤 경리부서에서 봉급을 받아갈 수 있다고 말했다. 사실 퇴직자 면접은 통상적인 절차였다. 하지만 이 경우, 퇴직자 면접은 무슨 일이 일어나고 있는지 알아내기 위한 목적으로 진행되었다. 첫 번째 직원은 면접이 끝난 뒤 호위를 받으며 계단을 내려갔고, 회사로 돌아오지 말라는 이야기를 들었다. 우리는 이미 떠난 사람들이 전화로 경고를 주지 못하도록(이때는 휴대전화기가 없던 시절이다) 회사 전화를 정지시킨 뒤, 시스템이 고장 났다고 알렸다. 정보기술부서는 시스템을 고치는 것처럼 여기저기 부산스럽게 돌아다녔다. 각각의 사표가 제출될 때마다 나는 퇴직자 면접을 기다리는 직원과 조용히 이야기를 나누었다. 대화는 1시간 정도 걸리기도 했다. 정말 힘든 하루였지만, 우리는 오전 9시부터 오후 9시까지 12시간 동안 필요한 정보를 모두 입수할 때까지 퇴직희망 직원들을 한 사람씩 처리해나갔다. 고객명단을 훔쳐간 사실을 알게 된 덕분에 우리는 그 다음 주 월요일에 판사 앞에 가서 그들의 행동에 대해 30일간의 금지명령을 요청할 수 있었다. 물론 판사는 우리의 요청을 받아들였다.

그러나 기관부서는 초토화되었다. 음모를 발견한 사람이 다른 곳에 배치되면서 영업사원은 1명만 남게 되었다. 다행히도 다른 부서 직원이 영업직으로 옮기기를 강력히 희망한 덕분에 영업사원은 2명으로 늘었다(이 직원은 1년 만에 최고의 영업사원이 되었다). 우리는 모든 고객을 그 두 사람에게 맡겼다. 그들은 많은 고객에게 서비스를 제공하느라 장시간 일해야 했지만, 장시간 근무는 두둑한 주머니를 의미했기 때문에 그들은 잘 견디어냈다.

우리에게는 기관분석가도 몇 명 남지 않았는데, 그들 중에 필요한 수준의 보도를 맡아줄 실력자는 없었다. 하지만 우리는 그들의 보수를 올렸고, 그들을 2교대제로 바꾸었다. 그리고 소매 분석가들을 초과근무로 합류할 수 있게 했다. 다른 부서에 소속되어 있지만 시장에 정통한 한 직원이 분석가를 자원해서 빈자리를 채워주었다. 우리는 독자들이 용인해줄 정도로 기관서비스를 줄였고, 새로운 분석가를 채용하겠다고 발표했다. 우리는 며칠 내에 두 사람을 채용했다. 우리의 시장 보도내용이 확 줄어들자, 11월 중에는 고객으로부터 불평이 다소 제기되었다. 돈을 일부 되돌려주고 구독기간을 연장해줘야 했지만, 우리의 보도 내용은 스트레스가 가장 심한 달을 간신히 넘어갈 정도는 되었다. 12월이 되면서 시장이 조용해지고 일부 고객이 휴가를 떠난 덕분에 우리는 다소 숨을 돌릴 수 있었다. 그 때부터 우리는 한 번에 분석가 한 명씩 보충하면서 다시 부서를 재건했다. 결국 우리는 한 때 회사를 떠났던 분석가 중에서 일부를 다시 채용하기까지 했다. 우리는 그들이 그러한 강탈음모의 주동자라기보다는 피해자라고 생각했다.

나머지 직원들은 만약 그 음모가 성공했다면 자신들이 곧바로 길거리로 내쫓길 뻔했음을 알고 격노했다. 그와 동시에 그들은 높은 집중력을 발휘하여 단호한 태도를 취했다. 나중에 드러난 바로는, 모든 사람을 능수능란하게 설득하여 자신들의 계획에 가담시킨 주동자들은 새 사무실을 제대로 준비하는 데 실패했다. 두 달 동안 사무실을 꾸밀 시간이 있었음에도 불구하고, 전화기가 작동되지 않았고 컴퓨터는 인터넷 접속이 불가능했다. 또한 약속받은 돈도 제대로 받지 못했다. 판사가 그들에게 우리의 고객명단을 돌려주라고 명령을 내리자, 외부 인사들이 슬그머니 손을 떼는 바람에 나머지 동조자들은 궁지에 몰리게 되었다. 그들이 약속한 부는 그 계획이 성공했더라도 크게 부풀려진 것이었다는 사실이 드러났다. 결국 우리는 조정단계에 들어갔고, 관련된 주동자 대부분은 소송을 피하기 위해 법률비용을 모두 충당할 정도의 돈을 지불하기로 합의했다. 하지만 그 사건은 금전적으로 우리에게 많은 피해를 안겼고, 우리 회사는 파탄 직전까지 내몰렸다. 한편 회사 내의 범죄자들과 추종자들의 삶도 철저히 망가졌다. 높은 연봉을 받던 그들은 단 한 푼도 받지 못하는 처지가 되었다. 여하튼 양측 모두에게 힘든 시간이었다.

나는 그 사건이 대부분 내 책임이라고 생각한다. 내가 이 두 부서의 직원들과 충분히 가까운 관계를 유지하지 못했던 것은 분명했다. 우리의 분석가 중에는 시장 분석가인 나와 친구도 있었다. 나는 그들에게 늘 솔직했기 때문에 그들이 피해망상에 쉽게 걸리고 비밀스런 모의에 기꺼이 가담하리라고는 전혀 생각하지 못했다. 하지만 나는 대부분의 영업사원들과는 가까이 지내지 못했다. 우리가 대화를 나누면서 가끔 재미있는 시간을 보내기도 했지만, 결코 친구가 되지는 못했다. 내가 그들에게 더 가까이 다가갔거나 그들을 더 잘 알았더라면 그런 재앙은 피할 수도 있었을 것이다. 이것이 30년 동안 회사를 운영하면서 겪은 최대의 사건이었다. 하지만 그 실수는 최고의 실수로 판명되었다. 몇 달 뒤, 내 변호사는 다음과 같은 의견을 제시했다. "몸값이 너무 비싼 분석가 여러 명이 회사를 그만 두었기 때문에 시장 가격으로 그들을 대체할 수 있게 되었다." 그의 말은 맞았다. 그것은 고생 끝에 얻은 희망의 빛이었다. 하지만 그것은 우리가 얻은 이익의 절반에 불과했다. 1999년은 기관 사업을 하기엔 최고의 해였다. 하지만 2000년부터 2003년까지 시장이 하락하고 경제가 침체기로 접어듦에 따라 기관투자 분석산업 전체는 쏟아지는 서비스 취소사태를 경험했다. 기관에 분석 자료를 판매하는 최대 경쟁사 두 곳이 문을 닫을 정도로 사업 여건은 나빠졌다. 반면에 우리의 소매 부문은 시장 침체 때문에 다시 성장하게 되었고, 기관 부문의 축소를 견뎌낼 정도의 충분한 수익을 유지할 수 있었다. 얼마 지나지 않아 우리에겐 소수의 영업사원만 필요했음이 분명해졌다. 새로이 분석가가 된 직원들은 다들 훌륭했고, 그 자리에 있게 되어 행복해했다. 그리고 특혜의식 같은 것은 갖지 않았다. 그들은 자신들을 대체한 사람들보다 더 훌륭하게 일을 해냈다. 그리고 낮아진 간접비용 덕분에 우리는 최고 수준의 분석 내용을 계속 전해줄 수 있었다. 그 사건 이후, 나는 놀라운 사실을 깨달았다. 2000년부터 2003년까지 기관 사업이 전 세계적으로 무너진 것을 고려하면, 과거의 모델 하에 있던 분석 및 영업부서의 높은 비용은 회사 전체를 적자로 내몰았을 것이다. 실제로 미수에 그친 쿠데타는 우리가 전투준비를 할 수 있게 불필요한 것들을 없애준 셈이었다. 그 결과 나는 괴로운 마음으로 부서를 축소하고 비용 절감에 동반되었을 문제와 원한에서 자유로울 수 없었다. 빠른 시간 내에 나는 우리의 미래가 영업이 아니라 마케팅에 있다는 판단을 내렸고, 훌륭한 인재들을 영입하여 마케팅 팀을 확대하는 데 주력했다. 몇 년 뒤 영업부서를 완전히 해체하는 동시에 회사를 지탱해준 그들을 위해 회사 내에 다른 자리를 마련해주었다. 미수에 그친 쿠데타 이후의 석 달은 끔찍할 정도로 무서웠지만, 이러한 부서를 재빠르게 축소한 덕분에 회사는 3

년이라는 어려운 시기를 잘 넘길 수 있었던 것 같다. 되돌아보면, 쿠데타 준비자들이 과거의 상승세가 계속될 거라는 결론 하에 움직인 탓에 쿠데타의 타이밍은 기관 사업에서 손을 떼라는 미묘한 신호가 되어 주었다. 이는 금융시장이 보합세를 보일 때 사람들이 생각하는 방식과 정확히 맞아 떨어진다. 현재 우리의 분석가는 더욱 훌륭하고, 더 나은 마케팅 활동을 벌이고, 꾸준히 성장하고 있다. 나는 늘 기관 부문 서비스를 시작했던 것을 고맙게 생각한다. 금융서비스 시장의 집중 부문이 격렬하게 바뀌던 시기에 우리 회사를 번창시켰기 때문이다.

Robert Prechter's History

로버트 프렉터는 1978년, 1929년대식의 주식시장 호황을 예측한 《엘리어트 파동이론》을 시작으로 금융서적을 13권이나 집필했다. 그가 2002년에 발표한 《디플레 뛰어넘기》는 오늘날의 위기를 예측한 책이다. 프렉터가 최근 관심을 갖고 있는 부문은 사회과학에 대한 새로운 접근방식으로, 2003년에 발표한 《사회경제학- 역사와 사회예측 학문(Socionomics- The Science of History and Social Prediction)》에서 그러한 내용을 대략 설명한 바 있다. 2007년 7월, 〈행동금융 저널(Journal of Behavioral Finance)〉은 프렉터와 그의 동료

위닝포인트

웨인 파커(Wayne Parker)가 쓴 논문, 「금융/경제 이분법: 사회경제학적 관점(The Financial/Economic Dichotomy: A Socionomic Perspective)」을 실었다. 프렉터는 런던정치경제대학교, 조지아공대(Georgia Tech), MIT, 뉴욕주립대학(State University of New York, SUNY)과 학술 컨퍼런스에서 자신의 사회경제 이론에 관한 프레젠테이션을 여러 차례 선보였다.

2 경영의 수뇌부들이 밝히는 위닝포인트

모든 조직에는 조직을 꾸려나가는 핵심 인력들이 있다. 2부에서는 그들을 '경영의 수뇌부'로 부르고자 한다. 처음에는 이들을 '최고의 경영자'로 부를까 하고 고민했다. 그러나 최고경영자라는 자리는 기업에서의 지위를 암시하는 것으로, 개인이 소유한 사업체에서는 그들이 다른 말(총지배인, 사장, 총괄 파트너 등)로 불릴 수도 있다. 직함이 항상 어떤 사람이 무슨 일을 하는지 알려주는 것은 아니다. 일상생활에서는 회사와 멀리 떨어져 있지만 중요한 선언을 맡는 최고경영자가 있는가 하면, 회사가 굴러가도록 만드는 일에 정통한 최고경영자도 있다.

또한 계속 훌륭히 일하라고 격려하는 직함이 있는가 하면, 회사에 머물 수는 있지만 실제로는 어떠한 의사결정권도 주어지지 않는 직함도 있다. 주로 그런 직함들은 다소 이상한 사무실에서 발견할 수 있는데, 대개 그런 사무실 벽에는 영광을 누린 시절에 유명인과 함께 찍은 사진이 걸려 있다. 그들은 자신이 잘 나가던 시절에 비해 자주 사무실에 들르지 않으며, 중요한 회의에도 잘 나타나지 않는다. 물론 그들이 해주는 이야기는 너무 친숙하게 들리기 시작한다. 또한 1년에 수천 만 달러를 받으면서도 '밑에서 무슨 일이 벌어지고 있는지 몰랐다!'고 주장하는 최고경영자들도 있다. 그들은 회사의 손실을 감추기 위한 해외계좌를 개설, 회사의 수익성이 실제보다 더 높은 것처럼 보이도록 만

들고, 부하 직원들에게는 '모든 일이 다 잘 되고 있다'고 말하면서 자신의 옵션을 현금으로 바꾼다. 주가가 계속 추락하고 있어도 직원들에게는 퇴직연금에 손대지 말라고 이야기한다. 다들 알다시피, 케네스 레이(Kenneth Lay) 같은 사람들은 법적으로 말하면 아무 잘못도 저지르지 않았다. 앗, 이야기가 잠시 샛길로 빠진 듯하다.

2장에서 소개되는 사람들은 실제로 직함과 관계없이 회사를 운영했으며 그들의 공통된 장점으로는 사람들을 다루는 데 뛰어난 능력을 보였다는 점이다. 그들은 공통된 목표를 향해 팀을 이끄는 데 탁월하였고, 무언가 의미 있는 일을 달성하고자 노력했다. 그들은 불확실한 시장을 냉정히 평가하여 힘든 결정을 내렸다. 그리고 일이 잘 되었을 때, 회사와 자기 자신에게 수익을 안겨주었다. 물론 일이 잘못되었을 때에는 그 결과로 인해 힘들어했다. 잘 알려진 성공에 안주하지 않고 변함없이 왕성한 활동력을 보여주는 경영의 수뇌부들 역시 '그때 그 사건'이 있었고 거기서 위닝포인트를 찾았다. 지금도 치열한 하루하루를 보내며 경영상의 매우 중요한 결정을 내리는 리더들의 이야기를 듣는다는 건 큰 행운이다.

09 Arthur Blank

아서 블랭크

M&A 과정에서 상처를 입다!
: 조직의 균형과 겸손함 깨닫기

홈디포의 공동창업주였으며 현재 미식축구 팀 애틀랜타 팰컨스(Atlanta Falcons)의 구단주로 있다. AMB 가족재단(AMB Family Foundation) 설립자이기도 하다.

아서 블랭크는 직업적으로, 그리고 개인적으로도 변화를 일으키는 일이 중요하다고 생각한다. 그가 홈디포에 몸담은 23년 동안 이 회사는 금전적으로 성공을 거두었을 뿐만 아니라, 지역사회에 1억 1,300만 달러가 넘는 돈을 기부해 귀감을 샀다. 또한 홈디포 직원들은 개인적으로 수십 만 시간의 자원봉사를 실천하고 있다. 미국인들은 그가 이룬 개인적·직업적인 업적을 보면서 그를 크게 존경하는 인물로 생각한다. 아서 블랭크는 사업을 운영하면서 수많은 교훈을 얻었겠지만, 인사 결정을 내릴 만한 위치에 있는 사람들이 반드시 알아야 할 의미 있는 교훈 한 가지를 털어놓는다.

"누군가를 해고할 작정이라면, 그 해고자가 돌아와 당신을 내쫓지 않도록 확실히 정리하라."

블랭크와 그의 동료 버니 마커스는 주택수리용 도구와 재료를 판매하는 캘리포니아의 철물점 체인, 핸디 댄 홈 임프루브먼트 센터(Handy Dan Home Improvement Centers)를 상대하다 그야말로 된통 당했다. 고위 경영진 내부에서 정치적 투쟁이 전개되면서 블랭크와 마커스는 패하고 말았다. 그리고 두 사람은 해고되었다. 그들은 해고되자마자 머리를 맞댔다. 그리고 홈디포라는 주택수리용 자재판매 체인을 세우자는 아이디어를 짜냈다. 그들은 기존 철물점 매장보다 차별화된 무엇인가를 도입하기로 했다. 두 사람의 아이디어는 사람들에게 강력한 가치가 되었다. 블랭크는 다음과 같이 설명했다.

"외형이 똑같은 점포를 오픈할 수는 있다. 1만 평 이상의 규모와 판매하는 물건과 가격, 그리고 물건을 사들이는 업체 등등이 같을 수는 있다. 하지만 우리 회사의 독특한 점은 매장 안에서 고객이 받는 서비스의 수준이다. 즉 우리 직원들이 고객에게 쏟는 헌신의 정도다."

미국 역사상 가장 성공적인 소매기업 가운데 하나를 설립하여 운영하는 데 20년 이상의 세월을 바친 아서 블랭크는 고객에 대한 관심이 홈디포가 이룬 성공의 열쇠였다고 말한다.

"내가 홈디포의 최고경영자일 때, 로우스(Lowe's)의 최고경영자였던 밥 틸먼(Bob Tillman)과 나눈 대화를 잊을 수가 없다. 밥은 은퇴한 후 내게 말했다. '알다시피, 우리는 홈디포 매장을 모델로 삼았습니다. 하지만 매장의 모든 관계자들이 고객 최우선이라는 독특한 홈디포 문화를 어떻게 믿고 따르도록 만들었는지는 결코 알아낼 수 없었습니다.'"

어쩌면 블랭크 자신이 그 문화와 관련이 있을지도 모른다. 그는 뉴욕 퀸즈에서 태어났는데, 15살 때 아버지를 여의었다. 그와 마

  위닝포인트

커스는 중산층보다 조금 낮은 출신으로, 조부모가 유럽에서 미국으로 이민을 온 사람들이었다. 어린 시절의 블랭크는 침실 1개짜리 아파트에서 살았으며 대학교를 졸업할 때까지 형과 함께 지내야 했다. 어떤 것도 당연하게 거저 얻을 수 없다는 생각은 그의 사업에 고스란히 심어졌다.

"우리는 잘못될 수 있는 것을 항상 찾아내며 끊임없이 뛰어야 한다고 생각했다. 우리가 주의를 기울이지 않은 문제를 늘 조심해야 하고, 아주 가까운 곳에 우리를 무너뜨릴 수 있는 함정이 있다고 항상 생각했다. 어떤 문제 또는 기회를 찾고자 주변을 살피는 꼼꼼함과 적극적인 태도야말로 회사의 성공에 중요한 요인이었다. 한편 우리는 매장이나 매장 지원 센터에서 회의를 했다. 이 회의에 참석해본 사람이라면, 이 회사가 문제가 많다고 느꼈을 것이다. 우리는 늘 실패가 두려워 안절부절 못했고 늘 안 좋은 일이 생길까봐 걱정했다. 경쟁사를 항상 경계했고, 고객을 대하는 일에도 불안해했다. 따라서 23년 동안 이 회사가 1년에 45%씩 성장하고, 실적은 48%, 주가는 47~48%가 상승했음에도 불구하고 우리의 태도나 행동, 말투로 보면 그런 생각을 전혀 할 수 없을 것이다."

실제로 미국 경제라는 대기업에서 활동하는 모든 이들은 블랭크가 거대한 소매업체에서 훌륭한 직원들을 선택해나간 과정을 보면서 중요한 교훈을 얻는다. 그리고 모든 일들이 '고객 최우선'이라는 소중한 가치와 관련이 있었다. 홈디포의 최고관리자들은 매장관리자든, 지역관리자든, 지역부사장이든, 회사의 문화를 믿는 사람만 승진시켰다. 따라서 자신이 맡은 업무를 잘 해내는 능력은 회사의 문화를 실행하는 최우선적인 능력에 비해 부차적인 것이었다. 이렇듯 블랭크는 홈디포 최고경영자를 지낼 때, 미국에서 가장 훌륭한 고용주에 속했다. 현재 애틀랜타 팰컨스(프로미식축구팀)의 당당한 구단주인 그는 미국에서 가장 몸집 큰 직원들을 거느리고 있는 셈이다. 그들 중에는 몸무게 130킬로그램이 넘는 사람들도 있다.

큰 성공을 이룬 사업가가 미식축구팀처럼 대중적인 사업에 간섭하지 않고 있기란 쉽지 않을 것이 분명하다. 어쨌든 홈디포가 널리 알려지기까지 그의 단호하고 가차 없는 지도력이 큰 역할을 했다. 홈디포의 시장점유율과 이익이 증가할 수 있었던 것은 처음부터 실수로부터 배우려는 아서 블랭크의 적극적인 태도 덕분이었다. 그가 털어놓는 최고의 사건은 홈디포가 댈러스에 진출하여 당시 그 지역에서 9개 매장을 갖고 있던 보워터(Bowater)라는 회사를 인수하기로 결정한 1984년에 발생했다. 홈디포가 오늘날 미국의 대표적인 성공스토리가 되는 데 도움이 된 교훈, 위닝포인트가 그때 비롯된 것이다.

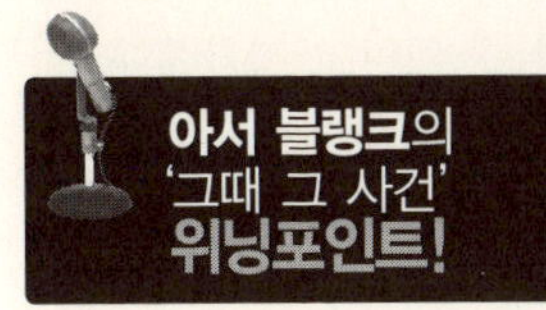

1979년부터 1981년까지 처음 몇 년 동안은 사업 모델을 개선하는 데 주력했다. 당시 영업 중인 매장은 4곳에 불과했다. 1984년까지도 홈디포의 매장은 23곳이 전부였다. 우리가 눈독을 들이던 다음 시장은 보워터라는 업체가 진출한 댈러스였다. 초기에 우리 회사에 투자를 시도했던 보워터는 댈러스를 비롯한 여러 시장의 매장이나 규모 면에서 볼 때 우리와 비슷한 정도의 수준이었다. 그들이 영업 중인 매장은 9곳이었다.

직접 보워터의 매장을 방문했더니 제대로 운영되지 않고 있다는 사실을 알았다. 서비스도 좋지 않았고, 오래된 재고도 많았을 뿐 아니라 진열 중인 상품도 구닥다리처럼 보였다. 우리는 나름 자신이 있었다. 만약 보워터를 알맞은 가격에 인수할 수 있다면, 매장을 제대로 바꿔놓을 수 있을 것이었다. 결국 나와 버니는 보워터를 인수했다.

9곳의 보워터 매장을 다시 고치는 과정에서 우리가 저지른 가장 큰 실수는 당시 다른 곳에서 운영 중이던 23군데의 홈디포 매장에서 가장 우수한 인력 일부를 차출했다는 점이다. 이는 기존의 사업을 약화시킨 결과가 되었다. 그리고 보워터의 매장이 전체 거래량 중 절반을 차지하고 있음에도 불구하고, 우리는 영업을 계속하면

서 매장을 수리하고, 제품을 다시 판매할 수 있다고 생각했다. 이
는 시속 95킬로미터로 달리는 자동차의 타이어를 바꾸는 일과 비
슷한 매우 힘든 작업이었다. 매장은 정신없이 바빴다. 당연히 고객
입장에서는 훌륭한 서비스를 제공받을 수가 없었다. 매장을 바꾸
고 있는 동안 납품업체들은 우리를 지원하느라 무척이나 애를 먹
었다. 결과적으로 볼 때 보워터의 인수는 현명한 결정이 아니었다.

　우리가 저지른 또 다른 잘못은 회사의 문화가 얼마나 중요한지
몰랐다는 것이다. 나와 또 다른 경영자는 보워터의 문화를 쉽게 바
꿀 수 있을 거라고 생각했다. 문화는 사업을 운영하는 철학이자 고
객 서비스 철학에 관한 것이었다. 우리가 생각하는 기업문화는 매
장이나 매장의 직원들보다 고객이 훨씬 더 중요한 것이었다. 그러
나 우리는 보워터의 매장 관리자들이 사무실이 아닌 매장에서 고
객을 상대하도록 만드는 데 실패했다. 결국 지역관리자 한 명이 지
게차를 끌고 보워터 매장에 들어가 매장 관리자 사무실을 철거해
야만 했다. 매장 관리자가 서류나 쳐다보며 사무실에 앉아 있는 것
이 아닌 현장에서 고객을 도와주기를 원했지만 그들은 우리의 생
각을 따라주지 않았다.

　실수가 하나 더 있다. 우리는 월가에서 쌓아온 신뢰와 신용의
일부를 잃고 말았다. 월가에서는 주가수익률을 입증하고 경영진
이 하는 말을 이해하고 믿어준다는 관점에서 신뢰와 신용이 결정

　　　　　　　　　　　　　　　　　　　　　　　위닝포인트

적으로 중요하다. 처음에는 보워터 매장을 쉽게 개조할 수 있다고 생각했는데, 실제로 그 일을 완수하는 데에는 월가에 약속한 것보다 훨씬 더 많은 시간이 걸렸다.

그래도 가장 중요한 사실이 있다. 시간이 생각보다 많이 걸리고 몇 가지 시행착오가 있기는 했지만 결국 모든 어려움을 극복해낸 것이다! 우리는 각 매장이 다시 양질의 상품과 서비스를 판매할 수 있도록 만들었고, 100%가 넘는 수준으로 거래량도 늘렸다. 우리는 잘못에 대한 책임을 졌다. 나와 버니는 우리의 결정 말고는 어떤 것도 비난하지 않았다. 그저 모든 책임이 우리에게 있다고 말했다. 그 일로부터 중요한 교훈을 얻었다. 다름 아닌 우리 자신과 회사에 대해 겸손함을 갖추게 된 것이다. 그리고 또다시 그런 상황에 처한다면 무엇을 해야 하는지도 깨닫게 되었다. 우리가 얻은 교훈을 소개하면 다음과 같다.

첫째, 지금보다 더욱 균형 잡힌 상태로 성장해야 할 필요성을 깨달았다. 버니와 나는 매우 공격적이기 때문에 우리 둘은 이사회를 상대로 우리에게 규정을 하나 부과해달라고 요청했다. 즉 우리는 매장을 늘려가는 것을 추구하기 때문에 1년에 25%가 넘지 않는 선에서 세를 확장하기로 합의했다. 그리고 새로운 시장과 기존 시장에서의 신규 매장 수에서도 균형이 필요했다. 결국 그와 같은 규정들이 회사를 보호해주는 역할을 했다.

둘째, 인수하는 회사의 문화를 상당히 독특한 홈디포의 문화로 전환하는 일이 어렵고 힘들다는 점을 인식하게 되었다. 소매업 분야에서 홈디포의 지향점은 미국 내의 어떤 회사와도 달랐기 때문이다. 따라서 우리는 그런 점에 대하여 훨씬 조심스러워졌다.

셋째, 회사의 확장 속도를 조절해야 했다. 그것이 다음 시장에 더욱 빠르게 진출하지 못한다는 얘기라면, 우리는 그냥 기다려야 했다. 일례로 우리는 여러 해 동안 디트로이트 진출을 미뤄야만 했다. 이는 버니와 나, 또는 우리 회사의 성격 때문이 아니었다. 우리에게 필요한 집중력이 확보되었음이 확실해질 때까지 기다리는 법을 알게 되었다.

아무튼 보워터 인수과정을 통해 나는 겸손을 다시 한 번 되새겼다. 우리 팀의 수석코치가 게임에서 11대 5로 이기고 있다가 연장전에 들어가는 팀원들에게 말하는 것처럼, 성공은 한껏 부풀려진 자아와 자만심을 가져다줄 수 있다. 그래서 늘 신중하고 겸손해야 한다.

나와 버니가 홈디포를 이끌던 23년 동안 우리에게 쏟아진 언론의 찬사에 마음을 쏟지 않았다. 물론 그런 기사를 읽긴 했지만 누구들처럼 벽에 걸어놓지는 않았다. 앞에서 언급한 문제들에 집중해야 함을 알고 있었기 때문에 사무실 벽을 언론기사로 도배하지 않았던 것이다.

Arthur Blank's History

뉴욕 출신인 블랭크는 밥슨 대학교 경영학과를 뛰어난 성적으로 졸업했다. 1978년에 홈디포를 공동으로 설립했고, 2001년 공동회장 자리에서 물러났다. 그가 퇴직할 당시 홈디포는 다우존스산업평균지수(Dow Jones Industrial Average)에 포함되어 있었고, 〈포춘〉이 선정한 '가장 존경받는 글로벌 기업'에도 속해 있었다. 블랭크가 홈디포의 최고경영자로 재직한 마지막 해에 해리스인터랙티브사(Harris Interactive, Inc)가 실시한 연차 조사에서 홈디포가 사회적 책임 부문 1위를 차지했다. 현재 아서 블랭크는 애틀랜타 팰컨스의 구단주이자 최고경영자로 있다. 2002년 2월에 팀을 인수한 이후 그는 팰컨스 팬에게 새로운 흥분을 안겨준 의미심장한 변화를 일으켜왔다. 그가 팰컨스의 구단주로 보낸 첫 해에, 팰컨스 팀은 시즌티켓 판매가 100%나 늘었고(NFL 역사상 1년 동안의 시즌티켓 판매가 가장 많이 증가한 것이다), 56게임 연속 매진사례를 기록했으며, 프랜차이즈로서는 처음으로 시즌티켓 대기명단을 신설했다. 블랭크는 프로 스포츠 종목을 통틀어 가장 혁신적이고 진보적인 구단주 중 한 명으로 인정받으면서, NFL에서 가장 재능 있는 임원과 코치진, 선수들을 끌어들이고 보유할 수 있게 되었다.

데이비드 노박

빛나는 아이디어가 빛을 못 보다!

: 독선을 버리고, 조언 경청하기

전직 펩시코(PepsiCo)에서 최고임원을 역임했으며 피자헛, KFC, 타코벨 등의 모기업인 얌! 브랜드(Yum! Brands, Inc) 최고경영자이다. 《노박 씨, 이럴 땐 어떻게하나요?(The Education of an Accidental CEO)》라는 책을 공저했다.

데이비드 노박은 처음 만나자마자 이렇게 털어놓는다.

"성공을 거둔 사람들은 똑똑하고 투지가 넘치며, 위기를 감지할 줄 안다. 이 같은 특성들은 분명히 훌륭하다. 나는 그들을 돋보이게 만들고 능력을 최대한 발휘할 수 있도록 도와주는 것이 중요하다고 생각한다."

얌!브랜드의 최고경영자 겸 회장은 오랜 세월 동안 많은 것을 배웠다. 하지만 대부분이 시장에서 사람들과 직접 만나 이야기하면서 중요한 결정을 내리는 일을 하며 얻은 배움이었다. 그의 배움은 아이비리그 대학 강당에서 얻어진 것이 아니다. 중학교 1학년이 될 때까지 23개 주, 32곳의 트레일러 파크를 전전하며 살던 그는 자신의 수수한 이력을 자랑스럽게 말한다.

"사람들은 내가 하버드 MBA를 땄을 거라고 생각하지만 나는 정규교육을 받지 않았다. 한편으로는 행운과 복이 많았던 것 같다. 자신이 가진 지식을 나에게 전해줄 수 있는 사람들과 함께 일할 수 있었기 때문이다. 나는 그들이 전해주는 지식을 스펀지처럼 흡수해 받아들였다."

현재 노박은 110여 개 나라 3만 7,000개 이상의 프랜차이즈 체인점과 140만 명의 팀원을 갖춘 세계 최대 외식기업을 운영하고 있다. 이 기업에 속한 귀에 익은 외식업체로는 타코벨(Taco Bell), KFC, 피자헛(Pizza Hut), 롱 존 실버스(Long John Silver's), A&W 올 아메리칸 푸드(A&W All-American Food) 등이 있다. 2009년, 얌!의 수익은 110억 달러에 달했다. 정말로 거대한 기업이다. 노박은 또 이런 말을 들려주었다.

"나는 운이 무척 좋았다. 직장생활을 하면서 내가 하는 일을 정말로 좋아하게 되었기 때문이다. 내가 할 일에 대해 배우는 일은 문제가 되지 않았다. 나는 늘 배우고 싶었고, 뭔가 배운다는 건 내게 취미와도 같았다. 지금의 나를 만들어주고, 지도해주고, 도와주는 사람들이 주변에 있었기에 내게 커다란 행운이 찾아온 것이다. 그런 것은 내가 계획할 수 없는 일이다."

실제로 그의 성공, 그리고 노박이 이끄는 기업의 성공은 사람들의 마음을 읽는 그의 능력으로 설명할 수 있다. 그의 경험은 사람들에 대한 훌륭한 직감을 제공해주었다고 한다. 또 노박은 다른 사람들보다 더 빠르게 핵심을 짚어 사태를 파악할 수 있었다. 사람들에게 동기를 부여하는 일이 의미가 있을 것이다. 보상과 인정을 이용해 성과를 끌어내는 것이 노박의 경영 스타일이며, 이런 스타일을 중심으로 글로벌한 얌스의 기업문화를 조성했다. 노박은 재미있는 상을 만들어 직원들에게 주었는데, KFC 사장으로 일할 때에는 고무로 만든 치킨을, 피자헛 사장으로 있을 땐 치즈 머리를, 지금의 얌스에서는 직원들에게 걸어 다니는 거대한 이빨을 상으로 주었다. 직원들에게 재미와 인간적인 느낌을 채워줌으로써 공동체 의식을 강하게 느끼도록 만들고, 동기를 부여하는 것이 노박의 기업철학이다.

그렇다면 회사가 너무 커 물리적으로 같은 곳에서 자주 만날 수 없는 직원에게는 어떻게 동기를 부여할 수 있을까? 정답은 그 일에 적합한 인재를 채용하여 그들에게 책임을 지우는 것이다. 노박은 이렇게 설명한다.

"우리 회사의 모든 사업체에는 사장이나 총지배인, 부장, 그리고 그들 밑에서 지원해주는 직원들이 있다. 그들이 각자의 일을 할 때, 당신은 그들이 사업체를 운영하도록 놔둬야 한다. 도움을 필요로 하는 사람에 맞춰 리더십 스타일을 바꾸어야 한다."

노박은 다음과 같이 한 마디로 요약한다.

"다국적 기업의 지도자가 인정해야 할 가장 중요한 사실은 직원의 역량을 키우는 일이다. 이는 매우 중요한 일이다. 나는 늘 이렇게 말한다. '내게 훌륭한 사업실적을 보여달라, 그러면 나도 훌륭한 리더십을 보여주겠다.'"

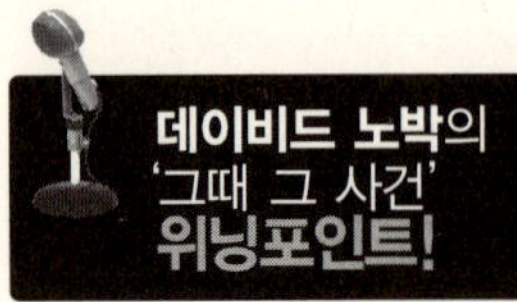

내 아이디어가 성공하지 못한 일이 있었다. 펩시에서 마케팅과 영업을 맡았을 때였다. 당시 나는 피자헛에서 막 펩시로 자리를 옮겨와 있었다. 이전 4년 동안 피자헛의 매출과 이익은 배로 뛰었다. 피자헛의 광고 캠페인과 마케팅은 훌륭했고, 여러 신제품이 출시되었다. 로저 엔리코(Roger Enrico)의 눈에 든 나는 그에게서 "자네가 펩시에서 마케팅과 영업을 맡게 될 거야"라는 말을 들었다. 물론 그 일은 엄청난 사건이었다.

그렇게 펩시로 가게 된 나는 부문별로 성공을 거둔 모든 것들을 점검했는데, '다이어트' 제품과 같은 '신제품'이나 2리터짜리 병, 24개들이 포장 혁신 등이 눈에 띄었다. 하지만 당시 펩시는 마이클 잭슨(Michael Jackson) 후임의 제품광고 연예인을 찾는 데 주력했다. 펩시는 본질을 파악하려고 애쓰는 대신 마돈나(Madonna)와 MC 해머(MC Hammer)를 이용했다. 하지만 사업의 진정한 원동력이 무엇인지를 살펴보니, 그것은 새로운 포장과 신제품이었다. 그래서 나는 그 두 가지에 집중하고 싶었다. 제품 쪽을 살펴보니 펩시의 매출은 하락하고 있었다. 그 이유 중의 하나는 클리얼리 캐내디언(Clearly Canadian)과 같은 대체음료나 생수 등이 새로이 등장하면서 사람들이 펩시 대신 그런 종류의 음료를 마시고 있었기 때문이다.

나는 사람들의 시선을 끌 만한 무언가를 찾기 위해 골몰했다. 그러던 어느 날, 사무실에 앉아 있다가 문득 '우리도 카페인 없는 펩시를 만들면 어떨까?'라는 생각을 했다. 이 아이디어에 나는 흥분했다. 카페인이 없는 깨끗한 펩시는 분명 획기적인 상품이 될 거라고 확신했다.

새로운 펩시에 대한 리서치 결과, 소비자들의 반응은 무척 좋았다. 사람들은 제품의 맛을 좋아할 것이고 제품은 무척 새로울 것이었다. 그리고 모든 사람이 한 번 맛보고 싶을 거라고 말했다. 물론 펩시는 세계적으로 알려진 전설적인 브랜드였기 때문에 무카페인 콜라를 출시할 경우, 적어도 모든 사람들이 맛보려고 할 게 분명했다. 우리는 제품 개발에 더욱 매진하여 펩시 분위기가 나면서도 약간 가벼운 콜라 맛을 지닌 제품을 만들어냈다. 그리고 제품명을 크리스털 펩시(Crystal Pepsi)라고 붙였다. 콜로라도에서 시험적으로 판매해본 결과, 큰 성공을 거두었다. 〈CBS〉 뉴스에서는 우리가 깨끗한 펩시를 만들고 있다는 뉴스를 머리기사로 다루었다. 직원들은 바쁘게 크리스털 펩시 상자를 실어 나르고 있었다. 크리스털 펩시가 정말로 색달랐기 때문에 사람들은 마셔보고 싶어했다. 한 마디로 대박이었다.

포커스 그룹(시장조사나 여론조사를 위해 각 계층을 대표하도록 뽑은 소수의 사람들로 이뤄진 그룹—옮긴이)을 상대로 한 결과도 좋았고, 최초의 시험판매 결과도 좋았지만, 프랜차이즈 제조업자들의 의견은 부정적이었다. 그래서 나는 그들을 찾아가 프레젠테이션을 하고 지금까지의 결과에 대해 이야기해주었다. 그들은 크리스털 펩시의 사전 조사 결과에 대해 이미 듣고 있었던 터라 이렇게 말했다.

"데이비드, 문제는 딱 한 가지입니다. 우리도 그 아이디어가 마음에 듭니다. 아주 훌륭한 아이디어예요. 하지만 펩시 같은 맛이 안 나요!"

그래서 나는 말했다. "글쎄요. 사실 정확히 펩시 같은 맛이 나면 안 되는 겁니다. 좀 더 가벼운 맛을 바라니까요. 펩시와 똑같은 맛이 나면 판매가 증가하지 않을 겁니다. 너무 걱정 마시고요, 곧 생산 라인을 확장하려 합니다. 분명한 사실은 펩시와 달라야 한다는 점이예요."

프랜차이즈 제조업자들은 다시 말했다. "하지만 펩시 같은 맛이 나지 않는데, 펩시라고 부르잖습니까? 그 제품을 펩시라고 부르려면 펩시 맛이 더 나야 합니다." 나는 그들에게 거래량을 늘리고 싶다는 이야기만 계속했다. 그리고 실제로는 그들의 말을 거부하고 있었다.

문제가 하나 더 있었다. 나는 슈퍼볼 경기가 열릴 때 제품을 출시하고 싶었다. 항상 슈퍼볼 광고를 사전에 준비하는 펩시였지만,

사실 나의 욕심은 경기가 거의 끝나가는 4쿼터에 뛰어 들어간 것이나 마찬가지였다. 그만큼 나는 새로운 펩시를 극적으로 선보이고 싶었다. 지금 생각해보면 당시 나는 남의 말을 전혀 들으려 하지 않았다. 아니 들리지 않았다. 오직 '무조건 해보자'는 생각만이 머릿속을 가득 채우고 있었다. 나에게는 이 제품을 전국적으로 출시할 수 있다는 확신이 있었다. 결국 내 의견을 받아들인 회사 측에서는 크리스털 펩시를 전국에 출시하기 위해 적극적으로 일을 추진했다. 영업 실적이 그리 좋지 않았기 때문에 모든 관계자가 부진한 사업이 호전되기를 바랐다. 그런 분위기였기에 나의 획기적인 아이디어가 회사 실적을 개선하는 데 도움이 될 구원투수라고 여겼다.

우리는 슈퍼볼 경기에 맞춰 제품을 출시하기 위해 모든 것을 조정했다. 대표적으로 크리스털 펩시는 기존 제품보다 비싼 가격에 출시되었다. 대개 펩시와 코카콜라는 낮게 가격이 매겨지지만, 이 제품은 프랜차이즈 제조업자들에 의해 높은 가격이 매겨졌다. 나는 그들에게 이유를 물었다. "왜 이렇게 비싼 겁니까?" 그러자 그들은 이렇게 대답했다. "이 제품이 오래 갈 것 같지 않아서요."

그들은 크리스털 펩시가 잠시 눈길을 끌기 위한 제품이 될 거라고 여겼던 것이다. 그래도 우리가 밀고 나간 덕분에 결국 제품은 출시되었다. 그런데 병입 시스템에 문제가 생겨 품질관리, 즉 맛에 영향을 주었다. 그 결과 우리가 실험실에서 제조했던 제품이나 시험판매했던 제품만큼 맛이 좋지 않았다. 결국 제품을 출시했을 때, 펩시와는 아주 다른 맛이 났다. 사람들은 크리스털을 좋아하지 않았다. 마시고 또 마셔봐도 좋은 반응은 나오지 않았다. 결국 이 제품이 외면받게 된 가장 주된 이유는 '펩시 맛이 나지 않는다'는 것이었다. 여기서 중요한 사실을 깨달았다. 당신에게 아주 좋은 아이디어가 있다고 하자. 그 아이디어가 반짝반짝 빛나는 것일지라도 다른 사람들도 당신처럼 획기적이라고 생각하지는 않을 것이다. 따라서 당신은 누군가의 반대되는 의견까지도 귀담아 듣고자 해야 한다. 그런데 크리스털 펩시 프로젝트는 큰 실패를 맛보았다. 누군가의 지적을 인정하지 않았던 것이다. 아무리 확신이 있더라도 반대 의견을 가진 사람들의 생각이 옳을 수도 있음을 인정해야 했다. 나는 그러지 못했다.

다른 사람의 생각이 옳을 수도 있음을 인정하려면 겸손이 필요하다. 진심으로 상대방 이야기를 귀담아 듣고, 어떤 장애물이 있는지, 실제로 무슨 문제가 있는지 파악해야 한다. 그런 다음, 자신이 옳다고 확신할 수 있도록 자신의 숙제를 끝마쳐야 한다. 나는 그 사건 이후로는 항상 그렇게 행동하고자 노력해왔다. 크리스털 펩시의 경우 수년 간 음료 부문에서 개발된 최고의 아이디어였다.

사실 오늘날 슈퍼에서 잘 팔리는 음료는 대부분, 음료의 맛을 확장한 제품들이다. 내 아이디어는 시대를 너무 앞선 것이었다. 그러나 나는 남의 의견을 귀담아 듣지 않았기 때문에 큰 좌절을 맛봐야만 했다.

David Novak's History

노박은 얌! 브랜드를 맡기 전 KFC와 피자헛 사장을 지냈고, 펩시에서도 최고운영 책임자, 마케팅 및 영업부사장직 등 고위 임원직을 맡았다. 현재는 얌!브랜드의 회장이자 최고경영자다. 본문에서도 소개한 것처럼 얌!브랜드는 110개가 넘는 국가와 지역에서 3만 7,000개 이상의 체인점을 갖춘 세계 최대 외식 전문업체로 성장한 거대 기업이다. 얌!에 속한 식당 브랜드 KFC, 피자헛, 타코벨, 롱 존 실버스는 치킨, 피자, 멕시코 음식, 신속배달 해산물 부문에서 세계적인 대표 주자다. 전 세계에 분포된 얌! 브랜드의 직원 및 프랜차이즈 회원 수는 140만 명을 넘으며 2009년 얌!브랜드는 미국 밖에서 하루 평균 4곳 이상의 체인점을 오픈하는 성과를 보였다.

Dr. Bill Frist

빌 프리스트 박사

꿈을 따를 것인가? 안락함을 따를 것인가?

: 열정과 꿈을 좇아 행동하기

밴더빌트 대학에 장기이식 센터를 설립했으며 동 대학의 경영학, 의학과 교수로 있다. 2003년부터 2007년까지 미상원 원내대표를 역임했다.

심장이식을 받고 목숨을 연장한 사람들은 그렇게 생각하지 않겠지만, 성공적인 장기이식은 시행착오와 실수에서 얻어진 산물이다. 빌 프리스트 박사는 밴더빌트 대학에 최초의 장기이식 센터를 세우는 데 공헌했다. 그는 장기이식에 관한 연구가 이루어지던 초기 시절을 설명하면서 '한 가지 문제를 해결할 때마다 또 다른 문제가 새롭게 발생했다'고 털어놓는다. 1980년대 초 당시, 촉망받는 심장외과의였던 프리스트는 심장이식 분야의 선구적인 인물 스탠포드 대학의 노먼 섬웨이(Norman Shumway) 박사 밑에서 1년 반 동안 훈련을 받았다. 프리스트 박사는 섬웨이 박사가 스탠포드에서 확립한 과학적 방법을 화제로 삼으며 이렇게 말했다.

"심장이식을 하면 환자는 2주 동안 생존한다. 이후 약간의 거부 반응이 나타나는데, 거부 반응의 원인을 규명할 방법이 없었다. 섬웨이 박사는 실험실로 돌아가 거부 반응의 원인을 찾아내고자 노력했다. 예컨대 목에 관을 삽입하여 심장까지 넣은 뒤, 심장근육을 일부분 떼어내어 현미경으로 생체검사를 하고 나면 환자가 6주까지 버틸 수 있었다. 그러고 나면 다시 감염 문제가 발생했고⋯. 섬웨이 박사는 감염 가능성을 낮출 수 있는 다른 조합의 면역억제제를 또다시 연구했다."

심장이식에 대해 말할 때 프리스트의 목소리에서는 그의 인생과 경력에서 엿볼 수 있던 열정이 드러난다. 그는 자신이 쓴 《이식 (Transplant)》에서 심장이식 수술을 성공적으로 마치기까지의 과정을 직접 전해주었다. 책에는 기증자의 약속을 받아내고, 대기 명단에 오른 환자들 중 어떤 환자가 이식을 받을지 확인하고 선택하는 과정, 그리고 한밤중에 전용 제트기를 타고 날아가 기증자로부터 심장을 떼어낸 후 다시 헬리콥터를 기다리고, 죽어가는 장기와 함께 막히는 차량들을 비집고 병원으로 돌아가 수술을 해내는 과정 하나하나가 담겨 있다. 이런 일들은 대형 스크린으로 스릴러 영화를 보는 것만큼 손에 땀을 쥐게 만든다. 사실 심장치료에 대한 그의 열정은 하버드 의대 2학년에 받은 생리학 수업 중에 시작되었다. 그는 당시 자신이 마법에 걸린 것 같았다고 설명했다. 《이식》에서 그가 설명하듯이, 심장은 다른 장기들과 마찬가지로 우리 몸에서 한 가지 기능을 담당한다. 하지만 대부분의 사람들은 심장이 생리적인 기능의 범주를 넘어서는 방식으로 작동한다고 생각한다. 사람의 심장은 달리기도 하고, 울렁거리기도 하고, 깨지기도 한다. 또한 두려움에 사로잡히기도 하고, 슬픔에 아파하기도 하며, 기쁨으로 가득 차기도 하고, 사랑에 빠지기도 한다. 아주 옛날부터 인간은 심장이 감정의 은신처라고 생각해왔다.

밴더빌트 대학에 심장이식 센터를 설립한 프리스트는 거기서 멈추지 않았다. 그는 다른 장기를 이식할 계획도 세웠다.

"우리의 센터가 독특한 점은 여러 가지 분야, 즉 5가지 서로 다른 장기가 한 곳에서 집중된 방식으로 이식된다는 점이다. 우리는 여러 분야로 이루어진 팀을 구축했다. 하나의 팀이 심장이식, 신장이식, 간이식, 췌장이식, 심지어 골수이식까지 모두 해내는 것이다. 우리는 그 모든 것을 하나의 센터에 모았는데, 그 개념은 새로운 것이었다. 어느 누구도, 심지어는 내로라하는 전문가들도 시도하지 못할 일이다."

프리스트 박사가 그렇게 조직을 구성한 이유는 서로에게서 배울 수 있기 때문이었다. 현재 밴더빌트 의학과 교수로 있는 프리스트는 자랑스럽게 말한다.

"우리 센터에는 모두가 한 지붕 아래에 모여 있다. 우리는 복도를 함께 걸을 수도 있고 혁신적인 기술이나 연구, 임상응용에 대해서도 대화를 나눌 수 있다. 장기이식에 대한 독립적인 방식을 택하는 대신 서로에게서 배우는 방식을 이용하는 것이다. 나의 전체적인 접근법은 이렇다. '거부반응은 거부반응이고, 감염은 감염이다.' 기초가 되는 생물학적 과정이 모두 같은데, 서로 다른 다섯 팀이 각기 다른 처리방법을 알아내려고 할 필요가 없는 것이다."

물론 의학 분야에서는 실수를 강조하지 않지만, 시행착오에서 얻은 배움은 과학적인 처리과정으로 통합된다. 실제로 생명을 구하는 수술은 그러한 배움 덕분에 진전할 수 있었다. 프리스트는 그런 수술의 성공을 직접 눈으로 보았다. 그는 다음과 같이 말한다.

"과학의 본질은 적극적인 태도를 취하고 실수로부터 배워가는 과정이다. 그것은 사건이 일어난 곳에 우연히 있는 것이 아니라, 과학과 발견이 효율성을 발휘하고 가치를 발현할 수 있도록 입수한 데이터, 즉 측정된 결과를 적용하는 것이다."

이렇듯 장기이식 분야에서 프리스트가 얻은 성과는 특히 그 당시에는 실수로 간주될 수밖에 없는 어떤 결정이 시초였다.

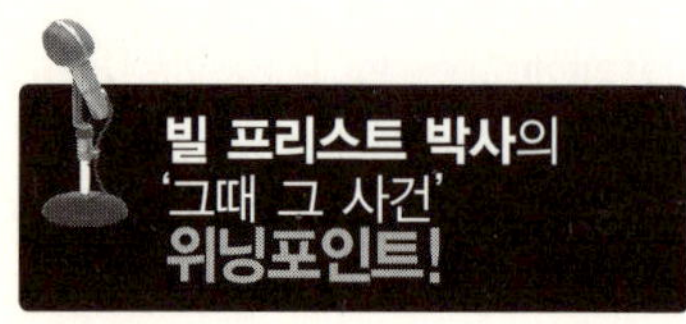

내가 내슈빌(Nashville)을 떠나 보스턴으로 향한 이유는 그곳이 심장수술과 혁신적인 의료기술의 메카로 여겨지고 있었기 때문이다. 1982년 즈음 보스턴에 있는 모든 종합병원 7곳과 학술의료 센터들이 모여 '심장이식이 새로운 분야이고 제대로 입증되지 않은 분야인데다가 비용까지 많이 들기 때문에 보스턴 의료계는 당분간 심장이식을 하지 않을 것'이라는 매우 생소한 발표를 하자, 나는 많이 놀라고 실망했다. 심장이식의 최첨단을 경험하겠다는 목표에 매달려, 그 때까지 10년을 보스턴에서 보낸 나는 선구적이고 발전하는 과학을 포착하고 그것을 실현하여, 임상적으로 이익이 되는 방식으로 과학을 이끌어갈 창의적 환경에 몸담기를 희망하고 있었기에 그러한 발표가 너무나 실망스러웠다. 내 꿈은 보스턴의 한 집단이 내린 공공정책상의 결정에 의해 산산이 부서졌다. 실제로 그들은 연구와 학문, 치명적인 문제에 대한 치료책을 찾는 과정이 나아가야 할 방향에 역행하는 길을 선택했다. 그 결정은 내가 늘 존경하던 병원과 임상의 집단에 의해 내려졌다. 그들은 현대 의료계에서 가장 흥미진진한 분야에 속하는 심장이식 분야를 갑작스럽게 거부했다.

6개월 뒤면 죽을 사람에게 10년, 20년, 30년, 아니 40년을 더 살게 해줄 수 있는 것, 그러한 가능성이야말로 나의 거대한 꿈이었다. 이 일시적인 정지 선언은 보스턴이 혁신적인 심장수술의 역사를 자랑하고 그것에 관심을 가장 많이 가졌어야 하는 곳이었음에도 불구하고 이루어졌다. 그들은 이렇게 말하고 있었다.

"안 됩니다. 우리는 심장이식수술을 하지 않을 겁니다. 비용도 너무 많이 들고요. 그러니 그냥 다른 사람들이 대신 시험을 마치도록 지켜봅시다."

그 당시 나는 하버드 전임교수가 되는 탄탄한 길을 갈지, 말지 결정을 내려야 했다. 내가 그 길에 머물기만 한다면 인턴, 레지던트 과정을 마치고 펠로우, 부교수, 정교수가 되는 확실한 길이었다. 안전하고 보장된 보스턴에 눌러앉아 교수, 임상 책임자까지 될 것인가? 아니면 그때까지 발견되지 않았거나 적용되지 않은 치료책에 대한 희망을 품고 그 꿈을 따를 것인가? 여러 날을 고민한 끝에 결정이 내려졌다. 안주하지 않고 떠나는 것으로….

당시 미국 내에서 체계적이며 집중된 방식으로 심장이식을 하는 사람은 단 한 사람뿐이었다. 연구로 시작하여 그 결과를 임상에 적용하는 방식을 취한 그 인물은 스탠포드에 있는 노먼 셤웨이었다. 나와 가족들은 짐을 싸 보스턴을 떠났다. 이는 보스턴의 보장된 기회를 포기하는 것이었다. 세계 최초로 인간의 심장이식수술을 성공한 사람은 크리스티안 바나드(Christiaan Barnard)였지만, 실제로 수술은 노먼 셤웨이의 연구결과를 기초로 이루어졌다.

셤웨이의 방식은 과학에 근거하고 있었는데, 체계적이고 집중력이 뛰어났다. 극복하지 못할 것처럼 보이는 문제를 해결하기 위해 과학에 체계적으로 접근하는 방식이야말로 내가 보스턴에 머물렀다면 결코 알지 못했을 교훈이며, 나는 그 교훈을 계속 평생 간직했다. 셤웨이 박사는 이렇게 말하는 사람이었다.

"그 일을 끝마칠 수 있다고 믿어라. 어떻게 할지를 생각해보라. 그리고 실천에 옮겨라."

보스턴 사람들은 기본적으로 다음과 같이 말했다.

"우리는 그 일을 해 낼 수 있을지 확신할 수 없다. 게다가 비용도 너무 많이 든다. 따라서 우리는 이 재원을 다른 곳에 써야 한다. 그러니 임상 실습에 참여하지 말자."

얼마나 대조적인 모습인가? 그들은 심장이식수술의 유용성이 존재하지 않는다고 말했으며 그 유용성을 만들어내는 데 참여하는 대신, 그냥 '다른 곳에 돈을 쓰자'고 주장했다. 내가 그로부터 얻은 교훈은 이러하다.

"내게 안 된다고 말하는 장애물을 만난다면, 그리고 내 안에 누구도 꺾지 못할 고집과 열정을 갖고 있다면, 일단 열정을 좇아 행동으로 옮겨야 한다."

편안하게 30~40년을 보낼 수 있는 직장을 팽개치고 당시의 섬웨이처럼 주류로 인정받지 못하는 사람을 따르는 일이 어리석은 행동이었다 할지라도, 나의 열정과 꿈을 좇아 몸을 맡기는 것이 옳은 선택이다.

Dr. Bill Frist's History

빌 프리스트 박사는 미국에서 인정받는 심장 및 폐이식 외과의이자 전 미상원 원내대표다. 현재 밴더빌트 대학의 의학과 교수로 재직 중이며 의료정책상의 문제와 해결책을 논의할 능력 또한 갖추고 있다. 프리스트 상원의원은 미국 의료 부문에서 가장 영향력 있는 지도자 중의 한 사람으로 꾸준히 인정받고 있으며, 〈모던 헬스케어(Modern Healthcare)〉지가 실시한 미국 의료 부문의 가장 영향력 있는 인사에 대한 5번의 조사에서 매번 10위 안에 든 2명 중 한 사람이다.

프리스트 상원의원은 프린스턴 대학 우드로우윌슨 공공국제정책대학원(Woodrow Wilson School of Public and International Affairs)에서 의료보건정책을 전공한 후 하버드 의대를 장학생으로 졸업했고, 매사추세츠 종합병원과 스탠포드 대학에서 외과수련 과정을 마쳤다. 밴더빌트 복수장기 이식센터를 설립해 소장으로 일할 당시, 150회 이상의 심장 및 폐 이식수술을 실시했고, 동료 심사를 거친 100편이 넘는 의학논문과 400건이 넘는 신문논설을 썼다. 그 외에도 생물학 무기를 이용한 테러, 이식수술, 리더십과 같은 다양한 주제에 관한 책도 7권 출간했다.

현재 로버트 우드 존슨 재단의 건강한 미국 만들기 위원회(Robert Wood Johnson Foundation's Commission to Build a Healthier America)에서 활동

중이기도 하다. 아울러 그는 한 해도 거르지 않고 의료 선교단과 함께 아프리카로 날아가 봉사활동을 벌이기 등 의미 있는 일들에 자신의 재능을 쏟아붓고 있다.

12 Barbara Corcoran

바바라 코코란

영상물 제작에 7만 3,000달러를 잃다!
: 위기에 몰렸을 때 돌파구 모색하기

웨이트리스로 일하던 중 돌연 1,000달러를 빌려 부동산회사를 차렸다. 그렇게 시작한 회사가 뉴욕 시 최대 업체로 손꼽히는 코코란그룹(Corcoran Group)이 되었다. 알려진 바에 따르면 2001년 6,600만 달러를 받고 회사를 매각했다.

성공한 사람에게는 왠지 모를 당당함이 있다. 예를 들면 이렇다. 대부분의 사람들은 자신이 얼마나 특별한 사람인지 남들에게 알리기 위해 자신이 이룬 최대 업적을 자랑하는 데 주저함이 없다. 바바라 코코란의 경우는 좀 다르다. 그녀는 자신의 자서전 머리말을 이렇게 시작하고 있다.

"바바라 코코란의 자격증에는 고등학교와 대학에서 받은 올 D 성적표와 스물 셋이 될 때까지 가졌던 스무 개의 직업이 포함되어 있다."

자서전의 도입 부분은 바바라 코코란이라는 인물의 요약본이랄 수 있다. 그녀에게는 상대방을 무장해제시키는 매력이 있다. 현실 지향적인 그녀의 두뇌와 솔직 담백한 성격은 남들이 부러워할 만한 성공을 안겨주었다. 어느 누가 《가슴이 크지 않으면 땋은 머리에 리본을 달아라》라는 책 제목으로도 별 탈 없이 지낼 수 있겠는가?

그녀가 지금의 자리에까지 오를 수 있었던 이유는 무엇일까? 다름 아닌 영업기술 때문이라고 밝힌다. 물론 10년 전에 엄청난 금액을 받고 팔아치웠지만, 그녀는 뉴욕에서 가장 큰 부동산 중개업체라 손꼽히는 회사를 차렸고, 야심 찬 사업가들이 사업 아이디어에 대한 조언을 구하고 투자자금을 지원받는 ABC 프로그램, 〈샤크 탱크〉에서 '샤크' 역할을 맡아 자신의 사업수완을 일부 공개했다. 그녀는 〈샤크 탱크〉의 웹사이트에서 이렇게 밝혔다.

"미국에서는 회사를 책임진 인물이 경이적인 세일즈맨이 아니라면, 사업을 처음 시작하면서 부딪히는 여러 가지 장애물을 뛰어넘을 수 없다."

코코란이 명예와 부를 얻기까지의 과정은 여러 책의 소재로 다루어졌고, 그녀 자신도 몇 권의 책을 직접 썼다. 현재 코코란그룹은 뉴욕 최대의 부동산 중개업체라고 평가받는다. 1970년대에 1,000달러를 빌려 사업을 시작한 바바라 코코란은 2001년, 6,600만 달러에 사업체를 매각한 것으로 알려졌다. 한때 그녀의 고객 명부에는 팝스타 마돈나, 브리트니 스피어스(Britney Spears), 영화배우 리처드 기어(Richard Gere), 코트니 콕스(Cortney Cox) 등 누구나 알 만한 유명 인사들로 가득 차 있었다. 그녀는 자신의 말 뒤에 감추어진 매력적인 웃음을 선보이며, 성적표에 D만 받는 학생에서 뉴욕 최고의 부동산 중개업자가 되기까지의 여정을 자세히 털어놓았다.

사업을 운영하면서 몇 번의 위기가 있었다. 기억나는 첫 번째는 1981년쯤의 일일 것이다. '코코란 보고서(Corcoran Report)'를 만들었을 때 그만 실수를 저지르고 말았다. 보고서는 1년 동안 내가 중개한 총 11건의 거래 건수를 기초로 작성되었다. 나는 보고서를 직접 타이핑했는데, 거래액을 모두 더해 11로 나누니 거래 한 건 당 25만 5,000달러라는 수치가 나왔다. 나는 그 숫자 옆에 '평균 아파트 가격'이라고 적었다. 그리고 그날 〈뉴욕타임스〉 기자들에게 보고서를 보냈다. 내가 저지른 실수는 편지 윗부분에 '평균 아파트 가격'이라고 적은 일이다. 사람들은 그것을 액면가로 간주했고 다음 일요일자 부동산 면에 머리기사로 다루었다. 그 기사에 내가 부동산업계의 정보통으로 소개되는 바람에 나는 유명해졌다. 그 사건 이후 사람들은 사실과 정보, 그리고 수치를 얻기 위해 내게 전화를 걸어왔다. 물론 계획적인 일은 아니었다.

그러나 나의 삶을 완전히 뒤바꾼 사건은 '녹화된 집(Home on Tape, HOT -부동산매물 소개 테이프)' 영상을 만들면서 비롯되었다. 1980년대 말부터 1990년대 초까지 이어진 부동산경기 침체가 끝나고 처음으로 흑자로 돌아선 해에 얻은 수익 7만 3,000달러를 몽땅 테이프 제작에 썼다. 하지만 이 프로젝트는 성공하지 못했고, 결국 투자한 돈을 모두 날려버렸다. 생각 자체는 꽤 좋은 아이디어였다. 우리는 매물로 등록된 모든 아파트에 사람을 보내 캠코더로 아파트를 촬영했다. 그런 다음, 각 아파트의 영상이 끝날 때쯤 중개인의 얼굴과 전화번호를 자막에 실어 함께 보여주었다. 영상은 간단했다. 아파트 하나마다 30초 정도씩 편집되었고, 첫 테이프에는 87개 또는 88개의 아파트가 소개되었다. 고객은 집을 구하기 위해 시간을 들여 발품 팔 필요도 없이 그냥 이렇게 말하기만 하면 되었다. '아파트 영상을 보내줄 수 있나요?' 우리는 고객의 주문을 받으면 곧바로 테이프를 보내주었다.

그러나 이 계획에는 내가 예상하지 못한 아킬레스건이 있었다. 아파트 영상이 끝나는 부분에 영업사원의 얼굴과 개인 전화번호를 소개했던 탓에 테이프를 홍보하거나 나눠주고 싶어 하는 영업사원이 한 명도 없었던 것이다. 그들은 고객이 다른 영업사원을 더 좋아할까봐 걱정했다. 영업사원 중에는 매력적이고 젊은 사람들이 있는가 하면, 이 업계에 갓 들어온 신참도 있었다. 또한 그리 매력적이지도 않을 뿐 아니라, 나이가 많은 사람들이 많았다는 것도 문제였다.(중략) 나는 이 분야에서 가장 중요한 교훈을 잊고 있었다. 우리 모두는 함께 일하고 있지만 그와 동시에 모두 경쟁자라는 점이다.

　모두 잃은 상태에서 내가 할 수 있는 일이란 인터넷이라 불리던 신기한 기술에 우리의 영상을 올리는 것이었다. 그저 체면을 유지하고 실수가 아닌 척 행동하기 위해서였는지도 모른다. 하지만 놀랍게도 인터넷에 영상을 올린 뒤 1주일 만에 첫 거래가 성사되었다. 다른 경쟁업체들은 무려 4년이 지난 뒤에야 인터넷에 눈을 뜨기 시작했는데 말이다. 순전히 실수라고 생각된, 그리고 돈을 잘못 쓴 일이 새로운 개척 분야에 일찌감치 도착하는 결과로 반전되었다. 물론 완전히 우연한 결과였고 여기가 위닝포인트였다.

　경쟁 업체들은 4년 정도를 웹사이트 없이 지냈다. 따라서 그들이 인터넷에 등장했을 때 우리는 이미 대화방도 갖추고 있었고, 가상 여행도 제공하고 있었다. 경쟁사들이 인터넷의 등장을 막 의식하고 있을 무렵 나는 인터넷에 프로가 되어 있었다. 당연히 경쟁자들은 결코 우리를 따라잡지 못했다. 다시 밝히지만 나는 그저 체면을 세우려고 애쓴 것뿐인데 말이다.

　내가 그 사건에서 배운 것은 이렇다. 모든 면에서 완벽한 재앙처럼 보일 때에도 5%만 더 밀어붙일 수 있다면, 그 재앙의 반대편에는 황금이 존재한다는 사실이다. 누구나 그런 상황에 놓였다면 좌절했을 것이다. 그러나 나는 '최악의 상황에서 어떤 이익을 얻어낼 수 있을까?'를 고민했다. 그리고 아주 조금만, 다시 말하면 5%나 10% 정도만 더 밀어붙이면 좋은 결과가 생긴다는 비즈니스

교훈을 얻었다. 이후 나는 '이 건은 그냥 실패라고 여기자'라고 말
할 만한 상황에서도 외로이 "잠깐만, 내가 이 상황에서 어떤 돌파
구를 만들어낼 수 있을까?"를 고민하곤 했다.

Barbara Corcoran's History

바바라 코코란의 자격증에는 고등학교와 대학교에서 받
은 올 D성적표와 스물 셋이 될 때까지 가졌던 스무 가지
의 직업이 포함되어 있다. 하지만 그녀가 웨이트리스 일
을 그만두고 남자친구로부터 1,000달러를 빌려 뉴욕에 조그만 부동산회
사를 차리면서 선택한 길은 그녀를 미국에서 가장 성공한 사업가 중 한
사람으로 만들어주었다.

이후 25년 동안 그녀는 빌린 1,000달러를, 50억 달러 규모의 부동산 사
업체로 불려놓았다. 바바라는 《가슴이 크지 않으면 땋은 머리에 리본을
달아라》라는 책을 썼는데, 제목만 봐서는 베스트셀러가 될 가능성이 없
어 보인다. 이 책에서 바바라는 비즈니스 세계에서 예리한 기지와 상상
력을 발휘할 수 있었던 이유로 학교에서의 노력과 어머니의 평범한 지혜
덕분이었다고 밝혔다. 그녀의 책은 인생과 사업에서 성공하는 방법에 대
해 신선하면서도 솔직한 시각을 제시하며, 재치가 있으면서도 동기를 부
여하는 동시에 마음을 푸근하게 만들어준다.

바바라는 ABC 프로그램, 〈샤크 탱크〉 말고도 NBC 〈투데이(Today)〉의 부동산 기고가 및 칼럼리스트로도 활동 중이다. 강의로도 유명한 그녀는 사람들에게 비즈니스 최전방에서 얻은 경험을 들려주며 전염성 강한 에너지를 전달해준다. 있는 그대로 솔직하게 말하는 그녀의 태도는 사람들에게 동기를 제공해주는데, 때로는 충격적인 내용을 소개하기도 한다.

스티브 포브스

학창시절, 〈비즈니스 투데이〉를 창간하다!
: 억만장자 출판인의 회고

미국의 기업인이자 정치인으로 비스니스 잡지 〈포브스〉의 발행인이다. 1996년과 2000년 두 차례 미국 대통령 선거에 공화당 후보로 나서기도 했다.

대통령 선거에 출마하기 전, 스티브 포브스는 독선적인 편이었다. 그리고 자신의 그런 성향을 늘 다른 사람과 공유하길 좋아했다. 그는 다음과 같이 옛날 일을 기억해냈다.

"초등학교 시절 나는 같은 반 친구들에게 작은 신문을 만들어 나눠주었다. 한 번은 선생님들이 내게 점수를 매기듯이 내가 선생님들의 점수를 매겨 신문에 내려고 한 적이 있었다. 하지만 신문은 빛을 보지 못했다. 아버지가 검열을 하셨기 때문이다. 아버지는 이렇게 말씀하셨다. '너 문제가 꽤 많구나!'"

이는 스티브 포브스의 사랑스러운 면 가운데 하나다. 예의바른 태도와 더불어 온화한 성격의 소유자인 〈포브스〉의 수장은 히스테리를 부리지도 않고, 과장된 행동으로 상대를 제압하지도 않지만, 단호하게 자신의 의견을 말하는 데 익숙하다. 그런 모습이 사람들을 놀라도록 만드는 일면이랄 수 있다.

예상치 못한 행동을 벌인 최고의 사례가 있었다. 매주 금요일, 스티브가 폭스 뉴스채널(Fox News Channel)의 비즈니스 프로그램 〈포브스 온 폭스(Forbes on Fox)〉에 정규 패널로 나왔을 때의 일이다. 그는 방송에서 일률과세(flat tax)의 장점과 정부규제 완화, 자본주의적인 문제해법을 극구 홍보한 후 모든 사람을 데리고 나가 패스트푸드로 점심을 사준다.

나는 스티브의 재산이 얼마인지 잘 모른다. 대략 5억 달러 정도? 아니 그보다 조금 많은 추정치를 어느 기사에서 본 적은 있다. 일단 그가 난방비를 어떻게 낼지 걱정하느라 밤새 한숨도 못자는 것은 아니라고 해두자. 바로 그 때문에 스티브가 사람들을 데리고 소박한 패스트푸드점 웬디스(Wendy's)에 간다는 사실이 참신하다.

스티브 포브스가 웬디스 주식을 갖고 있는지의 여부도 알 수 없고, 치즈버거를 몇십 개씩 산다고 해서 그의 포트폴리오에 도움이 될 것 같지도 않다. 하지만 이런 행동은 포브스라는 사람에 대해 무언가를 알려준다. 그는 웬디스에 가서 모든 사람들과 어울린다. 매장 안 손님들은 대부분 포브스가 누군지 전혀 모른다. 그는 카메라를 의식해서 그렇게 행동하는 것이 아니며, 대통령에 출마하기 위해 그러는 것도 아니다. 어쩌면 그는 아이러니를 음미하는 것일 수도, 장난을 치는 것일 수도 있다. 아니면 정말로 웬디스의 햄버거가 좋기 때문일 수도 있다. 이유가 무엇이든 그는 다른 사람들이 무슨 생각을 하는지 신경 쓰지 않는다. 포브스는 자기 마음대로 판단한다.

스티브 포브스는 종종 유행 중인 정치사상과 충돌하곤 했다. 일례로 1996년과 2000년 미국 대선 캠페인 중에 그는 시종일관 일률과세를 강력하게 지지했다. 그는 일률과세제를 통해 전통적으로 미국의 과세체계를 지배해온 수많은 납세자 계층과 공제를 대체해야 한다고 주장했다. 일반 유권자들은 그가 다른 이슈에 대해서는 어떤 입장인지 몰랐더라도 그 점에 대해서 만큼은 잘 알고 있으리라. 하지만 일률과세를 지지하는 그의 노력은 사실상 아무런 성과도 올리지 못했다. 적어도 아직까지는 그렇다. 그러나 어쨌든 그 문제와 관련하여 스티브 포브스의 주장을 다시 한 번 듣게 될 날이 올 거라는 느낌이 든다.

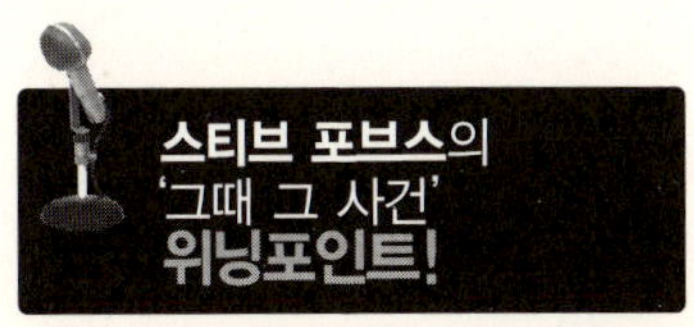

나는 두 명의 대학 친구들과 비즈니스 잡지를 창간하기로 결심한 후 실행했다. 당시 난 2학년이었고 두 친구는 1학년이었다. 잡지 이름은 〈비즈니스 투데이(Business Today)〉로, 석 달마다 발행했다. 창간호는 전국의 대학생 5만 명에게, 2호는 20만 명의 학생들에게 발송되었다. 우리 잡지는 학생들이 쉽게 얻지 못하는 비즈니스에 대한 관점을 제공했는데, 1960년대였던 당시에는 대학마다 급진주의가 유행하고 있었다.

우리의 사설은 다소 선동적이었고 일부 학생 시위자들의 생각과 다른 부분이 있었다. 실제로 우리는 학생들의 생각이 틀렸으며 경찰이 옳다고까지 말했다. 교내(프린스턴 대학)에서는 그런 주장이 주목받지 못했다. 솔직히 말해서 〈비즈니스 투데이〉의 논조는 너무나 친 기업성향이었기 때문에 인기가 없었는지도 모른다. 그래서 학생들은 잡지의 성격을 파시스트나 과두정치의 꼭두각시 정도로만 생각했다. 학생들 중에는 잡지를 불태우는 이들도 있었다. 물론 대부분의 주장들이 말도 안 되는 이야기로 가득 찼으니 당연한 결과라고 생각한다. 대학생으로서 얻은 경험 치고는 매우 색다른 것이었다.

당시 아버지는 내게 이런 말씀을 하셨다.

"잡지 만드는 데 시간을 모두 뺏기게 생겼어. 수업은 많이 듣지도 못하겠구나."

아버지의 말씀은 옳았다. 나는 공부에 많은 시간을 들이지 못했다. 그런 의미에서 보자면 괜한 낭비일 수도 있다. 하지만 대학에서 수업을 듣는 대신 현장에서 MBA 수업을 듣는 일과 비슷했다고 생각한다. 참 의미 있는 작업이었다.

나는 저절로 되는 일이 하나도 없다는 사실을 금세 깨달았다. 우리는 현금흐름도 알아야 했고, 성난 상인을 처리하는 법, 기사를 제 시간에 마감하는 법에 대해서도 알아야 했다. 그때만 해도 잡지를 발행하는 데 필요한 핵심이 무엇인지 전혀 몰랐다. 잠도 못 잔 채 밤을 홀딱 새우는 날이 많았고, 마감시간에 늘 시달렸다. 다른 사람들에게 일을 시키는 일도 쉽지 않았다. 기자 대부분이 자원한 학생들이었기 때문에 맘대로 자를 수도 없었다. 힘든 일이 끝도 없이 이어졌다. 압박감이라는 게 어떤 것인지 확실히 알 수 있었다. 당연히 돈도 전혀 벌지 못했다. 하지만 우리의 후임자들은 컨퍼런스를 개최하는 사업이 돈이 된다는 사실을 알아냈다.

지금도 〈비즈니스 투데이〉는 1년에 한두 차례, 전국의 대학생들과 비즈니스 지도자들을 모으는 컨퍼런스를 열고 있으며 성황리에 치러진다. 가끔씩 나도 컨퍼런스에 참석하여 연설을 하지만, 잡지 발행에는 더 이상 관여하지 않는다.

Steve Forbes's History

1947년 뉴저지에서 태어난 그는 매사추세츠 주의 명문 고등학교 브룩스 스쿨(Brooks School)을 우등으로 졸업했고, 1970년 프린스턴 대학 역사학과를 졸업했다. 프린스턴 재학 중 〈비즈니스 투데이〉를 창간했는데, 이 잡지는 대학생이 대학

생들을 대상으로 발행하는 미국 내 최대 잡지가 되었다. 발행부수 20만 부에 달하는 이 잡지는 지금도 프린스턴 대학교 학부생들에 의해 발행된다. 현재 스티브 포브스는 포브스사의 최고경영자이자 사장이며, 〈포브스〉 발행인 겸 칼럼리스트로 활동 중이다.

1990년에 그가 현재 자리에 오른 이래로 포브스사는 다양한 출판물사업을 벌여왔다. 발행부수 90만 부를 자랑하는 대표적인 간행물 〈포브스〉는 미국 최고의 비즈니스 잡지로 자리 잡았다. 〈포브스〉와 〈포브스 글로벌〉을 합치면 전 세계 독자가 500만 명이 넘는다. 1997년, 포브스는 포브스닷컴(Forbes.com) 창간을 계기로 뉴미디어 분야에도 진출했다. 현재 이 사이트의 방문자는 연 1억 명에 가깝다. 세계 여러 나라의 비즈니스 의사결정자들과 투자자들이 자주 찾는 대표적인 사이트다. 포브스그룹에 속해 있는 기업으로는 포브스경영컨퍼런스그룹(Forbes Management Conference Group)과 포브스커스텀미디어(Forbes Custom Media)이 있다. 현재 스티브 포브스는 아메리칸헤리티지사(American Heritage)의 회장이기도 하다.

〈포브스〉 매호마다 '사실과 논평(Fact and Comment)' 이라는 제목으로 논설을 게재하는데, 스티브 포브스는 경제 예언자로도 크게 인정받아 명망 있는 크리스털아울상(Crystal Owl Award)을 네 번이나 받은 유일한 저술가다. 이 상은 US 스틸(U.S. Steel Corporation)이 경제 예측을 가장 정확히

한 것으로 입증된 금융 저널리스트에게 수여한다.

1996년과 2000년에는 공화당 대선 후보로 지명받기 위해 활발히 선거 운동을 벌이기도 했다. 그의 핵심 정견은 일률과세와 의료저축계정, 일하는 미국인을 위한 새로운 사회보장제도, 부모가 자녀의 학교를 선택할 권리, 임기 제한, 강력한 국방정책 등이었다. 지금도 스티브 포브스는 이러한 안건을 정력적으로 홍보하고 있다.

대니 웨그먼

불황 시에도 직원과 소비자가 으뜸이다!

: 고객과 끈끈한 유대감 만들기

미국 식품체인점 웨그먼스 푸드마켓(Wegmans Food Markets)의 최고경영자다. 2005년 〈포춘〉 선정 가장 일하기 좋은 직장 3위에 뽑혔고, 2009년 〈컨슈머 리포트(Consumer Reports)〉는 웨그먼스를 최고의 식료품 체인으로 선정한 바 있다. 1916년에 설립된 웨그먼스는 73개 매장과 3만 8,000명의 직원, 연매출액 50억 달러를 기록하고 있다.

입으로만 그럴 듯하게 말하는 사람들로 가득 찬 세상이지만 대니 웨그먼은 그렇지 않다. 그는 모든 것을 행동으로 보여준다. 대니는 미국, 실제로는 세계에서 최고급 식료품을 공급하는 체인점을 운영한다. 그러나 길에서 만나더라도 대니가 누구인지 알기는 어렵다. 대니의 존재감은 오직 웨그먼스 푸드마켓의 매장에서만 느낄 수 있다. 그는 사업 초기 시절을 떠올리며 이렇게 말한다.

"사업을 시작했을 때가 생각난다. 농산물 코너와 정육 코너에서 일을 배우기 시작했는데, 사실 그때까지는 고객을 직접 상대하는 부서의 중요성을 이해하지 못했다. 거기서 배운 것이라곤 형편없는 수준의 서비스였다. 그리고 무엇보다 하나의 팀으로 일하는 방법과 필요성을 배우게 되었다."

1960년대에 그가 아버지 밑에서 일하기 시작했을 무렵, 대니에게 영감을 준 인물은 존 F. 케네디 대통령이었다. 당시 고등학생이던 대니는 삶을 살면서 무슨 일을 할 것인지 스스로에게 묻곤 했다. 그때 대통령이었던 케네디의 말이 오랫동안 좌우명이 되었다.

"당신의 조국이 당신을 위해 무엇을 해줄 수 있는지 묻지 말고, 당신이 조국을 위해 무엇을 할 수 있는지 물어라."

이 말은 미국 젊은이들이 어떻게 행동해야 좋을지 제시하는 테마였다. 큰 감명을 받은 대니는 지역사회와 다른 사람들의 삶을 나아지게 만드는 일을 하겠다고 결심한다. 그러한 가치관은 지금도 변한 게 없다. 높은 지위에도 불구하고 그가 보여주는 겸손한 태도를 보면 알 수 있다. 그는 고등학교 시절에 유명한 농구 선수였다는 사실을 말하지 않을 것이다. 그리고 하버드 대학을 장학생으로 졸업했다는 사실도 밝히지 않을 것이다. 혹시라도 골프장에서 대니가 친 티샷이 놀랄 만큼 멀리 갔는데도 냉정한 모습을 보인다면 크게 놀라지 말기 바란다. 이 같은 대니의 조용한 태도는 그가 식품업계에서 유명한 역사를 자랑하는 10억 달러 규모의 가업을 잇고 있다는 사실을 알려주지 않는다. 대니 웨그먼스에게는 말보다 행동이 중요하다. 물론 그의 행동이 그가 입는 옷보다 분명히 중요하지만, 가끔씩 옷을 고르는 데 시간이 걸리기도 하니 이해해주기 바란다. 필자는 대니와 골프를 친 적이 있었다. 내가 먼저 도착해 그가 오기만을 기다리는데, 캐디들에 따르면 대니가 오늘 무슨 옷을 입고 나올지 기대된다고 말해주었다. 뉴욕 북부 출신의 수수한 이 사람에게 옷은 유일하게 화려한 부분이다.

대니는 식품업계에서 확고한 명성을 쌓은 집안의 출신이다. 아버지 로버트는 새로운 분야를 개척한 인물이었는데, 대니는 1950년 31살 나이에 가업을 이어받았다. 대니의 아버지와 공동창업자 삼촌은 슈퍼마켓을 차려 확고한 기반을 다졌지만, A&P(미국의 슈퍼

　　　　　　　　　　　　　　　　　　　　　　　위닝포인트

마켓 회사,―옮긴이)에 눌려 늘 2인자에 머물 수밖에 없었다. 그러나 대니는 소비자들에게 새로운 쇼핑 경험을 제공해 회사를 성장시켰다. 웨그먼스가 유명세를 타게 된 원스톱 쇼핑(one-stop shopping, 소비자가 상품구입을 모두 한 군데서 마치는 구매행동―옮긴이) 개념이 바로 대니의 아이디어였다. 슈퍼마켓 안에 약국, 비디오 매장, 사진 현상소, 놀이방 같은 시설들을 추가했다. 1994년 〈월스트리트 저널〉은 1면에 다음과 같이 보도했다.

"우리는 웨그먼스가 미국에서, 어쩌면 세계에서 가장 훌륭한 슈퍼마켓 체인이라고 생각한다."

웨그먼스의 성공은 부분적이긴 해도, 웨그먼스 매장에 들어가면서 느끼는 본능적 경험 덕분이라고 할 수 있다. 바이올린은 이작 펄만(Itzhak Perlman)이 그 악기를 들어올리기 전까지는 줄이 몇 개 달린 나무 조각에 불과하다. 농산물의 경우 웨그먼스 매장에 놓이기 전까지는 단순한 먹을거리에 불과하다. 대부분의 슈퍼마켓은 농산물을 그냥 판매한다. 하지만 웨그먼스에는 신선한 과일과 채소가 줄줄이 들어온다. 그중 일부는 지역 농민에게서 구입하여 직접 매장으로 배달된 것이다. 대부분의 슈퍼마켓은 치즈를 판매한다. 하지만 웨그먼스의 치즈 코너는 전 세계에서 온 500가지 치즈가 진열되어 있다. 그들은 매일 매장에서 갓 짠 우유로 모짜렐라 치즈를 직접 만들기도 한다. 대니는 이렇게 말한다.

"우리는 음식에 관심이 많은 미식가들의 마음을 움직인다. 그들은 다양한 종류의 음식을 음미할 수 있으며, 맛을 구분하는 능력을 갖고 있다. 그들은 치즈가 어떤 맛이 나는지 신경 쓰는 대신, 잘 숙성된 치즈를 원한다."

웨그먼스에는 프랑스 최고 요리사의 도움을 받아 설계한 패스트리 코너도 있다. 그리고 간단한 식사가 가능한 즉석 음식과 데우기만 하면 먹을 수 있는 음식도 수백 가지가 있다. 고기 코너에 가보면 항생제와 호르몬 없이 사육한 고기도 판매한다. 또한 매장 안에 마켓 카페(Market Cafe)도 들어서 있고, 5개 주 75개 매장 중에는 식사교육을 가르치는 곳, 와인 숍 시음행사를 여는 매장도 있다. 먹는 이야기만 해도 이 정도다.

'운전연습 중'이라고 적힌 아동용 카트, 부모들이 쇼핑하는 동안 아이를 맡길 수 있는 놀이방(냉장고가 가득 찼는데도 아이들을 맡기러 그곳을 찾는 부모도 있을 것이다) 등도 웨그먼스반의 차별화된 부분이다. 그리고 생동감과 에너지가 느껴진다. 누구나 웨그먼스에 들어가 보면 평범한 슈퍼마켓과 웨그먼스의 차이가 무엇인지 단번에 느낄 수 있다. 자신이 대단한 곳에 와 있다고 착각할 수도 있다. 사람들은 그저 우연히 훌륭한 슈퍼마켓에 간 것이 아니다. 일부러 시간을 내어 웨그먼스까지 찾아간 것이다.

　무엇보다 이 회사는 일하기 좋은 직장으로도 유명하다. 이것과 관련하여 대니는 '직원들이 행복해야 고객에 대한 서비스가 한결 좋아질 수 있다'고 말한다. 2005년 〈포춘〉에서는 웨그먼스를 최고의 직장 가운데 한 곳으로 선정했다. 실제로 웨그먼스는 1998년 최고의 직장 명단에 처음 이름을 올린 이래, 해마다 '좋은 직장' 명단에 올랐고 7년 연속으로 10위 안에 랭크된 단골손님이다. 좋은 직장이라는 평가는 두 가지 기준을 근거로 이루어지는데, 회사의 경영방침 및 문화와 직원들의 의견이다. 직원들의 의견이 총점의 3분의 2를 차지하기 때문에 이 회사 직원들은 행복한 게 분명하다. 또한 웨그먼스가 지역사회에 관심을 갖고 환원사업에 전념하는 것도 눈여겨볼 만하다. 일례로 1987년부터 장학금 연결사업(Hillside Work-Scholarship Connection)을 시작했는데, 이 사업은 로체스터 시에서 위험에 처한 학생들의 중퇴율을 줄이는 데 큰 도움이 되었다. 1,000명이 넘는 중·고등학생들이 이 프로그램의 혜택을 받고 있다. 또한 웨그먼스는 다른 기업들과 함께 많은 학생들에게 청소년 보호자와 파트타임 일자리, 직업 멘토를 제공한다.

　대니 웨그먼은 이렇게 설명한다.

　"불행한 아이들이 고등학교를 졸업할 수 있도록 돕고자 사업을 시작했다. 프로그램의 본질은 웨그먼스로 일하러 오게 만드는 것이었다. 2007년 이 프로그램을 통해 130명의 졸업생이 배출되었고, 그 가운데 110명이 2년 후 대학에 진학했다. 사람들은 그런 아이들이 고등학교를 졸업하지 못할 것으로 예상했다. 따라서 이 같은 변화는 정말 대단한 것이다. 많은 아이들의 부모가 고등학교조차 졸업하지 못한 생활보호대상자다. 따라서 아이들의 롤모델은 포주, 매춘부, 마약 거래상이 전부다. 아이들에게는 그들을 응원하고 '희망을 불어넣어주는 사람'이 필요하다. 우리에게는 아이들을 응원해줄 멘토가 100명 정도 있다. 멘토의 역할은 아이들에게 무엇이든 잘 될 거라는 희망과 자신감을 불어넣어 주는 것이다. 문득 아버지가 들려주신 말씀이 생각난다. '돈 때문에 사람이 행복한 게 아니다. 자신에게 의미 있는 일을 하는 할 때 인생에서 행복을 느끼는 것이다!'"

필자가 대니에게 위닝포인트에 대해 묻자 2008년 금전적으로 큰 손실이 발생한 일을 떠올렸다. 대니는 자신들이 무엇을 하기로 결정했는지 들려주었다.

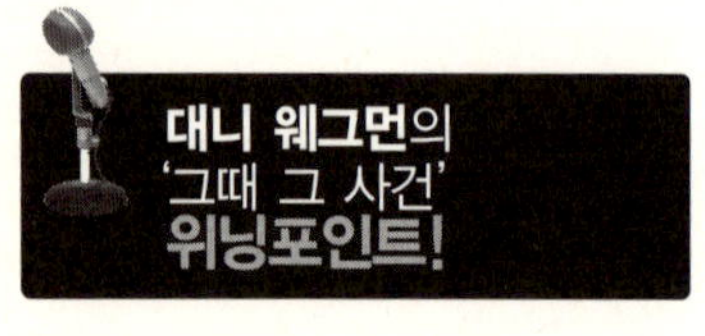

2008년 5월이 되자 유가가 널

뛰듯 상승하고 있었다. 늘 그래왔지만 식품은 유가와 관련이 많기 때문에 식품가격도 덩달아 상승했다. 옥수수 부족 사태가 발생하면서 곡물시장에 압박 요인으로 작용했다. 그로 인해 회사는 무척 힘든 시간을 보내고 있었다. 직원들이 매일 자동차로 출근한다는 점과 직원들 본인들의 식료품가격도 적잖은 부담이었다. 나는 몇 달 동안 직원들의 식품구매비를 10%씩 내리기로 결정했다. 직원들은 10% 정도 인하된 기프트카드를 이용하여 식품을 구입할 수 있었다. 다른 비용을 전혀 고려하지 않았다. 일단 직원들을 도와야 하겠다는 생각이 앞섰다. 그런 나의 결정을 비웃기라도 하듯 많은 사람들이 부정적으로 바라보았다. 그리고 '지금 실수하고 있는 거야'라는 충고도 잊지 않았다. 내 귀에 들려오는 주변의 이야기들은 긍정적인 내용이 없었다. 모두들 그렇게 말하자, 마음이 조금 흔들리기도 했다.

"너무 성급하게 결정을 내린 것일까? 직원들의 복지도 중요하지만 일단 회사부터 살아야 하는 게 아닐까?"

만약 우리 회사가 공기업이었다면 이렇게 말했을 수도 있다. '에이, 올해가 끝나야만 그렇게 할 수 있어. 상황이 풀려야 돈을 쓸 수 있지!' 그러나 나와 경영진은 직원을 해고하지 않는 데 온 힘을 쏟았다. 주변에서는 실수라고 말했지만, 대를 물려온 경영철학을 뒤바꾸고 싶지는 않았다.

경제가 안 좋은 상황에서 신중하게 행동하지 않는다면 사업이 악화될 수도 있을 것이었다. 그래서 나는 최악의 상황을 막으려면 어떻게 해야 좋을지 궁리했다. 결국 경제가 주식시장 붕괴의 충격에서 회복하지 못한 채 대공황 이래 최악의 침체에 접어든 2008년 11월, 우리는 대대적인 가격인하를 단행했다. 이 또한 주위 사람들을 놀래도록 만들었다. 또다시 악수를 두었다고 말하는 이들도 있었다. 다른 경쟁자들은 가격을 내리지 않았기 때문인지, 웨그먼스의 고객들은 내가 한 번도 겪지 못한 감정적인 반응을 보였다. 고객들이 눈물을 글썽이며 매장에 들어오는 모습에 놀라움을 감출 수 없었다. 가격인하 조치에는 약 1,200만 달러에 버금가는 돈이 필요했고, 2009년 1월에 또다시 가격을 내리는 데에도 1,500만 달러가 들었다. 만약 우리가 공기업이었다면, 아마 나는 해고로도 부족했을 것이다. 그러나 사기업이기 때문에 가능한 일이었다. 나와 경영진은 어떻게 하는 것이 옳을지를 고민했다. 그리고 우리가 옳은 일을 한다면, 매출은 곧 회복될 것이라는 자신감이 있었다(실제로, 2009년에 웨그먼스는 창업 이래 최고의 매출과 수익을 올렸다).

고객들은 우리의 결정을 이해하고 응원했다. 다음과 같은 이야기를 종종 들을 수 있었다. "난 웨그먼스에서 장을 볼 거야."

결국 다른 슈퍼마켓들도 우리를 따라 마진을 줄이는 데 동참했

지만, 우리가 그들보다 앞서 실천했기 때문에 고객과 단단한 유대

감과 신뢰를 쌓을 수 있었다.

Danny Wegman's History

대니 웨그먼은 뉴욕 주 로체스터에 본부를 둔 웨그먼스 푸드마켓의 최고경영자다. 하버드 대학 경제학과를 장학생으로 졸업했다. 웨그먼스 경영 외에 식품마케팅협회(Food Marketing Institute, FMI) 회원으로 활동하고 있으며, FMI의 식품안전 전담팀(Food Safety Task Force)의 팀장도 맡고 있다. 또한 로체스터 대학교 수탁자위원회 회원이며, 웨그먼스가 로체스터 시 학군 내 중퇴율을 줄이고자 시작한 힐사이드 장학사업과 유나이티드 웨이(United Way, 미국 자선단체—옮긴이) 활동에도 관여하고 있다. 미 북동부 지역의 대표적인 슈퍼마켓 체인인 웨그먼스 푸드마켓은 뉴욕, 뉴저지, 펜실베이니아, 메릴랜드, 버지니아 등에서 75개 매장을 운영 중이며, 연매출액은 50억 달러에 달한다. 이 회사는 품질과 고객 서비스가 뛰어나고 다양한 상품을 제공함으로써 명성을 쌓아왔으며, 〈포춘〉이 선정하는 일하기 가장 좋은 미국 내 100대 기업에 12년 연속으로 선정되었다. 웨그먼스는 세계 여러 나라의 식품과 특별한 식자재뿐 아니라 고품질의 신선한 음식을 판매하는 것으로도 유명하다.

15 Gary Goldberg

게리 골드버그

서투른 임기응변 때문에 곤란해지다!
: 정확한 '상황 판단력'이라는 교훈

미국 최장수 라디오 토크쇼 〈머니 매터스(Money Matters)〉'의 진행자이며, 게리
골드버그 금융 서비스(Gary Goldberg Financial Services) 창립자 및 최고경영
자다.

게리 골드버그는 주식중개인으로 직장생활을 시작하던 때를 기억하고 있다.

"훈련 담당 책임자가 아는 사람들 중에 거래를 할 만한 인물들로 명단을 만들라고 했다. 나는 노란 종이를 28명의 이름으로 채웠다. 28명 중 나와 거래를 한 사람은 단 1명이었다. 그 사람은 내 아버지였는데, 설상가상으로 아버지는 돈 한 푼 없는 분이셨다."

사람들에게 재미난 이야기를 들려주는 게리의 능력은 매일 방송되는 〈머니 매터스〉가 금융 관련 조언을 제공하는 라디오 프로그램 중에서 장수 프로그램으로 자리매김하는 데 큰 역할을 했다.

"아버지에게 전화를 걸 때마다 '좋아. 100주만 사다오'라고 말씀하셨다. 아버지가 선택한 주식은 터무니없었다. 모두 내리막길을 걸었다. 한번은 아버지께 전화를 했더니 이렇게 물으셨다. '게리야, 내가 이 주식을 사면 넌 얼마나 버니?' 나는 100달러 정도라고 대답했다. 그랬더니 아버지는 '그럼 내가 당장 100달러를 보내 줄 테니 전화 좀 그만 걸면 안 되겠니?'라고 말씀하셨다."

가난한 아이가 성공을 이룬 스토리는 브롱스에서 시작되었고, 뉴욕 주 교외 지역인 서퍼른(Suffern)으로 그를 인도했다. 게리는 거기에서 대중 부유층(mass affluent)이라 불리는 사람들을 주요 고객으로 거느린 자금관리회사를 운영 중이다. 대중 부유층은 투자할 돈은 있지만 골드만삭스(Goldman Sachs)나 JP모건 체이스 같은 자산 관리사가 관심을 보일 정도까지는 아닌 자산 소유자들이다. 고객을 상대하는 게리의 모습에서는 곧바로 방문객을 편안하게 만드는 노련미가 엿보인다. 그는 자신이 무슨 일을 잘 하는지 새삼 강조할 필요가 없다. 고객들이 자연스럽게 깨닫기 때문이다. 비즈니스 자리에서의 게리는 성공한 사업가가 되어 모은 돈에 대해서가 아닌 브롱스 출신의 가난했던 소년 이야기를 꺼낼 가능성이 더 높다.

"엄마와 함께 내 신발을 사러갔을 때가 기억난다. 우린 수백 켤레의 신발로 가득 찬 커다란 창고로 갔다. 창고 안의 신발들은 기다란 줄로 묶여 있었다. 엄마는 내게 신발을 신기시고는 이렇게 말씀했다. '좋아, 한번 걸어보렴.' 그러면 나는 줄로 묶인 신발을 간신히 신고 조금씩 발걸음을 내딛으며 앞뒤로 걸어보았다. 엄마는 '좋아, 그걸로 사자'라고 말씀하셨다. 나는 나중에 꼭 성공하여 줄에 묶이지 않고 예쁘게 진열된 신발을 신어보겠노라고 다짐했다."

게리는 1970년대 초 5,000달러를 투자해 뉴욕 뉴시티(New City)의 엘리베이터 없는 건물 사무실에다 카드 게임용 탁자와 전화기한 대를 놓고 사업을 시작했다. 그는 사람들에게 전화를 걸어 투자 포트폴리오를 검토해주겠다고 제안했다. 오늘날의 게리는 고객과 만나는 자리에 벤틀리(Bentley)를 몰고 가고, 수제화를 신으며, 브랜드 이니셜이 자수로 새겨진 셔츠를 입는다. 이런 결과는 수천 번의 고객 방문과 수천 번의 투자 권유가 있었기에 가능했다(여기서 잠시 숨기는 것 없이 완전히 밝힌다는 취지에서 내가 게리를 좋은 친구로 생각하고 있으며, 과거에 잠시 그가 나의 고용주였음을 밝힌다). 스코츠데일로 재산을 옮겨놓고 편안하게 은퇴해서 다시 일하지 않아도 되는 시점이지만, 게리는 하루도 빠짐없이 고객과의 만남으로 꽉 찬 일정을 소화해낸다고 털어놓으며 이야기를 들려준다. 플로리다에 살던 어머니 이야기에 대해서도 늘어놓는다.

"엄마가 사시는 아파트 밖에서 갑자기 소란스런 소리가 들렸다. 베란다로 나가보니, 엄마네 집 바로 위층에서 아가씨가 뛰어내리려 하고 있었다. 소방관들이 아가씨를 말리고 있었다. 엄마는 위층 베란다를 쳐다보면서 아가씨에게 말하셨다. '아가씨, 지금 뭐하는 거야? 뛰어내리려는 이유가 뭐야?' 그러자 아가씨는 '남자친구와 헤어졌어요. 더 이상 살고 싶지 않아요'라고 말했다. 그렇게 말하는 아가씨에게 엄마는 '이게 모두 남자 때문이야?'라고 물었고, 아가씨는 '그렇다'고 대답했다. 그러자 엄마는 '바보 같이 남자라니! 남자 때문에 목숨을 버릴 이유는 없어. 절대 뛰어내리지 마. 내 아들이 몇 주 후 날 보러 이리 올 거야. 아가씨한테 우리 아들을 소개해줄게. 우리 아들 꽤 괜찮아.' 아가씨는 뛰어내리기를 포기하고 집으로 들어갔다. 소방서는 어머니에게 상을 줬고, 어머니 사진이 지역 신문에 실렸다."

예상 밖으로 게리는 그 아가씨와 데이트를 하지는 않았다. 그는 이야기를 통해 사람들을 자기편으로 끌어들인다. 이 같은 입담과 사업수완 덕분에 게리 골드버그 금융 서비스는 성공가도를 달릴 수 있었다. 입담꾼 게리가 밝히는 위닝포인트가 너무나 궁금하다.

1960년대 말 무렵 월가에서 기관브로커로 일하고 있었다. 막 허가증을 딴 나는 고객들에게 직접 전화를 걸기 시작했다. 어느 날 리처드 네이라는 유명한 자산관리자와 약속을 잡았다. 젊은 나이에 성공한 그의 사무실은 매디슨가에 있었다. 그때 나는 처음으로 리서치를 통해 아이디어를 얻었는데, 내가 알아낸 회사는 당구공과 볼링공을 만드는 AMF였다. 마침내 리처드 네이와 연락이 되었고, 그는 '좋아요'라고 말하면서 날짜를 잡아주었다. 프레젠테이션 전날 밤, 나는 AMF를 조사하느라 밤을 꼬박 새웠다. 전쟁에 나가기 전 무기를 꼼꼼하게 점검하는 것과 같은 이치다. 아침이 되자 나는 그 회사의 모든 것을 안다는 느낌이 들었고, 약속시간에 맞추어 리처드의 사무실로 향했다. 그는 너무나 인상적인 사무실에 앉아 있었다. 사무실 벽은 나무로 장식되어 있었고, 주사위 놀이 세트까지 갖추어져 있었다. 사실 조금은 지나친 듯 보였다. 그는 월가에서 자기 능력으로 유명해진 젊은 거물 중 한 사람이었다. 프레젠테이션을 마친 뒤 나는 아주 멋지게 해냈다고 생각했다. 그런데 프레젠테이션을 들은 리처드는 이렇게 말했다.

"하나 묻고 싶은 게 있습니다."

그리고 리처드가 던진 첫 질문은 그 회사의 회계 부문과 관련이 있었다. 나는 무슨 대답을 해야 좋을지 몰랐다. 그래도 질문에 계속 대답하려고 했다. 하지만 도대체 내가 무슨 말을 하고 있는지조차 몰랐다.

이런 경우라면 '나중에 대답하겠습니다. 솔직히 지금은 어떤 답변이 좋을지 모릅니다. 며칠 내로 다시 방문해서 말씀을 드리겠습니다'라고 말해야 한다. 그러나 나는 말도 안 되는 대답이라도 지껄여보려고 애를 썼다. 나의 뛰어난 연기가 끝나자, 리처드가 나를 쳐다보던 표정을 지금도 잊을 수 없다! 그는 '당신은 스스로 무슨 말을 하고 있는지도 몰라. 꺼져버려!'라는 듯한 표정을 지었다.

이 사건에는 교훈이 있었다. 나는 두 번 다시 그런 행동을 하지 않았다. 내가 "잘 모르겠습니다. 돌아가서 관련 부서와 검토하겠습니다" 또는 "다시 검토해보겠습니다"라고 말해도 아무 문제가 안 되었을 것이다. 하지만 모르는 내용을 얼버무리면서 말도 안 되는 대답을 하려고 애쓰는 것은 인생을 헤쳐나가는 서투른 방법이다. 물론 그 일을 겪게 된 이후, 나는 그런 상황을 다시는 경험하지 않았다.

리처드가 나의 고객이 되었을까? 아니다. 그날 이후 나는 그와 이야기해본 적조차 없다. 리처드는 나의 전화를 받지 않았다. 내가 신용을 잃었기 때문이다.

Gary Goldberg's History

바드 대학(Bard College)에서 학사학위를 받았고, 브룩클린 법대(Brooklyn Law School)를 다녔다. 게리 골드버그 금융 서비스의 창립자이자 최고경영자다. 그는 회사의 투자전략과 경영방침을 이끌어가는 추진력을 갖추고 있다. 1972년 게리 골드버그 금융 서비스를 세우기 전에는 월가에서 기관중개인으로 일하며 성공을 거두었다. 그리고 자신의 이름을 딴 게리 골드버그를 창업해

허드슨 밸리 지역 최고의 투자관리회사로 발전시켰다. 게리 골드버그 금융 서비스의 최고경영자로 활동하는 것 외에, 미국 최장수 라디오 금융 토크쇼 〈머니 매터스〉의 진행을 맡고 있다. 이 프로그램을 맡으면서 오늘날 가장 영향력 있는 정치, 경제 지도자들과 인터뷰할 수 있었다. 그 결과 현재의 시장과 사회경제 상황에 대한 전문가들의 생각과 의견을 직접 들어볼 수 있는 이점을 누린다.

16 Jerry Levin

제리 레빈

계속 반복된 시행착오들!
: 숱한 실수에서 배우게 된 전략

AOL-타임워너(AOL-Time Warner)의 최고경영자이며, 영화 전문 케이블방송 HBO(Home Box Office) 최고 책임자다. 유료TV 콘텐츠 사업 모델을 만들어낸 인물이다.

1972년도 메이저리그 야구를 살펴보자. 당시 워싱턴 세네터스 (Washington Senators)의 투수 데니 맥래인(Denny McLain)은 무려 22게임에서 패했다. 왜 감독은 그토록 많은 게임에서 패한 투수를 계속 마운드에 올렸을까? 그 이유는 2년 전인 1970년, 데니 맥래인이 디트로이트 타이거스(Detroit Tigers) 소속일 때 24승을 올렸고, 그보다 1년 전에는 31승을 거머쥐며 타이거스를 월드 시리즈 우승팀으로 이끌었기 때문이다(이후 한 시즌에서 30승을 거둔 투수는 없었다). 달리 말해 어떤 일을 완전히 엉망으로 만들 수 있는 기회(?)도 그 일을 잘 했던 사람에게 주어진다는 소리다.

본격적으로 제리 레빈에 대해 살펴보자. 사람들은 제리 레빈이 누구인지 잘 모른다. 아내와 함께 캘리포니아 산타모니카에서 고급 정신건강병원과 스파를 운영하는, 깡마르고 새까맣게 탄 제리 레빈을 말이다. 그러나 월가의 사람들은 그가 사무실 안으로 350킬로그램의 고릴라를 떠안고 들어왔기 때문에 레빈을 쉽게 알아본다. 그 고릴라의 이름은 실패한 합병으로 알려진 AOL-타임워너다.

언론은 레빈을 '20세기 최악의 거래를 주관한 최고경영자'로 부르기를 좋아한다. 그러나 만약 제리 레빈이 정말로 서툴렀다면, 어떻게 구 미디어와 신 미디어를 결합하여 역사적인 기업을 만들어낼 수 있었겠는가? 무려 31게임에서 승리를 챙긴 투수처럼, 제리 레빈 역시 과거에는 커다란 승리를 거둔 인물이었다. 1992년, 〈로스앤젤레스타임스〉는 레빈과 관련하여 기사를 하나 실었다.

1970년대 중반, 제리 레빈은 케이블TV 사업의 탄생에 기여한 인물로 인정받았다. 타임의 무뚝뚝한 임원들을 설득해 위성서비스에 650만 달러를 투자하도록 만든 사람이 HBO의 대표 레빈이다. 그 덕분에 HBO는 전국적인 케이블TV 시스템을 갖출 수 있었다.

이렇듯 제리 레빈은 케이블TV와 위성TV 산업을 탄생시키는 데 많은 기여를 했다. 이는 절대로 무시할 수 없는 위업이다. 이런 결과를 얻으려면 TV사업 모델을 유료 콘텐츠 모델로 바꿔야했기 때문이다. 제리는 과거를 떠올리며 이런 말을 들려주었다.

"나는 HBO가 시작할 때부터 함께 했다. 그리고 HBO라는 이름을 붙인 장본인이 바로 나다. HBO의 경우 설립 즉시 성공을 거두지는 못했지만, 이론적으로 우리는 광고비로 지탱되는 것이 아닌 시청자들에게 돈을 받아 방송 프로를 제공하는 기업이었다. 초기에 실패한 유료TV에는 무덤이 있었다. 하지만 포기하지 않고 밀고 나간 결과 역사상 가장 성공적인 미디어 사업모델을 탄생시켰다."

그가 성공을 거두기까지의 과정을 살펴보면, AOL-타임워너 합병이 왜 성공할 수 있었는지 이해할 수 있다.

— TV 콘텐츠는 시청자에게 무료로 제공되어 왔다. 인터넷 콘텐츠는 거의 무료였다.

— 각 개인의 관심사에 맞는 TV 콘텐츠에 대한 열망이 강했다. 인터넷 사용자들 역시 마찬가지였다.

— 결국 TV 시청자들은 케이블업체와 위성업체에 가입비를 지불했다. AOL은 인터넷에 접근하려면 돈을 내야만 하는 강력한 가입자 기반을 갖추고 있었다.

— 초기의 유료TV 시도는 실패했다. 온라인 콘텐츠에 요금을 부과하려던 초기의 시도도 대부분 실패했다.

위에 열거한 내용들 어딘가에 실현 가능한 사업 모델이 존재한다고 생각했다면 놀랄 일인가? 그러나 현실로 돌아가 보면 고릴라가 버티고 있다. AOL-타임워너 합병은 재정적인 재앙으로 판명이 났다. 3,550억 달러라는 액수는 역사상 최대 규모였다. 합병은 2000년 1월 10일에 발표되었는데, 거래 시점이 최악이었다. 2000년 5월이 되자, 닷컴 거품이 터지기 시작했고 대부분 전화를 걸어 가입하는 고객 명단의 수익흐름 또한 악화되기 시작했다. 이는 실현 가능한 사업모델의 일부분이 치명적으로 피해를 입었다는 것과 같다. 주주들은 시장가치로 수십 억 달러를 잃었다. 〈뉴욕타임스〉가 그 역사적인 거래 이후의 10년을 검토한 적이 있는데, 테드 터너(Ted Turner)는 당시 합병된 회사의 최대주주였던 자기 혼자서만 대략 80억 달러를 잃었다고 전했다. "AOL-타임워너 합병은 베트남 전쟁이나 이라크, 아프가니스탄전쟁처럼 역사의 일부가 되어야 한다. 그것은 우리나라에 일어난 최대의 재앙 중 하나다"라고 터너는 밝혔다.

AOL-타임워너는 시가총액으로 수백 억 달러를 잃었다. 일자리도 사라졌다. 그리고 신, 구 미디어사업을 변화시키며 결합하려던 노력은 망가지고 있었다. 레빈은 2001년 12월에 사퇴를 발표했고, 두 회사는 결국 2009년 12월에 갈라섰다. 언론이 '세기 최악의 거래'로 불러주던 사건의 개요가 그러했다. 레빈은 이렇게 말했다.

"인터넷은 세계에서 가장 오래된 사업 교훈을 우리에게 가르쳐주었다. 이른바 혁신은 가장 기대하지 않았던 시기에 가장 기대하지 않았던 곳에서 생겨나며, 기존 사업이 창조적으로 파괴되는 일이 발생할 것이라는 교훈이다."

그러나 레빈은 AOL-타임워너의 경험 때문에 다른 비즈니스 리더들이 신생 산업 발전에 필요한 조치를 취하지 못하는 일이 없기를 희망한다.

"나는 그 사건이 모험을 감수하지 말라고 가르치길 원하지 않는다. 당신은 끊임없이 혁신과 변화를 시도해야 한다. 자기 자신을 완벽한 인물로 정립하는 사람은 혁신을 거부하고 그냥 제자리걸음을 걷게 될 것이다. 자본주의체제의 특징은 기존 산업에서 변화를 유발하는 혁신적인 진전과 새로운 아이디어가 계속 쏟아진다는 점이다. 그러한 진전은 예상치 못한 시기에 찾아온다. 그것이 자본주의체제의 훌륭한 장점이다."

그렇다면 자본주의체제의 일원인 우리는 AOL-타임워너 합병 실패로부터 무엇을 배울 수 있을까? 몇 가지만 짚고 넘어가 보자.

문화적 문제

레빈은 문화를 통합할 때에는 심리상태를 이해해야 한다고 강조한다. "너무나 극적인 이러한 거래는 사람들에게 일종의 심리적 문제와 정신적 외상을 준다. 최고경영자는 기본적으로 전략적인 차원에서 일하기 때문에 회사의 밑바닥 상황들을 알 수 없다. 기본적으로 AOL-타임워너와 같은 합병에서는 기업 내 문화적 변화가 극심하다. 이 같은 변화는 사람들을 긴장시키고 나아가 업무를 마비시킨다. 나는 사람들이 그런 점을 간과할 거라고 생각한다."

거품

레빈은 이렇게 묻는다. "자신이 거품 안에 갇힌 때를 어떻게 알 수 있겠는가? 지금 와서 옛날을 되돌아보면 당시 무슨 일이 일어나고 있었는지 쉽게 알 수 있지만, 닷컴 열풍이 한창 불고 있을 당시에는 세상이 변하고 있기 때문에 이상스러운 주식가치 평가를 정당화하기가 쉬웠다. 그 외에도 최고경영자로서 월가의 기대를 충족시켜야 하는 곤란한 사정도 있었다. 당신은 그냥 눈앞의 성장률에 자제력을 잃고 말 것이다. 특히 자신이 매우 빠르게 성장하고 있다면 그 성장률이 언제 멈출지, 알아채기가 어렵다."

레빈처럼 노련한 경영자라면 합병의 대표적인 장애물인 기업문화의 충돌을 미리 생각했어야 한다는 주장이 제기될 수 있지만, 그 사람 혼자서만 거품 속에 갇혀 있던 것이 아니었다. CNBC에 있던 우리도 AOL-타임워너 합병 발표가 나기 8개월 전에 증권거래소 객장에서 '다우지수 1만선'을 알리는 모자를 나눠주고 있었다. 또한 짐 글래스먼(Jim Glassman)과 케빈 하셋(Kevin Hassett)은 1999년에 《다우 36,000》을 출간하여, 주식시장이 불과 몇 년 후에는 엄청난 수준까지 올라갈 거라고 예측했다. 나 역시 CNBC에서 〈오늘의 비즈니스(Today's Business)〉라는 프로그램을 진행할 때 인터넷에서 대단히 새로운 일이 벌어지고 있다고 말하는 게스트들과 인터뷰한 기억이 있다. 실제로 그러한 열풍은 사람들의 투자결정에 큰 영향을 미쳤다. 한번은 카메라가 꺼진 상태에서 유명한(그리고 지금도 존경받는) 금융자산 관리자에게 이렇게 물은 적이 있다. "이 모든

위닝포인트

닷컴기업들을 포트폴리오에 포함한 결정을 어떻게 정당화할 수 있습니까?" 그는 다음과 같이 대답했다. "밥, 난 그렇게 해야 했어요. 주식평가는 미쳤어요. 하지만 포트폴리오에 닷컴기업을 포함하지 않으면, 다른 사람들의 실적과 비교하여 크게 뒤질 겁니다."

CNBC의 동료, 론 인사나(Ron Insana)가 일본의 자산거품에 닷컴 시장을 비교했던 경우처럼, 위험을 경고하는 사람들이 몇몇 있었지만, 미국이 주식시장과 닷컴 기업에 미래를 투자하고 있다는 스토리라인에 제동을 건 사람은 드물었다. 따라서 합병 사실이 발표되기까지 거품과도 같은 열기에 휩싸인 것은 놀랄 일이 아니었다. CNN/fn(이들을 기억하는가?)는 웹사이트에 뉴스를 보도하면서, 베어스턴스(Bear Sterns, 이들을 기억하는가?)의 미디어 애널리스트, 스콧 에렌스(Scott Ehrens)의 말을 인용했다. "AOL과 타임워너가 합쳐지면, 전례 없는 파워하우스가 될 것이다. 그들의 신조가 콘텐츠라면, 이 동맹은 무적이 될 것이다. 이제 그들은 콘텐츠와 재분배작업을 서로 풍요롭게 해줄 수 있는 엄청난 기반을 갖추게 되었다."

지금은 두 기업의 합병을 가장 심하게 비판하지만, 당시엔 합병의 흥분에 사로잡혀 있던 사람들도 있었다. 2000년, 1월 11일자 〈뉴욕타임스〉 기사를 살펴보자.

20년 전 CNN을 시작한 사람은 타임워너의 부회장이자 최대 주주인 61세의 테드 터너(Ted Turner)였다. 어제 터너 부회장은 합병에 대한 자신의 지지를 다음과 같이 설명했다. "나는 42년 전 처음 사랑을 나눌 때처럼 흥분한 상태에서 1억 주의 투표권을 행사했다. 가치를 창출해내는 더욱 강한 회사를 갖게 될 것이기 때문에 찬성한 것이다. AOL을 다시 만들어내기는 쉽지 않다. 지금까지 그런 일을 해낸 사람은 아무도 없었다."

따라서 레빈이 "이 모든 문제를 파악하지 못한 데 대해 사과하겠다"라고 말했을 때, 그것은 상대의 마음을 누그러뜨리려는 겸손의 표시처럼 보였다. 아무리 전직 최고경영자라고 해도 사과는 경영자들 사이에선 흔히 있는 일이 아니다. 그러나 현재 다른 사람들의 감정적 상처와 심리적 상처를 치유하는 데 도움이 되는 스파 시설을 운영하는 사람에게는 그것이 단순히 건강에 도움이 되는 조치 이상의 행동일 것이다. 그것은 사업 혁신으로부터 교훈을 얻고 뒤따르는 사람들에게 그 교훈을 가르치는 데 필요한 조치일 것이다. 자신의 잘못을 인정한다고 해서 그것이 사람을 무력하게 만드는 패배는 아니다. 왜냐하면 실수를 두려워하면 일종의 새로운 개념을 경험하지 못할 것이기 때문이다. 실제로 혁신을 일으키는 일은 실수로 멈췄다가 다시 나아가는 연속된 과정이다. 레빈은 계속

해서 이렇게 말한다.

"아마도 우리는 그것을 실수라고 말할 수 없을 것이다. 왜냐하면 우리가 그 일로부터 가치 있는 의미를 얻었기 때문이다. 그것은 시행착오라는 과정의 일부다. 시도하고 실수하고, 그러면서 계속 나아가는 것이다."

그는 인터뷰에서 자신의 속내를 이렇게 털어놓기도 했다. "밥, 우리가 얻은 교훈은 이런 겁니다. '큰 잘못'을 저지르게 될까봐, 그리고 그것이 유산이 되어 괴로움을 겪을까봐 두려워 모험을 감수하려 들지 않는다면, 우리는 한 발짝도 전진하지 못할 것입니다. 하지만 그런 종류의 모험을 감수할 준비가 되어 있다면, 그것이야말로 새로운 사업이 만들어지거나 변화가 일어나는 첫 발일 것입니다. 자신의 처지에 대해 걱정하고, 주식시장에서의 인식이나 후손들의 평가에 대해 걱정한다면 모험을 감수할 수 없습니다."

최고의 실수

아이러니하게도 고릴라를 내려놓은 제리 레빈은 자신의 성공에 기여한 갖가지 실수에 대해 강연을 하며 여러 해를 보냈다. 어쨌든 그는 타임워너의 최고경영자였으니까. 그는 자신이 겪은 실수들이 있었기에 전략적인 시각이 만들어졌고, 뿐만 아니라 꽤 일관된 원칙들을 갖게 되었다고 말한다. 새로운 분야를 개척하려는 레빈의 적극적인 태도가 AOL-타임워너를 망하게 만든 그의 성향이라고 볼 수 있는데, 결국엔 커다란 성공으로 이어졌다. 레빈은 당시의 경험이 자신의 인생에서 가장 중요한 사건이었고, 더불어 위닝 포인트였다고 고백한다.

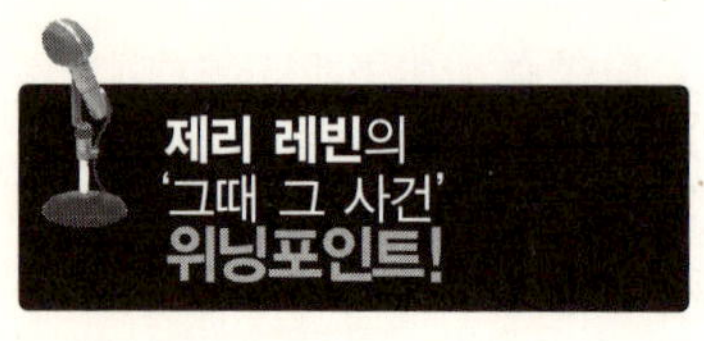

질문: 어떤 계기로 HBO를 설립할 생각을 했는가?

방송국이 정해진 일정에 따라 방송을 송출하는 일과는 반대로, 사람들에게 선택권을 준다는 생각은 HBO에서 중요한 개념이었다. 처음에 HBO는 다소 원시적이었다. 사람들이 유료TV의 개념에 익숙하지 않았기 때문에 일이 잘 돌아가지 않았다. 일단 HBO가 각 가정에 들어가서 프로그램을 송출하기 시작하자 자리가 잡혔다. HBO의 도움으로 소비자에게 완벽한 선택권과 완벽한 편의, 완벽한 통제권을 줄 수 있었다. 그것은 품질보증 마크였다. 위성사업의 경우도 마찬가지였다. 우리는 위성을 이용했다. 케이블방송 업체가 그런 종류의 기술을 다룰 수 있다고 생각한 사람은 없었다. 위성에 방송망을 설치한다는 생각은 상식을 벗어난 것이었다. 케이블산업은 퇴보하는 기술의 일종으로 간주되었기 때문이다. 그러나 우리는 성공을 거두었다.

질문: 시청자에게 통하는 사업모델을 도입하기 위해 어떤 조치를 취했는가?

우리는 1970년대 말에 카트리지 TV, 즉 TV를 켜서 보다가 끄고 재생하는 아이디어를 실험하기 시작했다. '이달의 책'이라는 것에서 아이디어를 얻어 '이달의 영화'를 시작했다. 하지만 당시에는 가정용 VCR이 보급되기 전이었다. 그래서 카트리지 TV는 투박한 기계였고, 결국 실패하고 말았다. 하지만 집에 VHS 같은 기계를 설치한다면 사람들이 좋아할 게 분명했다. 이는 넷플릭스(Netflix, 미국 최대 온라인 DVD 대여업체—옮긴이)가 25년 앞서 생긴 것과 같다고 볼 수 있다. 그러나 우리는 카트리지 TV를 포기해야 했다. 그 이후 내가 주목한 것은 각 가정에 잡지와 신문이 배달된다는 점이었다. '소비자에게 많은 정보를 직접 제공하면 어떨까?'라는 생각을 갖게 되었다. 우리는 기자들을 모았고, 1982년과 1983년에만 2,500만 달러를 썼다. 그리고 위성으로 하나의 케이블시스템에 많은 문자방송을 보냈다. 문제는 당시에는 컴퓨터가 없어서 쌍방향통신이 이루어지지 않았다는 점이다. 이는 일방 시스템이었다. 그래서 실패작으로 간주되었다. 하지만 적어도 우리는 소비자에게

쌍방향의 정보를 다량으로 제공해야 한다는 사실만큼은 깨닫게
되었다.

　아마 1990년대 초, 올랜도의 케이블시스템에 풀 서비스 네트워
크라는 서비스를 설치했던 것이 최고의 사례라고 본다. 바로 그것
이 주문형 비디오시스템(video on demand)의 선구자였다. 아주 비싸
다는 점만 빼면 말이다. 우리는 미디어 역사상 최초로 테이프를 사
용하지 않는 서버를 구입했다. 내 경력에서 중요한 사건 가운데 하
나는 위성을 통해 마닐라에서 치러진 알리(Ali)와 프레이저(Frazier)
의 복싱 경기를 플로리다의 케이블시스템으로 사들였을 때다. 아
직도 나는 그 흥미진진한 경기를 잊지 못한다. 또 다른 사건은
1990년대 초에 일어났다. 우리는 케이블시스템에 디지털로 이루
어지는 인터랙티브 서비스를 설치하여 전 세계 언론을 초청했다.
나는 영화를 틀었다가 중단하고, 다시 앞으로 뒤로 틀었는데, 이
모든 과정이 테이프 없이 이루어졌다. 전 과정이 방송망을 통해 이
루어지자 여기저기서 놀라움의 탄성이 들렸다. 이때가 1993년 무
렵이었는데, 장비가 비용에 비해 효율적이지 않았다. 이 경우도
장비가 너무 빨리 등장한 게 문제였다. 그래서 실패로 낙인찍히고
말았다.

　하지만 실제로 주문형 비디오의 경우, 실리콘 그래픽스(Silicon

Graphics)소프트웨어처럼 우리가 이용했던 모든 물자는 인터랙티브 디지털 주문형 비디오의 일부가 되었다. 다들 실패작이라고 말했지만, 나는 그것을 원하는 소비자가 있다는 사실을 알았다. 올랜도에서 그 서비스를 경험한 가족들을 만나봤는데, 그들은 무척 마음에 들어 했다.

인터넷도 마찬가지였다. 우리는 타임사와 패스파인더(Pathfinder)라는 서비스를 시작했다. 이 서비스도 시기적으로는 다소 일렀던 탓에 소비자에게 얼마만큼을 제공해야 할지 알지 못했다. 결국 그 때문에 궁지에 몰리고 말았다.

나는 인터넷이야말로 완벽한 주문형 정보와 오락을 궁극적으로 표현한 것이라고 생각했다. 그리고 그것이 모든 기업의 사업계획을 바꾸어놓을 거라고 보았다. 나는 대세를 무시할 수 없다고 생각했다. 그 결과, AOL과 타임워너의 거래가 성사되었다.

내가 명확히 밝히고 싶은 이야기는 이 모든 사건들이 DVD나 HDTV의 등장과 마찬가지로 전략적으로 연결되어 있었고, HBO와 함께 시작되어 소비자에게 전적인 통제권과 선택권, 편의를 제공해가는 과정의 일부였다는 점이다. 그리고 오늘날에도 미디어 산업은 그 과정에 머물고 있다. 그것은 인터넷의 등장을 가져왔고 결국 TWX와 AOL을 디지털로 바꾸어놓았다.

Jerry Levin's History

 레빈은 해버포드 대학(Haverford College)을 우등으로 졸업한 뒤, 펜실베이니아 법대를 마쳤다. 법대를 다니면서 〈법률리뷰(Law Review)〉의 편집자로 활동했다. 버몬트 대학(University of Vermont), 텍사스 대학(Texas College), 미들베리 대학(Middlebury College), 덴버 대학(University of Denver), 해버포드 대학 등에서 명예학위를 받았다. 또한 해버포드 대학 이사회 회장직과 같은 대학, 관리자위원회 회장직도 역임했고 햄프셔 대학(Hampshire College) 명예평의원이기도 하다.

레빈은 타임의 케이블 유료방송 자회사인 HBO가 발전 단계에 진입하고 있던 1972년에 타임에 입사했다. 그는 HBO의 프로그램편성 부사장직을 맡았고, 사장 및 최고경영자로 임명되었다가 회장으로 승진했다. 그는 1975년에 위성을 통해 케이블방송을 송출하는 역사적인 위업을 이룬 인물로, 그의 결정은 현대 케이블 방송 산업을 탄생시키는 데 일조했다. 그리고 세계 최대 미디어 기업 타임워너의 회장이자 최고경영자를 지냈다.

타임워너사는 출판, 뉴스, 케이블방송, 영화, 케이블시스템, 음악, 인터랙티브 서비스 분야에서 업계를 이끌어가는 대표주자다. 디지털 미디어와 인터랙티브 미디어의 발전을 주도한 개척자로 인정받게 된 레빈은 1990년, 타임사와 워너커뮤니케이션(Warner Communications)의 합병을 주도했고 1996년에는 타임워너가 터너 방송시스템(Turner Broadcasting System) 및 CNN과 합병할 것을 제안했다. 그리고 다시 2001년에 이루어진 AOL과 타임워너 간의 합병을 계획했다.

참고로 레빈은 뉴욕연방준비은행뿐 아니라 뉴욕 증권거래소 이사로도 활동했고, 뉴욕 필하모닉의 이사회 회원 및 회계담당자, 아스펜협회(Aspen Institute), 전국케이블TV센터(National Cable Television Center), 유대인문화유산박물관(Museum of Jewish Heritage)이사회 회원 등을 역임했다. 외교협회(Council on Foreign Relations), 3국 위원회(Trilateral Commission), 뉴욕경제클럽(Economic Club of New York), 홍콩 행정장관 국제고문협회(Council of International Advisers to the Chief Executive of Hong Kong)회원도 역임했다.

R. J. 커크

잘못된 인사의 결과는 배신이었다!

: 흐트러진 판단력 바로 세우기

뉴리버 제약회사(New River Pharmaceuticals)의 공동창업자이며 26억 달러에 이 기업을 매각했다. 〈포브스〉선정 미국 내 최고 부자 400인 명단에 올랐고 현재 써드 시큐러티(Third Security, LLC)의 사장 및 최고경영자로 있다.

억만장자와 복잡하고 머리 아픈 평행우주(parallel universe)에 대해 대화를 나누며 평범한 시간을 보냈다고? 큰 성공을 이룬 사업가 R. J. 커크가 이야기를 시작하면, 이런 종류의 대화가 이루어질 가능성이 크다. 그는 머리가 좋은 게 분명하다. 버지니아 법대 학위는 지적으로 떨어지는 사람에게는 부여되지 않는다. 회사를 창업해서 엄청난 이익을 거둔 후 매각하는 데 성공하는 일도 머리 나쁜 사람에게는 불가능한 일이다. 순전히 운만으로는 억만장자가 될 수 없다. 분명 성공을 이루기까지 비밀스러운 무언가가 있었던 것이 확실하다. 그래서 R. J. 커크가 성공의 비결이 없다고, 또는 그 비결을 판단할 수 없다고 말하면 약간 호기심이 생긴다.

그는 성공을 어떻게 설명해야할지 잘 모르며 성공한 이유를 설명하기란 거의 불가능하다고 말한다. 그리고 성공한 부자들 대부분이 자기 자신의 명민함을 과대평가한다고 생각한다.

"대개 그들은 자신의 성공으로부터 틀린 결론을 이끌어낸다. 자신이 실제보다 훨씬 머리가 좋다고 믿는 유혹에 빠지는 것이다."

충분히 성공을 말할 만한 자격이 있는 전문 사업가의 주장치고는 참 특이하다.

"우리는 실패로부터 배울 수밖에 없다. 이는 과학적으로도 사실이며, 논리적으로도 맞는 이야기다. 분명한 사실이 하나 있다.

성공보다는 실수에서 배울 것이 더 많다는 점이다."

나처럼 어떤 사건이나 잘못 등에서 이기는 길을 찾는 저자에게
는 이 말이 유리하게 들렸다. 하지만 그러면서도 약간은 뭔가 잘못
된 것 같은 느낌을 떨쳐버릴 수가 없었다. 그의 말대로라면 성공의
길을 다룬 책이나 강연들은 모두 거짓이란 말인가? 실제로 성공
을 주제로 다룬 서적들은 지금 이 시간에도 잘 팔리고 있다. 그렇
다면 그것들은 아무 소용도 없는 것인가?

R. J. 커크는 이런 나의 의문에 다음과 같이 대답해주었다.

"성공으로는 뭔가 수정해야 할 정보를 얻을 수 없다. 따라서 성
공에서는 배울 게 많지 않다는 게 내 의견이다. 성공에 기여한 결
정적 요인이 무엇이었는지 알아내기란 쉽지 않다. 그리고 입증할
수도 없다. 시간을 되돌려 그러한 요인들을 뒤섞어 다른 방식으로
시도해볼 수도 없다."

나는 커크와의 대화를 내 수준으로 끌어내리기 위해 애쓰며 질
문을 했다. "그렇다면, 9개의 다른 우주가 제시된 '스타 트랙(Star
Trek)' 같은 건가요?" 그러자 커크는 말했다. "나는 그런 생각이 물
리학자의 사고방식과 똑같다고 생각합니다. 결정을 내리는 모든

　　　　　　　　　　　　　　　　　　　　　　위닝포인트

시점에서 우주가 갈라지는데, 오직 한 방향으로만 간다면 다른 우
주를 시험해볼 수 없습니다. 그러나 실패를 하면, 추측을 이끌어
낼 수 있어요. 따라서 실패로부터 배울 수가 있는 겁니다."

사실 R. J. 커크에게 실패는 정기적으로 닥쳐오지 않았다. 사업
에 전념하고 투자한 덕분에 그는 의사들에게 의료물자를 빠르게
공급하는 제너럴 인젝터블 앤 백신(General Injectables & Vaccines)사
를 버지니아 남서부에서 공동으로 설립할 수 있었다. 공동의 소유
자들은 1998년에 6,700만 달러가 넘는 돈을 받고 회사를 팔았다.
그 후 커크는 몇몇 동료와 함께 버지니아에서 써드 시큐러티를 세
웠다. 생명과학을 전문으로 하는 투자관리사 써드 시큐러티는 한
창업기업에 투자했고, 그 기업이 뉴 리버 제약회사가 되었다. 몇
년 후 이 회사도 매각했는데, 소문에 따르면 그는 15억 달러의 순
이익을 챙겼다고 한다. 커크 자신은 '성공에서는 교훈을 배울 수
없다'고 생각하지만, 그가 한 번 이상 성공하여 억만장자가 될 수
있었던 비결은 분명히 있을 것이다. 이에 대해 그는 다음과 같이
대답한다.

"우리는 우리 모델의 요소가 무엇인지 파악하기 위해 충분한
자기 분석을 실시했다. 그리고 그 모델을 고수하기 위해 훈련을 했
다. 그러나 이러한 요소들 중 무엇이 결정적으로 중요한지는 구분

할 수 없었다. 어떤 요소를 완화하여 동일하거나 더 나은 결과를 얻을 수 있는지 여부를 확신할 수 없었다."

그의 말을 내 식대로 표현한다면 '고장 나지 않았다면, 고치지 마라!'쯤 될 것이다.

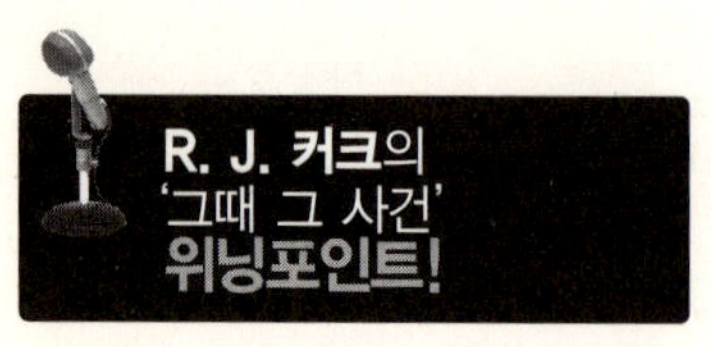

사업에서의 성공은 성과를 일으킬 수 있는 팀을 조직하느냐의 여부에 전적으로 달려 있다. 이는 모든 사업에서 통하는 일관된 주제다. 나는 루이스 B. 메이어(Louis B. Mayer, 미국 영화감독—옮긴이)나 데이비드 O. 셀즈닉(David O. Selznick, 미국의 영화제작자—옮긴이) 같은 영화제작 총책임자다. 배우나 조명, 분장, 음향 등에 대해서는 아는 게 별로 없지만, 그런 일들을 잘 아는 사람이 누군지 판단하고 그들 중 어떤 이가 내 마음속에 정한 종점까지 함께 일할 수 있는지 알아내는 데 능하다. 내가 생각하는 최고의 실수는 이미 여러 차례 작은 성공을 이룬 시점(제너럴 인젝터블 앤 백신을 운영하던 때)과 관련이 있다. 그 무렵 나는 수많은 제약회사와 거래 중이었다. 처음 손을 댄 사업은 신제품을 공급하는 일이었는데, 내가 신제품 공급을 위한 사업개발을 책임지게 되었다. 나는 병원에 제품을 공급하는 권리를 따내야 했다. 그리하여 세계 최대의 제약업체나 생물제약회사와 협상하는 일을 맡게 되었고 많은 담당자들과 안면을 트게 되었다.

일을 하면선 종종 이런 일들을 경험했다. 대형 회사의 사업개발 담당자와 협상하다 보면 간혹 담당자들과 죽이 맞게 되고, 거래가 타당한 것처럼 들리면, 상호간 호감을 갖게 될 수 있다. 그리고 몇몇 친구들은 회사를 옮기고 싶다는 마음을 내비치면서 나에게 이력서를 내밀기도 했다. 이런 일이 생길 때마다, 사업상 논의가 진행되고 있는 도중에 그런 말이 오고가는 게 적절하지 않다고 생각했다. 그래서 나는 거래가 진행되는 동안에는 그런 논의를 항상 뒤로 미루었다. 그리고 거래가 성공적으로 끝난 후에는 이직을 원하는 사람들을 회사에 채용했다. 만족스러운 성과가 만들어졌기 때문에 그들을 좋게 생각했던 것이다. 물론 거래가 끝난 이후였기에 내가 온당치 못한 행동을 했다고 생각하지 못했다. 누군가와의 거래가 만족스러웠다면, 대개 그 상대방에게 호의적인 인상을 갖게 마련이니까…. 하지만 그와 같은 호의적 인상이나 느낌은 대개 공허한 생각에 근거한다. 달리 말해서 상대가 나와의 거래를 좋아했고 또 나를 좋아했기 때문에, 나는 그 사람이 괜찮다고 판단하는 것이다. 그러나 나의 경험상 반드시 그런 것만은 아니라는 점을 깨달았다.

실제 그와 같은 과정으로 직원 4명을 고용한 경험이 있다. 3명은 조금 전 설명한 과정을 통해 채용했고, 다른 1명은 내가 운영하던 회사의 대주주 요청으로 채용한 사람이었다. 정확히 말해 그는 대주주의 친척이었다. 물론 이런 인사는 분명히 잘못된 일이다. 그런데 얼마 지나지 않아 이들 네 사람이 뭉쳐서 나를 배신했다.

내가 얻은 교훈은 이러했다. 처음 1분 동안은 나를 배신한 그들 때문에 화가 났다. 그리고 3분 정도 지나자 이런 결과를 미리 예상해야 했음을 깨달았다. 나에게는 이들이 조직에 충성스러울 거라고 믿을 만한 확실한 근거가 턱없이 부족했다.

나는 그들이 전 직장에서 충성스러운 직원은 아니었지만 나에게는 충성해줄 거라고 자만했다. 하지만 그런 믿음은 나의 허영심에서 비롯된 것이었다. 어쩌면 그런 부류의 사람들은 지금, 당신의 회사로 옮겨가기를 희망할 수도 있다. 하지만 그것만으로도 당신은 충분히 알아차려야 한다. 그들이 당신을 좋아했다는 사실만을 근거로 그들의 판단력이 훌륭하다는 증거로 받아들여서는 안된다. 나는 이 네 사람들은 결코 믿지 못했다. 그리고 나 역시 그들을 믿는 것처럼 행동하지 말았어야 했음을 깨달았다.

질문: 그들이 다른 생각을 갖고 있다는 느낌이 있었을 텐데요?

그들이 회사의 거래에서 우리가 아닌 상대방을 옹호한다는 느낌이 종종 들었다. 그래서 나는 필요 이상으로 그들의 업무를 꼼꼼히 살펴보게 되었다. 결국 그들은 자기들끼리 회사를 차리기 위해 집단으로 사표를 던졌다. 나중에 안 사실인데, 그들은 우리 회사에서 일하면서 여러 달 동안 창업 준비를 하고 있었다.

질문 : 그들이 차린 회사는 지금도 잘 됩니까?

그들의 회사는 망했다.

질문 : 그들이 망해서 위로가 됩니까?

위로 그 이상이다. 그들은 회사를 떠난 후 나를 고소했다. 지금도 그렇지만 당시 나는 우리 회사의 수익을 모든 임원에게 배분하고 있었다. 물론 회사를 떠난 그들에게도 수익을 배분했다. 거래가 한창 이루어지고 있던 중이었는데, 그들은 모든 세부사항을 파악하지 않은 채 수익배분 문제와 관련하여 나를 고소했다. 물론 나는 만족스런 결과를 얻었다. 나중에 뉴 리버 제약회사가 될 주식을 그들로부터 1주에 50센트를 지불하고 사는 방법으로 그들의 소송을 해결했기 때문이다. 뉴 리버 제약회사는 몇 년 뒤, 주식분할로 조정되어 주당 128달러에 샤이어(Shire)사에 팔렸다. 결과적으로 그들은 소송을 걸어 1주에 50센트만을 받은 것이다.

질문 : 전통적인 방법으로 채용한 직원들과도 이런 일이 있었나요?

결코 없었다. 나는 그런 직원들이 어느 의미로 보나 진정한 핵심 인력임을 깨달았다. 그들은 회사의 방침과 나의 운영을 절대적으로 믿는다. 물론 다른 일을 꾸미는 일 따윈 없으며 전적으로 나에게 충실하다. 그래서 나도 그들에게 전적으로 충실했다. 사실 그들이 나에게 충실했던 이유는 내가 그들에게 충실했기 때문이다.

질문: 회사를 떠난 사람들과 일할 때 불길한 직감이 있었나요?

그렇다. 그들과의 관계에는 불신의 요소가 넘쳐나고 있었다. 그리고 사업을 하다보면 이런 일은 종종 겪게 된다. 상대방의 충성을 원하면, 상대방에게 충성해야 한다. 사람들은 단순히 조직이 자신을 채용했고 정기적으로 월급을 준다는 이유만으로는 조직에 충성하지 않는다. 그런 식으로 사업이 이루어지는 게 아니다. 나는 늘 그들을 의심했다. 내가 그들을 믿지 못했기 때문에 그들에게 믿음을 요구하거나 기대할 수 없었다. 특히 다른 회사에서 이직하여 우리에게 옮겨온 세 사람의 경우, 눈앞의 성공적인 거래가 나의 판단력을 떨어지도록 만들었음을 시인한다. 나는 잘못을 저지른 사람이 바로 나라고, 적어도 그와 같은 실수는 내 책임이라고 생각한다. 처음부터 그들과의 관계에서는 불신이 작용하고 있었던 것이다.

R. J. Kirk's History

 R. J. 커크는 래드포드 대학 경영학과와 버지니아 법대를 졸업한 후 법률사무소에서 직장생활을 시작했다. 써드 시큐러티의 스토리는 1980년대 초, R. J. 커크가 버지니아 남서부 지역에서 젊은 변호사로 활동하고 있을 때부터 시작되었다. 커크는 1984년, 제너럴 인젝터블 앤 백신(GIV)을 설립하던 초기 투자사례 때부터 써드 시큐러티 경영 모델의 기초가 되는 원칙들을 빠르게 세워나갔다. GIV는 1998년, 6,700만 달러가 넘는 액수에 주요 경쟁기업에 매각되었다. 커크는 GIV 매각 후, 동료들과 함께 써드 시큐러티를 설립하여 개별투자대상과 계열사 관리에 도움을 주었다. 그들의 투자대상에는 나중에 뉴 리버 제약회사가 되는 회사도 포함되어 있었다. 뉴 리버 제약회사는 2004년에 상장되었고, 2007년 초 26억 달러에 영국기업에 매각되었다. 2009년, 버지니아 주지사 티모시 M. 케인(Timothy M. Kaine)은 커크를 버지니아 대학 평의원으로 임명했다. 그 명예직 이전에 그는 래드포드 대학 평의회 총장직을 역임했고, 재단이사회 회원으로도 활동했다.

- 1984년 제너럴 인젝터블 앤 백신사 설립 후 1998년까지 회장 역임.
- 1993년 킹 제약회사(King Pharmaceuticals) 공동 설립.
- 1996년 뉴 리버 제약회사 설립 후 회장 역임.
- 1999년 3월 써드 시큐러티사 설립 후 최고경영자 역임.

3 차세대 리더들의 위닝포인트

　3장에서 소개할 사람들은 이 책의 다른 부분에서 등장하는 인물들보다 꽤 젊은 편이다. 이들이 귀에 익숙한 정도의 인지도를 갖고 있거나 널리 주목받는 정도에 이르지는 못했을지라도 나름 각자의 전문 분야에서 뛰어난 성과를 올려 갈채를 받아왔다는 사실을 미리 밝힌다.

　'세상이 주목할 만한 성공'이라는 말이 함의하는 바는 적당히 나이 들었음과 연륜과 경험의 풍부함을 뜻할 것이다. 필자는 3장을 구성하면서 차세대를 이끌어나갈 만한 비즈니스 지도자를 찾기 위해 많은 시간을 들였다. 그러나 결코 쉽지 않은 작업이었다. 결국 여기에 실린 젊은 지도자들은 책에 참여해 달라는 나의 부탁에 기꺼이 응해주었다. 굉장히 너그럽고 겸손한 사람들이었다. 그들의 비즈니스 리더십은 시간이 더 흘러야만 입증될 수도 있을 것이며, 지금 이 시간에도 각자의 위치에서 명성과 신임을 공고히 쌓아가는 중이다. 그들이 자신보다 앞선 전설적 인물과 대가들로부터 지휘권을 넘겨받는 일은 시간문제에 불과할 것이다.

　본문에 들어가기에 앞서 고백할 일이 하나 있다. 3장의 제목은 TV시리즈 영화 〈스타트랙 : 더 넥스트 제너레이션(Star Trek: The Next Generation)〉에 등장하는 우주선, 엔터프라이즈(Enterprise)호의 선장 장 뤽 피카드(Jean-Luc Picard)를 내가 오래도록 존경해왔다는 사실과 관계가 깊다. 그

는 전형적인 리더의 모습을 골고루 갖춘 인물이다. 피카드 선장은 동정심을 보여줄 뿐만 아니라 압박감을 받는 상황에서도 품위와 기품을 유지하며 강인함까지 보여준다. 그리고 자신의 동료들을 최우선적으로 걱정하면서 확신을 갖고 결정된 사항을 실행한다. 만약 누군가가 나에게 그가 단지 드라마에서만 볼 수 있는 허구적인 인물이라고 문제를 제기한다면, 나는 그의 의견을 반영하여 이 3장의 제목을 바꿀 용의가 있다!

이제부터 우리의 미래를 이끌어나갈 젊은 리더들의 이야기를 시작하려 한다. 독자 여러분은 그들의 숨겨진 매력에 흠뻑 빠져들 것이다.

WINNINGPOINT

메리디스 휘트니

3년의 휴식이 새 힘이 되어주다!

: 내면의 직감이 승리의 비결

은행 애널리스트. 모기지 문제와 금융위기를 예측했다. 2009년, 〈타임〉이 선정한 '세계에서 가장 영향력 있는 100인'에 이름을 올렸으며, 〈월스트리트 저널〉이 선정한 주목할 만한 여성 50인 가운데 1인이기도 하다.

메리디스 휘트니는 붙임성이 있는 여성 애널리스트다. 그녀는 상대방의 눈을 똑바로 쳐다보면서 자신의 주장을 명확하면서도 솔직하게 전달한다. 그렇기 때문에 말투보다는 내용이 강조될 수 있다. 그녀가 어떤 요지를 강조하기 위해, 다시 말하면 자신이 하고 있는 말에 억센 억양을 넣어 이야기하기를 마냥 기다려도 소용없다. 그녀에게 중요한 것은 겉모습이 아니라 내용이기 때문이다.

그렇다고 그녀의 말이 강편치를 날릴 수 없다는 소리는 아니다. 2007년 10월 31일의 정확한 예측처럼, 그녀는 강력한 편치를 날린다. 오펜하이머(Oppenheimer) 은행전문 애널리스트였던 그녀는 시티그룹(Citigroup)이 자금마련을 위해 자산을 매각하거나 배당을 줄일 거라고 예측했다. 결국 시티그룹의 주가는 급락했고, 뒤이어 금융위기가 이어졌다. 금융기관들이 월가에 계속해서 대혼란을 안겨주던 때였던 지라, 그녀만이 '임금님은 발가벗었다'고 말할 수 있는 배짱 두둑한 애널리스트처럼 보였다. 당연히 그녀의 몸값은 치솟았다.

〈뉴욕 포스트(New York Post)〉는 그녀를 뉴욕에서 가장 영향력 있는 여성 가운데 한 명이라고 칭했고, 2007년 포브스닷컴에서는 '최고의 애널리스트: 족집게'라는 기사를 통해 자본시장에서 두 번째로 주식을 잘 집어내는 애널리스트로 그녀를 선정했다. 은행주에 대해 극단적일 만큼 비관적인 견해를 가진 그녀는 2008년 8

월 18일자 〈포춘〉지 커버를 장식했다. 그리고 2008년 10월 〈포춘〉
은 500대 기업의 비즈니스계에서 가장 영향력 있는 여성 50인 중
한 사람으로 그녀를 뽑았다. 같은 해, 그녀는 CNBC의 '올해의 파
워 플레이어'로도 선정되었다. 이 정도쯤 되면 메리디스 휘트니에
대해 감을 잡았는가? 혹자는 감동 받았을 수도 있다. 하지만 위에
서 열거한 내용들은 모두 잊기 바란다. 이제부터 메리디스 휘트니
가 특별해진 이유에 대해 설명하겠다.

케이블방송국에서 앵커로 일할 무렵의 나는 가끔씩 메리디스와
일하는 즐거움을 누릴 수 있었다. 당시는 이라크 전쟁이 진행 중이
었다. 뉴스 앵커였던 나는 중동 지역 전문가들과 여러 차례 인터뷰
를 가졌다. 그러던 중 우연한 기회에 메리디스가 우리 프로그램에
출연하여 비즈니스 세계에서 어떤 일이 벌어지고 있는지에 대하
여 토론하게 되었다. 그녀와의 첫 방송은 훌륭하게 치루어졌다. 친
절하고, 박식한 그녀 덕분에 인터뷰가 수월히 진행되었다. 그렇게
처음 알게 된 그녀의 느낌은 매우 긍정적이었다. 그러던 어느 날,
우리는 방송을 하기 전 분장실에서 세계에서 벌어지고 있는 다양
한 문제들에 대한 이야기를 나누었다. 그런데 대화 도중 그녀는 중
동 지역에 관해 추천해줄 만한 책이 있는지 내게 물었다. 한 번 생
각해보라. 그녀는 브라운 대학을 나왔고, 오펜하이머에서 근무했

고, 와코비아(Wachovia)에서 금융기관 리서치를 책임지던 사람이었다. 게다가 주요 케이블방송국에 단골로 출연하면서 오펜하이머에 돌아가면 은행과 금융기관을 담당하게 될 인물이었다. 그녀는 은행에 대해, 그리고 대차대조표의 강점과 약점, 사업상 문제점과 나아갈 길에 대해 잘 아는 금융 쪽 전문가였다. 그런 그녀가 굳이 중동에 대해 알아야 할 이유는 무엇이었을까? 아마도 궁금했기 때문일 것이다. 자신이 모르는 내용에 대해 더 잘 알고 싶었기 때문이다. 그녀는 더 많은 것을 알기 위해 사람들 앞에서 큰 목소리로 말했다.

"솔직히 나는 중동 문제를 많이 알지 못합니다."

이런 사람이야말로 애널리스트로서의 자질이 있다고 생각한다. 그리고 더 중요한 것은 이런 사람이야말로 믿을 수 있는 사람이라는 점이다. 실제로 월가에 불운을 안겨다 준 것은 바로 신뢰를 저버린 행동이었으니까….

'메리디스 휘트니는 시장을 움직일 수 있는 사람'이라는 이야기가 있다. 시장을 움직이는 힘은 있다가도 한순간에 사라질 수도 있다. 하지만 그녀는 자신의 분석이 어찌되었든 자신이 보는 대로 이야기한다는 사실을 입증했고 사람들은 그런 그녀를 신뢰한다. 바로 그 때문에 메리디스는 상대방의 눈을 당당하게 쳐다볼 수 있는 것이다. 메리디스가 들려준 말 가운데 인상적인 것이 있다.

"살다보면, 자신의 직감에 대한 자신감이 점점 더 커진다. 왜냐하면 나는 정말로 나 자신이기 때문이다. 자신의 인간성이 진정으로 드러나게 만들 수 있다면, 자기가 하는 일에 정말로 뛰어난 모습을 보여줄 수 있다고 생각한다."

많은 사람들이 그렇겠지만, 그녀는 자신의 직감을 따름으로써 소중한 교훈을 하나 얻었다고 말했다.

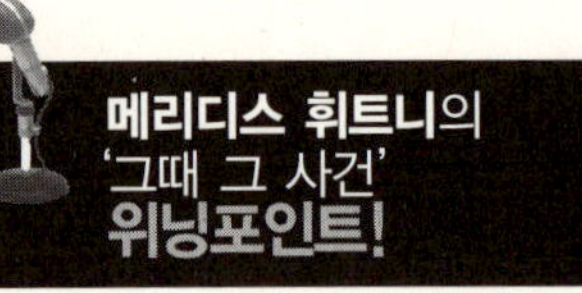

스물여덟 살 때였다. 훗날 와코비아가 된 퍼스트유니언(First Union) 은행으로부터 금융기관 리서치센터를 세워 운영해보지 않겠느냐는 제안이 왔다. 월가에서 가장 어린 나이에 그런 제의를 한 것이다. 28살에 그런 역할을 맡기란 쉬운 일이 아니었다. 친구나 동기들 중에서도 그와 같은 중책을 맡은 사람은 없었다. 여러 가지 이유에서 분명 어려운 일이었지만, 나는 그 일의 적임자가 나임을 알았다.

결국 1998년 가을부터 2002년 5월까지 퍼스트유니언에서 일하게 되었다. 그 기간 동안 내가 해야 할 일, 즉 금융기관 리서치센터를 세우는 일에 매진했고 금융기관에 대해 정확한 예측을 내놓았다. 2001년 3월 당시는 닷컴기업들의 파산 이후에 찾아온 짧은 휴식기로 시장은 상승하고 있었다. 나는 다수의 주식가치가 영업현금흐름 부족으로 하락했기 때문에 현금흐름이 강한 금융기관은 뛰어난 자본흐름을 축적할 것으로 생각했고, 강력한 상승장이 올 것으로 예측했다. 현금흐름이 강한 업체들이 등장하고 신용카드 소지가 늘면서 영업이익이 예상치를 넘을 것이라고 믿었는데, 정말로 그런 결과가 나타났다. 그리고 2002년으로 넘어가면서 증시가 점차 약세장으로 돌아설 것으로 예측한 일 역시 정확히 들어맞았다. 나는 애널리스트로서 시장을 예측하고, 나의 생각처럼 시장이 돌아간다는 사실에 자부심을 느꼈다. 그리고 많이 발전해 있는 스스로의 모습을 보며 만족했다. 하지만 경영진은 나의 마음과는 좀 달랐던 모양이다. 내가 원하는 반응을 보여주거나 의견을 제시하지 않았다. 2001년, 나는 상무이사직에서 제외되었다. 나름 유력한 성과를 냈기 때문에 그 결과에 큰 상처를 받았다. 비록 월가에서 최고는 아니지만 우리 회사에서는 최고의 성과를 내는 애널리스트에 속했다. 경영진의 인사에 섭섭한 생각이 들어 즉시 사표를 던지려고 했다. 그런데 회사 측에서 2년 계약이 끝난 뒤, 연봉을 올려주겠다고 제안해왔다. 사실 나는 회사를 떠난 이후 어떻게 해야 할지 확신이 없었다. 당시에는 닷컴거품이 터진 직후라 상황이 더욱 나빠져 있었고, 주변에서는 안전한 길을 선택하라는 조언이 많았다. 그래서 회사 측의 제안을 받아들였다. 하지만 더 이상 회사를 좋아할 수 없었다. 돈 같은 건 문제가 될 수 없었다. 신뢰가 문제였다. 회사는 나를 신뢰하지 않았다. 나는 항상 '이 달의 행복한 직원'이 되기만을 바랐다. 내가 원하는 것은 오로지 인정뿐이었다. 그렇게 1년을 더 견뎠다. 하지만 또다시 승진하지 못했다. 나를 인정해주지 않는 직장에서 일한다는 게 속 쓰리고 마음만 아플 뿐이었다. 그래서 결국 회사를 떠났다.

다음과 같은 의미에서 나의 행동은 실수였다. 회사를 그만두면서 양도제한부주식(restricted stock, 회사가 일정한 제한조건을 붙여 직원들에게 무상으로 주식을 부여하는 일—옮긴이)의 형태로 돈을 받을 수 있었다. 그러나 계약에는 상환면제가능대출이 포함되어 있었기 때문에 실제로 회사를 그만둘 때에는 거꾸로 회사에 돈을 지불해야 했다. 그리고 당시에는 월가를 떠날 경우 다른 업계에서 일자리를 얻어야 한다는 분위기가 지배적이었다. 그래서 나는 그들과의 계약에서 벗어나기 위해 동종업종에 3년 동안 취직하지 않겠다는 서약에 사인을 했다. 그런 식으로 회사를 그만두는 일이 분명 잘못이라 느껴졌지만, 나는 직감을 믿고 과감히 사표를 던졌다. 그리고 그 결정은 내 삶에서 최고의 사건이 되었다.

결국 나는 2년 반 동안 애널리스트 일에서 손을 떼고 지냈다. 그

동안 열심히 일벌레로 살아온 나였기에 단 1분도 쉬는 순간이 싫었다. 아무리 바쁘더라도 하루에 천 가지 일을 마칠 수 있는 자신감이 충만하지만, 시간이 남아돌 때에 생산성이 떨어지는 사람이었다. 일하지 않는다는 건 나를 미치게 만들었다. 게다가 2003년 시장이 상승세로 돌아서고 있던 시기에 일하지 못한다는 것이 괴로웠다. 결국 나는 일 대신 무언가를 찾아 나서야만 했다. 나는 많은 책을 구입해서 읽었고, 여러 곳으로 배낭을 메고 돌아다녔다. 그러면서 사물을 균형 있게 바라보는 시각을 얻게 되었다. 그리고 내 삶에서 가장 중요한 사람, 사랑하는 남편을 만날 수도 있었다. 만약 항상 일하던 패턴대로 생활하고 있었다면, 반백이 되어도 누군가를 만나지 못했을 것이 분명하다. 최악의 결정이었다고 생각했지만, 그 결정 덕분에 재충전의 기회와 함께 좋은 배우자를 만날 수 있었다. 다시 일로 복귀했을 때, 나는 남보다 더욱 독립적일 수 있었다. 나와는 너무나 다른 인생을 살아가는 남편과 함께 지내다 보니 더욱 독립적일 수 있었다. 집으로 돌아가면 월가는 세상의 중심이 아니었다. 내가 직장을 그만두기로 했을 때 사람들은 내가 해고된 게 틀림없다고 생각했다. 물론 사실은 그렇지 않다. 내가 회사를 떠난 다음 날, 〈월스트리트 저널〉은 영광스럽게도 최고의 종목 발굴가 중 한 명으로 나를 선정했다. 돌이켜보면 최고의 성공을 거두던 시기에 회사에서 짐을 쌌던 것이다.

3년이란 시간이 흐른 뒤 나는 바닥부터 다시 시작해야 했다. 3년이라는 공백은 나를 회복하는 데 꽤 긴 시간을 투자하게 만들었다. 하지만 월가에서 10년에 맞먹는 경험을 가진 나였기에 생각보다 감각을 빨리 회복할 수 있었고, 남들보다 좋은 실적을 낼 수 있었다.

2006년 1~2월 무렵이 되자, 금융주의 강력한 상승장이 예상되었다. 이는 다른 이들의 생각과는 반대론적인 시장 접근이었다. 당시 140달러였던 골드만삭스의 목표 주가를 190달러로 정했더니 사람들은 나보고 미쳤다고 말했다. 하지만 그 해 골드만삭스의 주가는 200달러를 넘어섰다. 사람들은 나에게 전혀 기대하지 않거나, 기대하더라도 아주 조금만 기대했다. 따라서 나는 그들의 레이더에 잡히지 않는 위치에 있었고, 그러다가 어느 순간 갑자기 급부상했다. 내가 경쟁자들로부터 잠시 멀리 떨어져 있었던 덕분이었다.

다시 일터로 복귀했을 때, 나는 다시 자리를 잡으려고 누구보다 열심히 일했다. 그리고 전통에서 벗어난 독특한 방식으로 리서치에 접근했다. 일을 하면서 많은 부분 직감을 따랐다. 직감에 몸을 맡긴 채 리서치를 했고, 직감을 입증하기 위해 데이터를 이용했다. 직감을 따른 결과로서 성공을 이루게 되자, 나는 진정으로 직감을 믿게 되었다.

 위닝포인트

Meredith Whitney's History

메리디스 휘트니는 브라운 대학을 우등으로 졸업했다. 현재 전략 중심의 대규모 투자리서치 회사, 메리디스 휘트니 자문그룹의 최고경영자다. 그녀가 이끄는 팀은 대형, 중소형 은행과 증권중개사, 독립적인 상업 및 소비자 금융사 등 광범위한 금융기관에 집중하고 있다. 이 회사를 세우기 전에는 오펜하이머사의 상무이사와 금융기관 선임 애널리스트로 활동했다. 오펜하이머에 재직하는 내내 주택가격 하락과 미국 모기지산업의 미래, 소비자대출시장, 신용카드업계에 대한 리서치 등으로 이름을 날렸다. 2006년에는 연방예금보험공사(Federal Deposit Insurance Corporation, FDIC)를 상대로 서브프라임시장의 위험과 미국 소비자에 관한 의견을 제시했고, 2007년에는 신용평가기관이 금융기관의 자기자본규제비율 결정 요인에 지나친 영향력을 행사한다는 점과 채권전문 보증업체들이 금융기관에 미치는 위험에 관해 많은 글을 쓰기도 했다.

- 〈타임〉 선정 세계에서 가장 영향력 있는 100인.
- 〈월스트리트 저널〉 선정 최고의 투자애널리스트, 주목해야 할 여성 50인.
- 〈포춘〉 선정 가장 영향력 있는 여성 50인(2년 연속 선정).
- 크레인(Crain)커뮤니케이션 선정 '지도자가 될 40세 이하의 40인' 선정.
- 〈스마트 머니(Smart Money)〉 선정 파워 30인.
- 〈기관투자가(Institutional Investor)〉 선정 미국 내 최고 리서치팀.

19 Jason Kilar

제이슨 킬라

아마존 소비자들이 분노하다!
: 위기를 극복하는 리더의 역할

노스캐롤라이나 대학을 나와 하버드경영대학원을 졸업했으며, 훌루(Hulu LLC)의 최고경영자다. 아마존닷컴 임원으로 10년 정도 활약했다.

나는 TV의 미래를 보았다. 그것은 훌루다. 정확히 훌루라고 할 수는 없을지도 모르나, 훌루와 많이 비슷할 것이다. 훌루닷컴(Hulu.com)에 방문해보면, TV와 인터넷이 함께 만나는 미래를 어렴풋하게나마 살펴볼 수 있다. 훌루 사이트에 가면 수천 가지의 인기 있는(그리고 그리 인기 없는 프로그램도) TV 프로그램을 무료로 볼 수 있다. 존 스튜어트(John Stewart)가 진행하는 〈데일리 쇼(Daily Show)〉를 다시 보고 싶은가? ABC 토크쇼 〈더 뷰(The View)〉에서 무슨 말이 오고갔는지 알고 싶은가? 〈어글리 베티(Ugly Betty)〉나 〈위기의 주부들(Desperate Housewives)〉을 놓쳤는가? 그렇다면 훌루에 가보라! 만약 프리미엄 요금을 지불한다면 과거에 방송된 프로그램과 콘텐츠까지도 마음껏 이용할 수 있다. 이런 프로그램들은 다른 곳에서는 찾아보기 힘들다. 무엇보다 유튜브 수준이 아니라 전문적으로 제작된 프로그램이라는 사실도 기억해야 한다.

훌루에서는 TV와 컴퓨터 간의 경계가 완전히 사라져가고 있다는 느낌을 받는다. 오락 프로그램을 좋아하는 사람이 버튼 몇 개만 눌러본다면 마법 같이 스크린에 영상이 나타날 수도 있다. 훌루의 최고경영자, 제이슨 킬라는 자신의 회사를 다음과 같이 설명한다.

"훌루는 온라인 프리미엄 비디오 서비스를 제공한다. 누구나 시간과 장소에 구애받지 않고 세계 최고의 콘텐츠를 찾아 즐길 수 있는 놀이터다."

노스캐롤라이나 대학을 나와 하버드경영대학원을 졸업한 사람에게 딱 어울리는 설명처럼 들리지 않는가? 물론 그렇다. 킬라는 교육적인 관점에서 볼 때 오락산업에서 성공하기에 적합한 배경을 갖고 있다. 그는 월트디즈니에서 2년, 아마존닷컴에서 9년이 넘는 시간 동안 사업경험을 쌓았다. 그 정도는 되어야 NBC, 폭스, ABC가 모든 미디어기업을 괴롭히는 문제의 해결책, 즉 수백만 달러를 콘텐츠에 쏟아부었지만 아무도 그 콘텐츠에 돈을 지불하지 않으려 할 때, 수익을 내는 비즈니스 모델을 찾아내는 데 단서가 되는 웹사이트 운영을 믿고 맡길 수 있다. 킬라는 이렇게 말한다.

"세상에는 환상적인 콘텐츠 제작자들이 수두룩하다. 우리는 그들과 함께 일하면서 좋은 콘텐츠를 소비자에게 공급하고, 그 콘텐츠가 많은 애호자를 찾아가도록 도움을 준다."

제이슨 킬라는 훌루에서 수십 년 동안 미디어 배분을 통해 제작된 콘텐츠를 모아 사람들이 손쉽게 접근할 수 있도록 하는 일을 맡고 있다. 또한 킬라는 다가올 미래도 내다보고 있다. 미디어 황금시대에 진입한 오늘날 킬라는 언제, 어디서든, 그리고 어떤 방법으로든 세계 최고의 콘텐츠를 찾아내는 능력을 갖고 있다. 그것이 제이슨이 이끄는 회사의 강령이다. 하지만 아마존에서 DVD 사업을 담당하던 인물이 온라인에서 미디어 콘텐츠를 제공하는 일에 대해 얼마나 알고 있었을까? 제이슨은 이야기한다.

"표면적으로 두 가지 일은 매우 다른 산업이다. 하나는 광고 지원을 받는 산업, 다른 하나는 현금 지향적인 소매업이다. 그러나 이토록 다른 두 산업 사이에는 사람들이 처음에는 알아보지 못하는 유사성이 많다. 어떤 기업이든 그 기업의 성공은 대체로 문화의 역할에 달려 있다."

문화에 관한 한, 세계 최고의 기업들이 공통점을 갖고 있다는 점을 알 것이다. 훌루의 기업문화가 갖는 가장 중요한 특징 중 하나는 고객에 대해 매우 집착한다는 점이다. 제이슨은 계속해서 다음과 같이 말했다.

"그 특징은 다른 유수의 기업들과도 매우 비슷한데, 이는 결코 놀라운 일이 아니다. 아마존이든, 월마트든, 스타벅스든 간에 그들 역시 우리처럼 고객과 고객 경험에 집착한다. 우리는 세계 최고의 기업이 되고자 열망한다. 우리가 이제 막 시작한 것에 불과하고 아직 최고 수준에 도달하지 못했음을 잘 알지만, 우리는 세계 일류가 되고 말 것이다. 우리의 제품은 디지털인 반면, 아마존의 제품은 대부분이 눈에 보이는 실물이다. 하지만 우리는 그러한 구분에 구애받지 않는다."

제이슨 킬라는 실질적인 관점에서 볼 때 자신이 제공하는 콘텐츠와 아마존의 제품에 유사성이 있다고 말한다. 양쪽 모두, 사용자들에게 제시하는 물품 목록이 매우 길고 소비자들은 검색을 통해 자신이 원하는 목록을 찾아낸다. 이렇듯 두 영역 간에는 유사성이 상당히 많다. 그렇다면 제이슨은 훌루를 이끌어 가는 데 적합한 가치를 어디서 배웠을까? 그곳은 다름 아닌 아마존닷컴이다. 아마존의 최고경영자 제프 베조스는 회사 사정이 좋을 때, 그리고 위기에 빠졌을 때, 리더가 갖추어야 할 리더십에 관해 많은 것을 가르쳐 주었다.

제이슨은 이와 관련하여 의미 있는 한 마디를 들려주었다.

"좋을 때보다는 힘들 때와 실수를 통해 더 많은 것을 배웠다."

제이슨 킬라는 자신이 아마존에서 근무하던 시절에 겪은 한 가지 특별한 사건을 지금까지 마음속에 간직하고 있다.

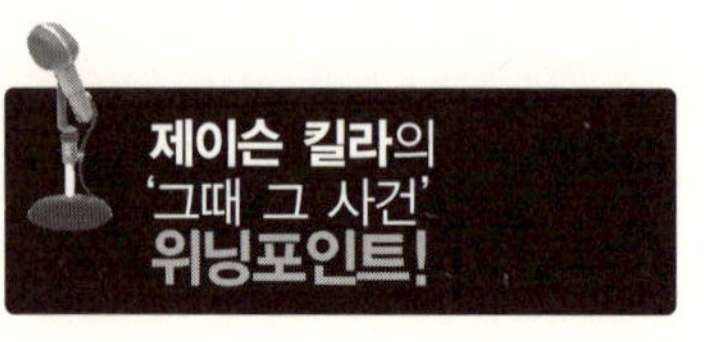

사건은 아마존에서 일할 때 일어났다. DVD 부문을 책임지고 있던 때였다. 1998년 11월 무렵

이었는데, 사업이 잘 되고 있던 시절이라 DVD 제품가격을 얼마나 내릴 수 있는지 조사하고 싶었다. 아마존은 소비자가 선택할 수 있는 제품 수를 많이 갖추는 것 말고도 아마존에서 판매되는 제품에 대해 높은 가치를 제공하자는 비전도 가지고 있었다. 우리 팀은 제품을 조금 더 저렴한 가격으로 소비자에게 제공할 수 있는지의 여부를 분석적으로 알아내기를 원했다. 그리고 과학적인 테스트를 동원해 목표를 달성하려고 했다. 일하는 내내 우리가 매우 분석적이라는 점을 자랑스럽게 생각했다. 의사결정에 영향을 미칠 정도로 데이터를 주시하는 것이 이 테스트에서 이루고자 하는 목적이었다. 그래서 우리는 이미 오랜 기간 동안 할인된 가격으로 판매하던 온라인 DVD, 비디오 매장에서 3주 동안 테스트에 들어갔다.

테스트 기간 3주 동안 절반의 소비자들에게 가격을 깎아주려고 했다. 테스트를 마친 뒤 가격 인하에 따른 수요가 얼마나 늘었는지 알고 싶었기 때문에 무작위로 실시했다. 생각보다 많은 사람들이 DVD를 구매한다면 가격인하의 정당성을 입증할 수 있었을 것이었다. 과거보다 싼 가격에 제품을 판다면, 결국 훨씬 더 많은 DVD가 팔려야 한다는 점이 중요하기 때문이다. 따라서 이 테스트는 아주 간단한 수학이었다. 테스트가 어떤 결과로 끝났을지 다들 짐작이 갈 것이다. 우리 팀은 테스트를 실시간으로 추적했다. 정해진 기간 중에 어떤 시점이 되자, "아주 흥미로운 일이 벌어지고 있습니다. 나는 그 DVD를 200달러에 샀는데, 내 친구는 같은 제품을 더 싸게 샀어요"라고 인터넷에 글을 올리는 사람들이 등장했다.

그리고 다들 알고 있는 구시대적인 소란이 발생했다. 이 소란은 시애틀에서 빠르게 번져나갔다. 아마존이 무슨 일을 하고 있는지에 대해 별의별 추측이 난무했다. 과거에 구매를 많이 한 고객에게만 특별한 가격으로 제품을 판다든지, 신규 고객에게만 특별 대우를 해주고 있다든지, 또는 일반인들이 접근할 수 없는 어떤 정보에 근거하여 우리가 무슨 일을 벌이고 있다는 등의 비난이 쏟아졌다. '도대체 아마존이 무슨 일을 하려는 거야?'라는 음모론이 제기되기도 했다. 예상 밖의 반응이 쏟아져 나오자 우리는 전략회의실에 모여야 했다. 이런 테스트를 시작한 것이 나의 실수였다. 테스트의 의도는 좋았지만, 지나고 보니 여러 가지 이유로 옳지 않은 행동이었음이 드러났다.

여기서 흥미로운 사실은 아마존 본부 6층 전략회의실에 홍보책임자와 커뮤니케이션 책임자, 나, 그리고 아마존의 최고경영자 제프 베조스가 모였다는 점이다. 건물 앞에는 수많은 취재차량이 위성 안테나를 켜고 모여 있었다. 모든 내용을 생방송으로 보도하고 싶어 했다. 다들 우리가 이 문제에 대해 무슨 이야기를 하는지 알고 싶어 했다. 나는 이 같은 상황들이 당황스러웠다. 입사 2년차였던 나는 회사가 지향하는 방향에 강력한 흥분을 느꼈지만 홍보나 회사의 무질서에 대해서는 할 일이 많았다. 회의실에 들어선 나는 제프 베조스의 침착하고 냉정한 모습에 감동을 받았다. 창문 밖으로 취재를 온 위성 트럭이 모두 보이는데도 어찌나 침착하고 냉정하던지! 그는 눈앞의 문제에 집중하는 한편, 나를 대하는 태도 역시 너무나 침착해서 좀 과장하자면 편안한 듯 보이기까지 했다. 제프 베조스는 문제에 관해서는 심각했지만, 사람 간의 관계에 대해서는 느긋했다. 그리고 개인적으로 나를 지지해주었다.

그는 취재진에게 솔직히 털어놓았다. 우리가 문제의 근본 원인에 아주 빨리 접근했다는 사실이 매우 흥미로웠다. 회사에 대한 사람들의 인식은 우리의 정직한 영업방식만큼이나 중요하고 소중했다. 아마존에서 가장 중요한 원칙 가운데 하나는 과학적으로 업무에 접근하는 것이다. 그것은 모든 직원의 마음에 소중한 원칙임이 분명하다. 내가 몸담고 싶어 했던 회사라는 관점에서 나는 늘 이 원칙에 감명을 받곤 했다. 그리고 이 원칙, 즉 모든 일에 적극적인 행동 노선을 취한다는 점은 오늘날 훌루가 지향하는 원칙이기도 하다. 나의 아이디어에서 시작된 이 테스트의 경우 의도는 좋았지만 지나고 보니 큰 잘못이었음이 분명했다. 어떤 상황에 놓이든 아마존은 늘 정직하게 일을 처리한다는 소비자의 인식이 테스트로 인해 짓밟혔기 때문이다. 결국 우리는 테스트를 곧바로 중단했다.

그 일을 겪으면서 회사와 개인 모두, 위기의 순간을 통해 규정된다는 사실도 배웠다. 제프 입장에서는 아마존과 자기 자신이 이 상황에서 어떻게 규정되느냐의 관점이 중요했다. 사업을 도모하면서 정직한 접근방식을 강화하고 확인해야 함을 다시 한 번 확인시켜 준 셈이었다. 제프가 내린 조치는 기업으로서의 아마존과 개인으로서의 우리 모두에게 중요했다. 그는 회의에서 자신이 주시하고 있는 사람을 이끌고 지원하는 데 도움이 되는 모습을 잘 보여주었다. 그 순간 제프 베조스 같은 훌륭한 리더가 어떻게 행동하는지를 가까이서 지켜볼 수 있었다는 점이 나에게 큰 도움이 되었다. 제프 베조스는 다음 날 새벽 3시에 일어나 〈투데이〉에 출연하여 우리가 벌이 테스트에 대해 사과문을 발표했다. 아마존이 이 사건으로부터 배운 것과 앞으로 어떻게 할 것인지 알려야 한다는 점을 정확히 아는 사람이었다. 그는 자신이 뉴스 앵커의 닦달을 받게 될 것임을 알고 있었다. 그래서 그는 주저 없이 사과하고 어떤 의도로 테스트가 시작되었으며, 어떤 결과가 나타났는지 등에 대해서도 해명하고자 했다. 우리의 의도는 좋았지만 실수를 저지른 것이 분명하다고 말할 참이었다. 그리고 우리가 앞으로 어떻게 할지에 대해 이렇게 이야기했다.

"너무나 가슴이 아프지만 되돌아보면 개인으로서뿐 아니라 리더로서 많은 것을 배웠습니다. 물론 피할 수 있었으면 좋았겠지요. 나는 회사에 대해, 그리고 회사를 규정하는 것들에 대해 많이 배

웠습니다. 무엇보다 회사의 참 모습은 종종 위기 때 드러난다는 사
실도 깨달았습니다."

Jason Kilar's History

노스캐롤라이나 대학에서 경영학과 언론학, 매스컴을 배웠고, 우등으로 대학을 졸업했다. 이후 하버드경영대학원에서 MBA를 취득했다. 졸업 후 월트 디즈니에서 직장생활을 시작했는다. 이후 아마존닷컴에서 여러 파트의 책임자로 약 10년을 보내게 된다. 아마존의 비디오, DVD 사업 진출을 위해 독창적인 사업계획을 수립한 그는 서적, 음악, 비디오, DVD 부문을 아우르는 아마존 북미 미디어 사업의 부사장 및 총지배인이 되었다. 나중에 세계 애플리케이션 소프트웨어 부문의 상무로 승진하여 세계 최고 수준의 기술전문가 수백 명을 이끄는 책임자가 되었으며 최고경영자 제프 베조스에게 직접 업무를 보고했다. 현재는 뉴스 코퍼레이션(News Corporation), NBC 유니버설(NBC Universal), 월트 디즈니, 프로비던스 파트너스(Providence Partners)가 공동으로 투자한 온라인 비디오 회사 훌루를 이끌고 있다.

이안 브레머

보장된 교수직을 포기하다!

: 이론을 버리고 현실과 맞서기

세계적인 정치 리스크 리서치 및 컨설팅 회사 유라시아그룹(Eurasia Group)을 설립했다. 세계 최초로 세계 정치리스크 지수를 만들었으며 《자유시장의 종말: 국가와 기업 간의 전쟁에서 누가 승리할 것인가?(The End of the Free Market: Who Wins the War between States and Corporations?)》 등의 저서가 있다.

이안 브레머는 마흔 살이라고 하기엔 믿기지 않을 정도로 젊게 보이는 편이다. 하긴, 그는 늘 주변 사람들보다 어리게 보였다. 장학생으로 틀레인 대학교(Tulane University)를 다닐 때도 그랬다. 물론 당시 그는 15살밖에 되지 않았다. 그리고 24살에 박사학위를 받았을 때도 스탠포드 대학의 다른 교수들보다 어렸다. 그러나 더욱 놀라운 사실은 그가 동안이라는 것이 아니라 매우 박식하게 보인다는 점일 것이다. NPR이나 CNBC에 출연했을 때나, 최근에 그가 즐겨 찾는 워싱턴의 한 식당에서 나를 만났을 때처럼 식사를 함께 할 때도, 늘 세계 문제에 대해 막힘없이 자신의 생각을 들려준다.

그가 세계 최고의 정치 지도자나 비즈니스 지도자들과의 1대 1 토론에서 다룬 가장 복잡한 금융 문제에 대해 토론하는 모습을 보면, 마치 다음 번 US오픈 테니스 대회에서 누가 이길지를 이야기하는 것처럼 무척이나 경쾌하게 대화를 이끌어나감을 알 수 있다. 하지만 상대방은 그가 우즈베키스탄에서 일어나고 있는 정치적 변화나 사우디아라비아에서 은밀하게 형성되고 있는 세대 간의 갈등에 대해 말하고 있음을 돌연 깨닫게 된다. 당신은 그의 얘기를 쉽게 이해할 수 있다는 단순한 이유로 당신이 똑똑해진 듯한 느낌을 가질 수도 있다. 하지만 그런 기분에 속으면 안 된다. 그는 개인적인 경험을 통해 세상에서 무슨 일이 일어나고 있는지 알 수 있을 뿐 아니라, 상대를 부끄럽게 만들 정도로 머릿속에 지식이 많은 사람이다. 실제로 그는 민간 정치 컨설팅 회사 유라시아그룹을 설립하기 위해 스탠포드 대학 교수직이 보장하는 근사하고 편안한 미래를 포기했다. 이안 브레머는 이렇게 설명했다.

"나는 무척 어렸다. 훌륭한 삶을 살다가 60살이 되었다면, 근사한 사무실에 앉아 영예로운 생각을 하며 살아가는 것도 괜찮을 것이다. 하지만 24살에 회사를 차린 사람이 무언가를 성취하고 싶고, 세상에 어떤 변화를 일으킬 수 있을 거라고 믿는다면, 가만히 앉아 있을 수만은 없었다."

유라시아그룹은 대략 80개 국의 정치적·재정적 투자 위험도를 평가하기 위해 전 세계에 조사분석가를 두고 있다. 그는 월가와 워싱턴 정계, 다국적 기업들을 상대로 리서치 내용을 제공한다(그는 뉴욕과 워싱턴에 집이 있고, 두 곳 외에 런던에도 사무실을 갖고 있다). 유라시아그룹을 통해 안락한 학계에 머물렀을 경우보다 세상에 더 많은 영향을 주고 있다고 생각한다.

"실제로 학생들을 가르치는 분들을 싸잡아 비난하고 싶은 마음은 없지만, 24살 때 내가 사기꾼 같다는 생각이 들었던 게 사실이다. 교수로서 얄팍한 지식을 내세워 학생들의 지성 형성에 영향을 미칠 바에야 차라리 세상이 실제로 돌아가는 방식에 대해 배우고 가르치는 게 나을 거라고 판단했다. 나는 세상이 어떻게 작동하는지 제대로 알지 못했다. 그래도 누군가를 가르쳐야 한다면 아는 척할 수는 있었을 것이다."

전액 장학금을 받아 최고의 대학에 진학하여 박사학위를 따고 학자가 된다면, 성공한 사람이라는 소리를 듣는다. 그런 사람은 최고 대학의 교수가 되어 학생들을 가르치게 된다. 한마디로 학문에 일생을 바치는 것이다. 동의해줄지 모르겠지만, 나는 그것이 실수라고 생각한다. 당시에는 잘 몰랐다. 내가 저지른 최고의 실수는 그렇게 말하는 사람들의 말에 솔깃했다는 점이다. 그래서 박사과정을 마쳤을 때 난 학자가 되어야 한다고 확신했다.

학교에 들어가 연구를 하면서 가르치는 일을 시작했다. 정말로 몸을 숨기듯 책 속에 파묻혀 연구만 하고, 책 속의 지식을 모두 암기한 뒤 학생들에게 앵무새처럼 전달했다. 사회 경험도 없고 세상을 경험한 적도 없는 상태에서 나와 비슷한 또래의 학생들, 솔직히 말하면 나보다 나이가 더 많은 학생들 앞에 서다 보니, 내 지식에 자부심을 가질 수가 없었다. 내가 재미있는 사람이었을지는 몰라도 그들에게 줄 것이 많았다고는 생각하지 않는다. 그로 인해 나는 지식을 적용하는 일이 얼마나 중요한지 절실히 깨달았다. 학부모들은 자녀가 대단한 사람으로부터 강의를 들을 수 있도록 매년 3만 달러를 스탠포드 대학에 지불했다. 하지만 그들이 생각하는 대단한 사람들이란 게 실상은 아무 일도 해본 적이 없는 사람들이다.

강의나 강좌를 마친 뒤, 상아탑이 아닌 세상에서는 어떤 일이 일어나고 있는지 살펴보곤 했다. 책 안에서 설명하는 이론들보다 실제로 사람들의 생활에 중요한 것은 현실세계였다. 정치적 상황에 대해서도 관심을 가져보았다. 그렇게 시간을 보내고 있자니, 나라는 사람이 대학에서는 긍정적인 영향력을 전달해줄 수 없다는 결론이 내려졌다. 예를 들면 이렇다. 다르푸르에서 대량학살이 일어났다. 하지만 그곳에 가보지 않았고 그 학살에서 살아남지 않았기 때문에 사건을 설명할 길이 없다. 만약 내가 협상 능력이 뛰어나다고 해보자. 하지만 정작 정상회담에 참석한다면 당연히 그런 회담에 참석해본 경험이 없기 때문에 회담을 망칠 수도 있다. 이렇듯 이론과 실제는 다른 것이다. 핵 확산에 관한 회담이든, 인종갈등에 관한 회담이든, 유럽연합 가입에 관한 협상이든, 나는 한 번도 그런 일에 참여해본 적이 없었다. 그리고 그런 협상이나 회담을 분석하여 내 생각이 옳았는지 틀렸는지 설명하는 일을 맡은 적도 없었다. 박사가 배우는 일은 얼버무리는 법뿐이다. 왜냐하면 박사는 항상 옳아야 하기 때문이다. 항상 내 생각이 옳을 수 있는 유일한 방법은 절대로 틀리지 않는 것인데, 여기에 함정이 있다. 따라서 무슨 일이 일어날지 누군가가 물을 때, 대개는 대답을 얼버무린다. 사업을 하거나 시장에서 물건을 사고판다면, 그렇게 얼버무릴 수 있는 여유를 누리지 못한다. 연설을 할 때는 명확한 답을 회피할 수 있지만, 결정을 내릴 때는 그럴 수가 없다. 실세계에서는 결정을 내려야만 한다. 그러나 학자는 결정을 내릴 필요가 없다. 사람들에게 어떻게 결정을 내리는지 가르쳐주고 싶다면, 직접 결정을 내려봤어야 가능한 일이다. 나는 그것이 중요하다고 생각한다.

질문 : 그래서 교수직을 포기하고 정치연구 및 컨설팅 회사를 시작한 것이군요. 지금의 당신은 변화를 일으키고 있다고 생각합니까?

세상은 너무나 빠르게 변하고 있다. 한꺼번에 사람 하나를 완전히 변화시킬 수는 없다. 최고의 대학들은 바로 그런 일을 하려고 한다. 그들은 학생 개개인의 삶에 영향을 미친다고 생각한다. 그러나 대학에서 가르치는 이론과 현실세계와의 괴리가 고민거리다. 그래서 교수직을 포기한 후 새로운 길을 선택했다. 내가 하고 있는 일에서 만족감을 느낀다. 국제정치를 이해하고 싶다면, 어떤 식으로든 실제로 그 일을 해본 사람에게서 많은 것을 배울 수 있다고 생각한다. 정책을 입안하는 사람들 중 민간 분야에 몸담았던 인물은 많지 않다. 나는 스스로 그런 사람에 속한다고 생각하고 싶다.

Ian Bremmer's History

이안 브레머는 세계적으로 유명한 정치 리스크 연구 및 컨설팅 회사 유라시아 그룹의 사장이다.

1998년, 브레머는 단돈 2만 5,000달러로 유라시아 그룹을 설립했다. 오늘날 유라시아 그룹은 전 세계의 전문가와 연구재원으로 이루어진 연결망을 갖추고 있을 뿐 아니라 뉴욕과 워싱턴, 런던에도 사무실을 두고 있다. 유라시아 그룹은 금융기관과 기업, 각국 정부를 상대로 정치적 사태가 시장을 어떻게 움직이는지에 관한 정보와 인식을 제공해준다.

브레머는 월가 최초로 세계 정치 리스크 지수를 만들었으며, 〈이코노미스트〉가 2006년 최고의 책으로 선정한 《J 커브: 국가의 흥망 원인을 이해하는 새로운 방법(The J Curve: A New Way to Understand Why Nations Rise and Fall)》과 《팻테일: 세계경제와 금융시장의 판도를 한순간에 뒤바꾸는 최악의 리스크(The Fat Tail: The Power of Political Knowledge for Strategic Investing)》 등 다수의 책을 발표하기도 했다. 가장 최근에 출간

한 《자유시장의 종말: 국가와 기업 간의 전쟁에서 누가 승리할 것인가?》
는 새로이 나타난 국가 자본주의의 세계적인 현상과 그것이 갖는 지정학
적 결과를 상세히 다루고 있다. 브레머는 언론에도 자주 글을 기고하고
시사 해설자로도 등장한다. 그는 포린폴리시닷컴(ForeignPolicy.com)에 '콜
(The Call)' 이라는 블로그를 운영하고 있으며, 〈월스트리트 저널〉에도 글을
기고하고 있다. 또한 〈워싱턴포스트〉, 〈뉴욕타임스〉, 〈뉴스위크〉, 〈하버드
비즈니스 리뷰(Harvard Business Review)〉, 〈포린 어페어스(Foreign Affairs)〉
에 글을 싣기도 했다. 또한 CNN 인터내셔널, '세계를 연결하라(Connect
the World)' 의 고정 토론자이며, CNBC, 폭스뉴스채널, NPR을 비롯한 여
러 방송국에 고정적으로 출연 중이다.

스탠포드 대학 정치학과에서 박사학위를 받은(1994년) 브레머는 후버연구
소(Hoover Institution)의 최연소 연구원이었고 동서연구소(EastWest Institute)와
세계정책연구소(World Policy Institute)의 연구원직을 유지해왔다. 2007년에
는 세계경제포럼(World Economic Forum)의 차세대 글로벌 리더(Young
Global Leader)로도 선정되었다. 그의 분석은 세계 거시정치 동향과 신흥
시장에 초점이 맞춰져 있다. 그는 신흥시장의 정치가 경제만큼 시장결과
에 중요한 요소라고 규정한다.

짐 벅마스터

의사라는 직업을 버리다!
: 진정 자신이 원하는 길 찾기

크레이그리스트의 최고경영자이며 크레이그리스트 홈페이지 디자인 책임자이기도 하다. 미시간 의과대학을 중퇴했다.

짐 벅마스터는 프로그래머를 찾는 광고를 보고 크레이그리스트에 지원했다. 짐 벅마트터는 그 회사에서 일자리를 얻었을 뿐만 아니라, 11개월 뒤에는 놀랍게도 크레이그리스트를 운영하게 되었다. 한 회사의 우편물실에서 시작하여 조직의 최고 자리까지 올라간 성공 스토리가 인터넷기업에서 일어난 것이다. 냉정하게 말해서 크레이그리스트를 '기업'이라고 부르기는 다소 무리일 수도 있다. 물론 크레이그리스트 웹사이트 방문자 수는 미국에서만 한 달에 5,000만 명에 달하며, 전 세계적으로 이 회사의 홈페이지를 열어본 횟수는 200억 번 이상이다. 이는 미국 내에서 10위에 해당되는 기록이며, 전 세계적으로는 22위에 랭크된다[2009년 4월 7일, 컴피트닷컴(Compete.com)에 오른 기록 참조]. 하지만 크레이그리스트는 월가나 실리콘밸리의 기대가 아니라 고객의 니즈를 충족시키겠다는 목표에 매달려 있는, 수십 명에 불과한 직원들에 의해 운영된다. 벅마스터는 다음과 같이 말한다.

"수년 간 많은 사람들이 우리의 운영방식을 두고 이상하다거나 정통이 아니라고 여겼다. 그렇다고 기존의 우리 방식을 다른 인터넷 기업의 운영방식처럼 바꿔야 한다는 압박감을 느끼지는 않았다."

크레이그리스트는 안내광고가 게시되는 웹사이트라고 볼 수 있으나 실제로는 그 이상이다. 크레이그리스트는 일정한 사고방식을 가진 온라인 공동체다. 사이트는 '상대적으로 비상업적인 성격과 공익사업의 임무, 비기업적인 문화'를 홍보한다. 이 회사의 홈페이지(www.craigslist.org)를 방문해보면, 인터넷 사이트가 발전하던 초기 시절로 여행을 떠나는 것 같은 느낌이 든다. 인터넷 세계에 모교(母校)라고 부를 수 있는 게 있다면, 크레이그리스트가 그 주인공이다. 배너광고나 눈을 사로잡는 사진도 없고 디자인도 무척 단순한 크레이그리스트 홈페이지에 접속해보면, 과거로 돌아간 듯한 기분이 든다. 전화 모뎀이 필요하고 '삑'소리에 이어 인터넷에 접속되었음을 알리는 희미한 소리가 들리던 1990년대 중반의 어느 하루가 생각나는 것이다.

현재 서비스 중인 어느 것도 우연히 만들어진 것은 없다. 벅마스터는 사이트의 접근방식이 간단함을 유지하는 일에 관여해왔다. 간단한 안내광고야말로 크레이그리스트가 지향하는 바다. 크레이그리스트에는 세계 어느 매체보다 많은 안내광고가 게재되는데, 매달 4,000만 건이 새로이 오르는 것으로 추정된다. 또한 매달 100만 건이 넘는 일자리 광고가 게재되기 때문에 이 분야에서도 크레이그리스트는 대표주자가 되었다. 사이트가 단순하다고 해서 크레이그리스트가 일류 사업체가 아니라고 생각하면 오산이다. 전국의 주요 신문사들은 크레이그리스트 같은 인터넷 사이트가 신문사들을 재정적으로 궁지에 몰아넣는 데 일조했다고 주장할 수도 있다.

지금쯤은 많은 사람들이 그들의 스토리를 알고 있을 테지만, 크레이그리스트 사이트는 창립자 크레이그 뉴마크(Craig Newmark)에 의해 1995년에 시작되었다. 처음에 크레이그 뉴마크는 샌프란시스코에서 열리는 행사 목록을 친구들에게 보내고 싶어 했다. 이메일 주소로 보내진 초기의 게시물 '크레이그리스트'에는 소프트웨어 개발자와 인터넷 개발자가 흥미를 느낄 수 있는 사교 행사가 다수 포함되어 있었다. 그런데 그의 리스트에 올라오는 글과 가입자 수가 빠르게 늘면서, 사용자들은 새로이 등장한 '크레이그리스트'가 적은 비용으로 많은 사람들과 의견을 교환할 수 있는 훌륭한 방법임을 깨달았다. 이후 일자리가 게시물에 포함되기 시작했고, 나중에는 주택, 판매할 물건, 용역, 토론방 등이 추가되었다. 마지막에는 개인광고도 게시되었다(크레이그리스트는 '성매매 서비스'를 허용했다는 이유로 비난을 받자 2009년에 그 섹션을 '성인 서비스'로 대체했다. 이 섹션에 게재하려면 요금을 내야 하며 직원들의 검열을 받아야 한다). 이후 샌프란시스코, 뉴욕, 로스앤젤레스, 샌디에이고, 보스턴, 시카고, 포틀랜드, 워싱턴 DC에서의 일자리 광고에 요금을 부과하면서 수익이 발생했다. 일자리 광고에 요금을 매긴 결과 사이트에 홍보하는 일자리의 수준이 높아졌고, 일확천금을 노리는 터무니없는 광

고가 크게 사라졌다. 여러 도시를 다루는 크레이그리스트 사이트
에는 500곳이 넘는 세계의 도시들도 포함되어 있다. 이러한 구조
는 2000년 1월, 벅마스터가 회사에 입사하면서 구축되었는데 당시
회사 사무실은 뉴마크가 살고 있는 샌프란시스코의 아파트였다.
벅마스터는 책임 프로그래머로서 홈페이지를 제작함은 물론, 검
색엔진과 토론방, 직접 게시물을 올리는 과정, 플래깅 시스템
(flagging system)을 갖춘 온라인 공동체를 완성하는 데 도움이 되었
다. 크레이그리스트가 엄청난 성공을 거두었음에도 불구하고 벅
마스터와 뉴마크는 대부분이 무료인 크레이그리스트의 모든 광고
에 요금을 부과한다거나 상장으로 수백 만 달러를 조성하여 회사
확장에 필요한 자금을 조달함으로써 소유주에게 엄청난 이익을
안기는 등, 기업의 가치를 현금화하라는 외부 압박에 저항해왔다.
오히려 두 사람은 크레이그리스트의 파악된 가치를 엄청난 은행
잔고로 바꿀 생각이 없음을 굳건히 했다.

그런데 크레이그리스트에 올라 있는 벅마스터 소개란에는 다음
과 같은 내용이 걸려 있다.

"아마도 그는 반체제적이고 공산주의적이며, 사회주의적인 무
정부주의자로 서술되는 유일한 최고경영자일 것이다."

공산주의 및 사회주의 무정부주의자라는 말은 세계에서 가장
큰 광고회사로 손꼽히는 WPP 그룹의 최고경영자, 마틴 소렐

(Martin Sorrell)경으로부터 2006년에 들은 비난이었다. 크레이그리스트 웹사이트는 소렐이 한 말에 링크를 걸어두었다(2006년, 6월 20일, 파이낸셜타임스닷컴(FinancialTimes.com)에 실린 기사).

소렐은 크레이그리스트가 신문사들의 수익을 위협하는 무료 안내광고 사이트라고 말하면서 이렇게 물었다. "사회주의적 무정부주의자를 어떻게 상대해야 하는가?"

그는 몇몇 미디어 그룹의 경우, 전통적인 형식과 디지털 형식으로 무료 콘텐츠를 제공하며 대응했음을 언급하고 다음과 같이 덧붙였다. "인터넷은 이제껏 나타난 가장 사회주의적인 세력이다."

그는 업계 컨퍼런스에 참석한 영국의 신문사 임원들에게 무료 콘텐츠를 제공하는 방안에 찬성하지 않는다고 말했다. "소비자가 콘텐츠를 소중히 여긴다면 그것에 요금을 부과하는 것이 마땅하다."

하지만 닷컴 시대가 도래하면서 신문사업 모델은 변할 수밖에 없었다. 전통적인 신문사업 모델의 경우 안내광고와 디스플레이 광고를 판매하고, 신문을 구매하는 독자들에게 요금을 부과했다. 독자가 자판기에서 단돈 몇 센트에 신문 1부를 사는 주요 이유는 수익 발생원인 광고가 있기 때문이었다. 그런데 인터넷이 그 수익 창출 모델을 무너뜨리고 있었다. 벅마스터는 이에 대해 다음과 같이 말한다. "기술에 엄청난 변화가 생겼다. 그런데 많은 신문사들은 그처럼 큰 변화에 적응하는 데 어려움을 겪어왔다."

아마도 워렌 버핏이 2009년 5월 4일 CNBC와 가진 인터뷰에서 신문사업의 변화를 가장 잘 설명했을 듯싶다. 그는 인터넷이 신문보다 먼저 존재했다면, 신문은 결코 생기지 않았을 것이라고 주장했다. "내가 어느 날 나타나 다음과 같이 훌륭한 아이디어를 제안했다고 치자. '캐나다에 있는 나무를 여러 그루 베어 그것들을 제지공장으로 실어보낸다. 그리고 신문용지를 만들어 배달하려면 꽤 많은 돈이 들 것이다. 그런 다음, 그 용지를 신문사에 보내고, 사람들을 고용하여 밤새도록 기사를 쓰게 하고, 다음 날 아이들을 시켜 온 동네에 신문을 배달한다. 이걸로 인터넷을 완전히 없애버리는 것이다.' 물론 이런 일은 절대 불가능한 일이다."

또한 뉴스를 다루는 수단이 많아진 것도 신문사 입장에서는 달가울 리가 없었다. 사람들은 옛날처럼 신문을 읽지 않는다. 신문사에 존재 이유를 부여한 것은 뉴스에 대한 수요였다. 버핏이 지적한 것처럼 그 수요가 줄면서, '독자가 많아져 광고가 끊임없이 들어오고 그 결과 다시 독자가 많아지는 강력한 고리가 끊어진 것'이다.

벅마스터는 크레이그리스트가 신문보다 낫다는 점을 강조한다. "온라인 매체의 안내광고는 신문에 비해 엄청나게 유리하다. 우리는 그 이점을 이용하여 사용자들이 정말로 좋아할 무언가를 제공하려고 노력한다. 사용자들은 확실히 온라인 안내광고 매체를 즐겁게 이용하고 있다."

그렇다고 크레이그리스트가 완전히 비영리조직이라는 소리는 아니다. 물론 충성스런 몇몇 사람들은 그렇게 믿을 수도 있다. 벅마스터는 영국 런던의 〈텔레그래프(Telegrah)〉와의 인터뷰에서 그런 오해를 바로 잡았다.

"우리는 반자본주의적이지 않다. (중략) 그렇게 의도한 것은 아니었지만, 운이 좋아서 건실한 사업체를 갖게 된 것이다. 우리는 비상식적으로 부유해지려고 애쓰지 않았을 뿐이다. 우리는 억만장자도 만나보았다. 조금 우습게 들릴 수도 있지만 많은 돈이 있다고 해서 근심 걱정 없이 살아가는 것은 아닐 것이다. 너무나 부유한 사람들은 항상 보디가드를 대동해야 한다. 그들의 친구들이나 먼 친척들은 그들이 원치 않는 방식으로 그들을 바라볼 수도 있다. 그들의 인생은 그 많은 돈을 기부할지 아니면 다른 방법으로 쓸지 알아내는 일에 집중된다. 그것이 과연 행복할까? 우리는 그렇게까지 살지 않으려고 애쓰는 것이다. 이런 자세가 혁명적이란 말인가?"

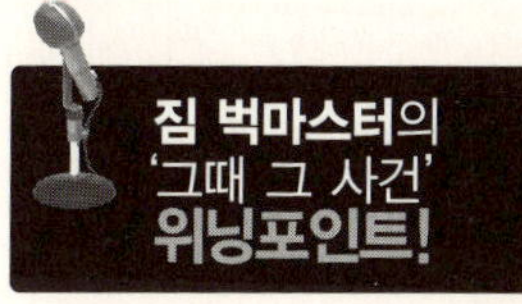

돌이켜보건대 내 삶에서 큰 사건은 잘 다니던 의과대학을 중퇴한 일일 것이다. 미시간 의대를

절반 정도 마치고 나자 이 길이 내게 맞지 않는다는 생각이 들었다. 그 과정에 돈과 시간, 그리고 에너지까지 모두 바쳤음에도 불구하고 그런 느낌이 들었다. 확실히 당시에는 의대 중퇴가 실수처럼 느껴졌고, 주변에서도 신중하지 못했다고 말하는 사람들이 많았다. 이후 여러 해 동안 그때의 결정이 돌이킬 수 없는 실수였다고 느껴진 것도 사실이다. 그러나 결국에는 그런 일을 저질렀다는 사실에 고마움을 느낀다.

재학 당시 나의 학점은 훌륭했다. 대부분의 과목에서 A를 받았다. 학과에서 거의 1등을 하고 있었지만 그 과정이 결코 즐겁지 않았다. 성적은 좋았지만 내가 감당할 수 없었던 것은 학자금 대출이었다. 더군다나 나는 시간이 지날수록 의학공부가 즐겁지 않다는 사실을 깨닫게 되었고, 공부가 지겹고 따분하게만 느껴졌다. 그리고 평생 하고 싶은 일이 그 길이 아니라는 느낌이 들었다. 의사는 자신의 모든 것을 바쳐야 하는 직업이다. 그런데 뭔가 지속적으로 의심이 드는 상황이라면, 적어도 잠시 동안이라도 학업을 중단하는 게 옳다는 결론에 이르렀다. 처음 내가 내린 결정은 1년만 쉬어보자는 것이었다. 물론 돈 문제도 빼놓을 수 없다. 그런데 나는 또 1년을 쉬었고, 다시 1년을 더 쉬었다. 그리고 결국 의대로 돌아가지 않았다.

질문 : 얼마나 의대를 다녔나요?

거의 2년(4년 중)을 끝마쳤는데, 은행에서 학자금을 상당히 많이 받은 상태였다. 솔직히 말해 막대한 대출금을 어찌 갚아야할지 앞이 캄캄했다. 그래서 적어도 그 당시에는 대학 중퇴가 실수처럼 보였다. 획기적인 대안이 없었기 때문이다. 의대 공부를 계속 해서 마친다면 대출은 사실 문제가 되지 않았을 것이다. 의사는 돈을 많이 버는 직업 중 하나니까. 뭐랄까, 솔직히 당시에는 의사를 능가할 만한 다른 비전이 나를 기다리고 있다는 느낌도 없었다.

질문 : 더 이상 의대를 다닐 수 없다는 생각이 든 순간이 있었나요?

약리학 공부가 충격적일 정도로 지루했다면 답변이 될지 모르겠다. 대부분의 사람들이 약리학 공부를 전화번호부 암기에 비유하는데, 아무 관련도 없어 보이는 것들을 끊임없이 암기하는 일은 정말 고단한 일이었다.

질문 : 그렇다면 얼마의 시간이 지난 후에야 옳은 결정을 내렸음을 알게 되었나요?

대학을 중퇴한 지 10년이 지난 뒤에도 '연봉 5만 달러짜리 일자리라도 잡을 수 있다면 좋겠다'라고 생각했던 것 같다. 여전히 빚에 허덕였고, 실제로 성공에 대한 전망 같은 것도 전혀 없었다. 그러던 중 조금은 지루한 마음에 유닉스(Unix) 운영체계를 배우기 시작했다. 그런 다음에는 셸 프로그램(shell program, 컴퓨터의 운영체계에 의해 작동되는 프로그램─옮긴이)을 배웠다. 단순히 내가 하고 있던 데이터 입력과 처리업무가 따분했기 때문이다.

질문 : 최종적으로 옳은 결정을 내렸다고 느껴진 건 언제입니까?

웹 프로그래밍을 시작하자마자였다. 나는 처음부터 웹 프로그래밍에 매료되었다. 한번에 18시간 동안 의자에 앉아 일하다 잠깐 눈을 붙이며 하루를 보낸 날도 있었다. 나는 웹 프로그래밍이 너무 재미있었다. 세상에! 난데없이 매우 흥미롭고 즐거운 일이 눈앞에 나타났다. 주변 사람들도 나를 전폭적으로 격려하고 지원해주었다. 그 즈음 인터넷과 웹이 생겨났다. 나는 딱 맞는 시기에, 딱 맞는 곳에 있었던 것이다. 그러다가 1테라바이트 규모의 미시간 대학 데이터 보관소를 구축하는 일을 맡게 되었다. 이 보관소는 정치학자와 사회과학자를 위한 데이터를 보관하고 있었는데, 주요 대학들이 모두 가입했다. 그 때까지 대학들은 9트랙 테이프에 담긴 데이터를 메일로 전달하고 있었다. 학자들은 이 웹 인터페이스를 통해 데이터에 접근하거나 데이터를 다운로드받을 수 있었다. 되돌아보면 1994년이나 1995년 무렵에 그 보관소 정도의 웹 프로그래밍을 갖춘 곳은 많지 않았다. 따라서 기가 막히게 타이밍이 좋았다고 할 수 있다. 분명 운이 좋았던 것이다. 다시 말하지만 나는 처음부터 웹 프로그래밍이 이유도 없이 그저 좋았다. 엄격히 말해 웹 프로그래밍은 나 혼자 배웠다. 웹 프로그래밍에서 좋은 점은 각각의 웹페이지에서 원시 프로그램(source program, 사람이 쓴 프로그램—옮긴이)을 볼 수 있다는 점이다. 웹 프로그래밍의 경우 스스로 배울 수 있다. 실제로 크레이그리스트에 있는 여러 명의 프로그래머가 독학한 사람들이다.

질문 : 무엇이 당신의 삶에 지침이 되었습니까?

본능적으로 나는 이 일을 하고 싶었다. 내겐 엄청난 빚이 있었지만 많은 빚을 어떻게 갚아야 할지 잘 몰랐다. 그리고 스스로에 대한 확신도 없었다. 게다가 나는 많은 사람들이 동경하는 돈 잘 버는 직업도 버렸다. 하지만 내 경험과 내가 일하는 방식에 따르면, 의대는 내게 맞지 않는 것처럼 느껴졌다. 대안도 없고, 빚 갚을 방법도 모르고, 주위 사람들이 다들 내게 잘못하고 있다고 말하는데도 내 안의 목소리, 직감은 흔들리지 않았다.

질문 : 다른 사람들에게 어떤 교훈을 전해주고 싶은가요?

첫째, 자신의 직감을 믿어라. 평생 무엇을 해야 할지처럼 중요한 일을 정할 때에는 자신의 직감을 존중해야 한다. 둘째, 자신이 이미 어떤 일에 투자한 것은 중요하지 않음을 깨달아라. 과거에 당신이 투자한 것들이 당신과 맞지 않는다면 과감한 결단이 필요하다. 사람은 과거가 아닌 미래를 대비하며 사는 존재다. 따라서 미래에 당신이 투자할 곳을 고민해야 한다. 사실 이러한 교훈은 어렵게 얻은 것이지만, 나의 스토리는 해피엔딩으로 끝났다. 많은 사람들이 성공의 길에 대해 질문을 던진다. 한마디로 정의하자면, '성공은 내가 정말로 하고 싶은 일을 찾아내어 매진할 때 얻어지는 것'이다.

Jim Buckmaster's History

버지니아 공대(Virginia Tech) 생화학과를 최우등으로 졸업한 짐은 미시건 의대에 진학했지만 결국 중퇴하고 만다. 싱거워 보일 정도로 키가 큰 그는 〈뉴욕타임스〉, 〈월스트리트 저널〉, 〈파이낸셜타임스〉, 〈포춘〉, 〈비즈니스위크〉, 〈가디언〉, 〈데일리 텔레그래프〉, 〈선데이 타임스〉 등의 특집기사로 다루어졌으며, 수십 차례 TV에 출연했다. 폭스뉴스에 출연했을 때에는 이미 작고한 제리 팔웰(Jerry Falwell) 목사의 비난을 받은 적도 있다. 아마 세계에서 유일하게 반체제주의자이며, 공산주의자, 사회주의적 무정부주의자로 묘사된 듯싶은 짐은 2000년부터 크레이그리스트를 이끌고 있다. 그가 이끄는 회사는

20명 정도의 직원으로 공익사업을 추구하고 비기업적인 분위기를 유지
하면서도 어떤 매체보다 가장 많이 이용되는 안내광고이자 세계에서 가
장 인기 있는 웹사이트로 자리를 잡았다. 회사의 경영을 맡기 전에는 크
레이그리스트의 홈페이지 제작과 다(多)도시 체계, 토론방 및 검색엔진,
셀프포스팅 과정, 개인란 카테고리(연락이 끊긴 친구 찾기), 최고의 크레이그
리스트(best-of-craigslist) 작성에도 기여했다. 이 회사에 전에는 크레디트
랜드(Creditland, 현존하지 않음)와 퀀텀(Quantum)의 웹 개발을 감독했다.
1994년부터 1995년에는 대학간 정치, 사회연구 컨소시엄(Interuniversity
Consortium for Political and Social Research, ICPSR)에서 테라바이트 규모
의 데이터베이스 기반 웹 인터페이스를 구축했다. 전 세계 학자들은 이
인터페이스를 통해 중요한 사회과학 데이터 보관소에 접근할 수 있다.

22 John Cappelletti

존 카펠레티

동업자로부터 뒤통수를 맞다!

: 소유지분 강화하기

● ● ●

하이즈먼 트로피(Heisman Trophy, 최고의 대학 미식축구 선수에게 주는 상—옮긴이) 수상자. NFL 로스앤젤레스 램스(Los Angeles Rams), 샌디에이고 차저스(San Diego Chargers)에서 선수생활을 했다. 경영주이자 빈티지, 자동차광이다.

존 카펠레티를 잘 아는 사람이 당사자 존을 만난다면, 갑자기 자신이 아이가 된 것 같은 느낌이 들 수도 있다. 지난 30년 동안 자기 인생에서 일어난 일을 모두 잊어버리고 1970년대로 돌아간다면, 수년 동안 느끼지 못했던 존경심이 마음속에 싹틀 수도 있다. 존은 이렇게 말한다.

"사람들은 15살 때든, 50살 때든, 살면서 자신에게 특별했던 시간과 모습만을 기억하고 싶어 하는 것 같다."

왜 사람들은 존 카펠레티에 대해 그러는 것일까? 그 이유는 모든 사람이 대학 축구 선수로 불패의 기록을 수립하며 오렌지볼(Orange Bowl, 미국의 대학 미식축구 경기—옮긴이) 우승을 이루고, 미국 최고의 축구선수로 하이즈먼 트로피를 수상한 뒤, NFL에서 여덟 시즌 동안 활약했다고 말할 수 있는 것은 아니기 때문이다. 하지만 여기서 끝난 게 아니다. 제럴드 포드(Gerald Ford) 부통령으로부터 하이즈먼 트로피를 받으며 들려준 그의 수상소감은 듣는 이들의 눈물을 자아냈다. 그는 백혈병으로 죽어가던 동생, 조이(Joey)가 하루하루 벌이는 사투에 대해 이야기했다. 그의 수상소감은 존과 동생에 관한 책과 TV용 영화(1977년 제작, 〈조이(Something for Joey)〉)가 제작될 정도로 감동적이었다. 존은 이렇게 말한다. "오랜 시간이 흐른 지금도 내 책을 읽은 5학년 학생들이 편지를 보내오고 있다는 게 놀랍다. 선생님은 학생들에게 책을 읽은 느낌과 교훈을 편지에 적으라고 한단다. 인디애나에 사는 5학년 학생들이 편지를 모아 30통을 보내왔다. 오랜 시간이 지난 뒤에도 그 이야기가 다른 사람들에게 의미를 안겨준다는 게 믿을 수 없다."

물론 존의 삶은 평범하지 않았다. 그러나 그가 원하지도 않은 관심을 받는 것에 대해서는 고마워하고는 있지만, 사람들이 자신에 대해 오해하는 것 때문에 힘들다고도 말한다. 그는 다음과 같이 들려주었다.

"사람들의 가장 큰 오해는 프로선수를 한 사람들은 다르게 산다고, 다시 말해 우리 같은 사람들은 다른 사람들이 겪는 평범한 문제로 고생하지 않을 거라고 생각한다. 사람들은 우리가 지금도 프로선수로 활동한다고 믿는다. 하지만 우리도 나이가 든다. 우리에게도 평범한 가족이 있고 일상생활 역시 일반인들과 다르지 않다."

스포츠계에서도 선수의 능력이 기회를 좌우하는 게 아니라는 말에 여러분은 놀랄 수도 있다. 때로는 사내정치가 스포츠계에서도 일정 부분 역할을 한다. 존은 축구 장학생으로 펜실베이니아 주립대학에 들어가기도 전에 이런 것을 직접 몸으로 겪었다. 그는 펜실베이니아 주 올스타 경기에 초청을 받았다.

"우리가 받은 편지에는 각자의 선발 포지션이 얼마나 빨리 달리느냐에 따라 정해질 거라고 적혀 있었다. 나는 모든 런닝백 중 가장 빨랐다. 하지만 족벌주의 때문에 공격진에 포함되지도 못했다. 나를 밀어내고 런닝백을 차지한 아이의 아버지는 올스타 경기의 런닝백 코치였다. 나는 경기가 끝날 무렵에서야 겨우 라인배커(linebacker, 상대팀 선수들에게 태클을 걸며 방어하는 수비수)로 경기에 나설 수 있었다. 경기에서 아주 잘 했지만, 펜실베이니아 대학 측은 나를 런닝백이 아닌 라인배커로 점찍었기 때문에 축복은 아니었다."

실제로 존은 대학에서 처음 2년 동안 수비수로 선수생활을 했다. 3학년이 돼서야 1,000야드 이상을 뛰어 자신이 꽤 훌륭한 런닝백이라는 사실을 입증할 수 있었다. 그리고 4학년 때 하이즈먼 트로피를 받고, 팀의 주전으로 무패의 시즌을 보냈다. 라인배커의 성적 치고는 나쁘다고 할 수 없었다. 어느덧 로스앤젤레스 램스와 샌디에이고 차저스에서의 선수생활은 다 지난 이야기가 되어버렸다. 하지만 그가 보여준 근면함과 성실함은 실업가로서도 손색없는 모습으로 만들어주었다. 그는 경영주로 살면서도 지나치게 오만하거나 지나치게 굴복하지 않는 프로 운동선수의 태도를 유지하려고 애썼다. 그는 사무실로 출근하면서 일부러 걸으며 그날 하루 처리해야 할 일들에 대해 고민한다. 그리고 남들이 문제라고 생각하는 것들을 주어진 과제로 여기고 적극적으로 매달린다. 이와 관련하여 그는 이런 말을 들려주었다.

"모든 일을 과제라고 생각하지 않고 문제라고 보면, 얼마 지나지 않아 그 문제가 나를 괴롭힐 것이다. 그래서 나는 과제를 잘 정리하여 살펴본 후 그것을 처리할 최고의 방법을 찾고자 노력한다."

'아이고, 또다시 문제가 터졌네 다음에는 또 어떤 일이 잘못될까?' 하고 말하는 것과는 대조적인 대처방법이다. 여러 해에 걸쳐 비즈니스계에 몸담은 그는 긍정적인 태도가 무엇보다 중요함을 깨달았다. 그리고 과거 펜실베이니아 주 올스타 경기에서 일어난 일화에서도 사업투자의 관한 교훈을 얻는다고 말한다. 하지만 대화 도중 축구 이야기를 꺼낸다면, 그는 아마 주제를 바꾸려고 할 것이다. 존 카펠레티는 과거에 살고 있는 사람이 아니기 때문이다. 그는 오늘도 복잡한 문제가 아닌 처리해야 할 과제와 씨름을 하고 있다.

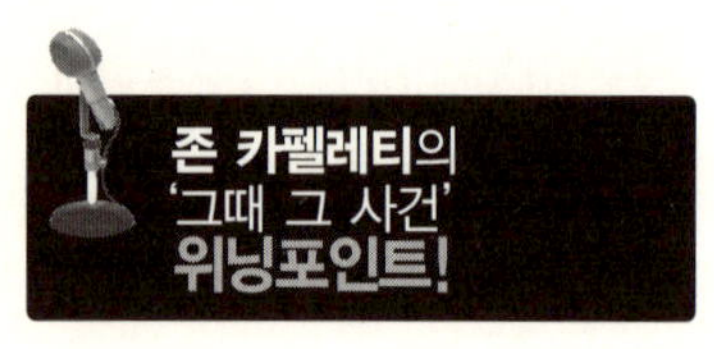

2005년에 친구와 동업을 하고 있었다. 우리는 건물 한 채를 구입해 3년 정도 함께 사업을 하고 있었다. 그런데 갑자기 친구가 세상을 떠나고 말았다. 친구에게는 아들이 하나 있었는데, 그 아들도 같이 사업을 했다. 따라서 그 아들과 내가 이후 몇 년 동안 동업관계를 유지하게 되었다. 나의 경우 소수지분을 갖고 있었는데 지분은 30% 정도였다. 건물에 대해서도 소수지분을 갖고 있었는데, 죽은 친구와 그의 아들, 나 이렇게 셋이 건물을 소유하고 있었다. 내가 소수지분을 갖고 있었지만, 그것이 중요한지는 생각지도 못했었다. 우리의 관계가 매우 좋았기 때문에 지분이 문제가 되리라고는 생각하지 않았던 것이다. 사업관계가 9년 정도 지속되었을 때였다. 친구 아들이 휴가를 갔다. 나는 그가 휴가에서 돌아오면 회사인수를 통해 사업에 더 많이 관여하기를 원하는지 대화할 생각이었다. 어쨌든 이 회사는 그의 아버지가 창업한 사업이었고, 당시 난 50대 중반이었기 때문에 친구의 아들이 회사를 인수하길 원한다면 나름의 해결책을 생각해낼 수 있을 거라고 믿었다. 실제로 우리는 그 일을 잘 해결할 수도 있었다. 우리는 건물의 공동소유자였고, 이제껏 건물을 계속 지켜왔다. 분명 그 문제에 대해서는 긍정적인 해결안이 많았다. 그런데 휴가에서 돌아온 친구 아들은 월요일 아침 사무실로 와서는 내가 해고되었다고 통보했다. "뭐라고, 농담해?"라고 말했지만, 나는 인생에서 입을 다물 수 없을 정도로 충격적인 순간을 경험했다. 친구 아들은 자신이 그렇게 일을 처리할 수 있는 위치에 있다고 믿었던 게 분명했다. 그 아이는 몇 달 전부터 변호사들과 상의

하면서 모든 일을 숨긴 채 일을 진행했던 것이다. 하지만 나에게 친구 아들을 상대로 부당해고소송을 낼 근거가 있음이 밝혀지면 서 그 아이는 건물과 사업, 부당해고 등 모든 일을 동시에 수습해 야만 했다. 친구 아들이 몇 가지 사항을 잘못 생각했던 덕에 나는 그 상황에서 잘 빠져나올 수 있었다. 그 아이의 아버지와 내가 다 른 사람들도 알고 있는 구두계약을 맺었기 때문에 그것은 비밀이 아니었다. 그 구두계약 때문에 나는 직원으로 분류될 수가 없었다. 하지만 9년이나 동업해온 사람에게 '당신 해고되었습니다'라는 말 을 듣는 순간만큼은 웃을 일이 아니었다. 그 사건을 계기로 나는 다른 사람과의 동업에 더욱 신중하게 되었고 49%의 지분일지라도 소수는 소수이기 때문에 평생 동업자로서의 권리를 얻을 수 없음 을 알았다. 누군가가 통제권을 쥐고 지배기업지분을 갖고 있다면 위험할 수 있다. 내가 과반수 동업자가 되지 않는다면, 그 사업은 내게 투자일 뿐이다.

John Cappelletti's History

펜실베이니아 대학에서 1~2학년 때는 수비수로 활약했지 만 3학년이 된 1972년, 런닝백으로 자리를 옮겨 1,1170야드 를 얻었다. 4학년 때에는 1,5220야드를 달렸고 만장일치

로 올아메리칸(All-American)팀에 선정되었다. 그리고 미국 최고의 대학선수로 인정받아 하이즈먼 트로피를 받았다. 키 185센티미터, 몸무게 100킬로그램이던 카펠레티는 1974년 로스앤젤레스 램스에 입단했고, 다섯 시즌을 그곳에서 뛰었다. 무릎 부상으로 1979년 한 해를 쉰 그는 샌디에이고 차저스에서 세 시즌을 보낸 뒤 은퇴했다. 프로 선수로 여덟 시즌을 뛰는 동안 824번 돌진해 2, 751야드를 달림으로써 평균 3.30야드를 달렸고 24번 터치다운했다. 그리고 135번 공을 받아 1,2330야드를 달렸고 4번 터치다운을 했다. 1973년, 그는 매년 대학 미식축구에서 뛰어난 선수에게 수여되는 맥스웰 트로피(Maxwell Trophy)를 받았다. 또한 ABC TV, UPI통신, 필라델피아 체육부기자협회(Philadelphia Sports Writers Association), 월터 캠프 재단(Walter camp Foundation), 워싱턴 터치다운 클럽(Washington Touchdown Club)에 의해 올해의 선수로 선정되기도 했다. 그는 훌라 볼(Hula Bowl)경기와 시니어 볼(Senior Bowl)경기에도 선수로 뛰었다. 대학선수로 총 2,639야드의 기록을 수립한 카펠레티는 지금도 여러 기록을 보유하고 있다.

1973년 하이즈먼 트로피 시상식에서의 수상소감은 역대 시상식에서 발표된 소감 중 가장 감동적인 연설로 꼽혔다. 그는 수상소감에서 동생 조이에게 영광을 돌렸는데, 나중에 조이는 백혈병으로 세상을 떠났다. 이후 두 형제에 대한 이야기가 영화와 책으로 만들어졌다.

4 개성이 강한 리더들의 위닝포인트

4장에서 소개할 인물들은 누구보다 개성이 강한 사람들이다. 이런 사람들 대부분은 자신이 소유하거나 운영하는 회사보다 그 사람의 독특한 모습 때문에 더욱 유명한 경우가 많다. 그들은 전통적인 범주에는 잘 어울리지 않지만, 그들의 생각과 경험은 비즈니스 분야에서 소중할 수도 있다. 여기서 소개하는 인물들의 이야기 또한 매력이 넘친다. 개중에는 누가 보더라도 성공한 사업가, 실패로부터 얻은 경험을 털어놓는 데이브 램지처럼 쉽게 알아볼 수 있는 사람도 있다. 수지 오만의 경우 그녀 자체가 독자적인 금융자문회사다(솔직히 말하면, 그녀는 전설적인 인물과 대가 편에 무난히 들어맞는 인물일 수도 있다). 짐 크레이머는 월가의 전설적인 인물로서, 그리고 더스트리트닷컴(TheStreet.com)의 최고경영자로서 어느 부문에서도 소개될 수 있는 인물이다. 하지만 그를 '개성 있는 인물' 편에서 어떻게 제외할 수 있겠는가? 그 외에도 벤 스테인(Ben Stein)처럼 재미있고 재기 넘치는 인물들도 소개한다. 벤 스테인은 그 어떤 사람보다 교양이 넘치는 인물일 뿐만 아니라, 학식 있는 경제학자의 관점에서 진지한 조언을 제공하는 사람이다.

그 밖에 4장에서는 토크 쇼에 나와 이 세상의 모든 일을 토론하는 사람들과 칼럼니스트도 소개된다. 비록 거대한 조직이나 기업을 운영

하지는 않았을지라도 그들은 호시탐탐 자신의 자리를 노리는 경쟁자들로 가득 찬 세상에서 성공적인 틈새를 구축해 자리를 잡은 인물들이다. 우리는 그런 업적을 성취시켜주는 세련된 비즈니스 기술을 갖추어야 한다.

WINNINGPOINT

23 **Suze Orman**

수지 오만

연민이 화를 불러일으키다!
: 감정을 버리고 직감 따르기

CNBC 〈수지 오만 쇼〉의 진행자. 〈포브스〉가 선정한 언론계에서 가장 영향력 있는 여성 중 1인. 그녀가 쓴 책 6권은 연속 〈뉴욕타임스〉 베스트셀러에 올라 유명 작가의 반열에도 올라 있다.

TV나 라디오, 신문에 등장하는 금융문제 조언가에 대해 생각해보자. 유일하지는 않더라도 가장 먼저 떠오르는 여러 이름들 가운데 수지 오만이 포함될 것이다. 우리는 CNBC에서 그녀가 진행하는 〈수지 오만 쇼〉와 PBS 기금모금행사에서 그녀를 볼 수 있다. 또는 강연장에서 사람들에게 용기를 북돋워주는 연설을 하는 수지의 모습도 볼 수 있다. 그리고 간혹 〈오프라 윈프리 쇼〉에 출연해 금융 관련 조언을 제공하고 재산관리에 관한 자신의 신간을 공짜로 나눠주는 모습도 볼 수 있었다. 그러나 수지의 인기를 이해하지 못하는 사람들도 있다. 그런 이들은 수지가 사람들에게 새 자동차를 살 수 있는지, 아니면 올 여름 휴가 때 해변으로 여행을 갈 수 있는지 등을 묻는 프로그램 〈수지 오만 쇼〉의 매력을 이해하지 못한다. 아마 그들은 다음과 같은 내용들도 이해하지 못할 수 있다.

— 그녀가 금융생활 관리에 관한 베스트셀러를 6권 연속으로 쓴 이유

— 그녀가 PBS 기금모금행사에서 가장 많은 돈을 모은 사람으로 인정받는 이유

— 〈오프라 윈프리 쇼〉의 게스트로 자주 출연한 이유

— 데이타임 에미상(daytime Emmy Award)을 2번이나 수상한 이유

— 그레이시 앨런 상(Gracie Allen Award)을 6번 수상한 이유

— 〈포브스〉 선정 언론계에서 가장 영향력 있는 여성 중 1인으로 뽑힌 이유

— 〈타임〉 선정 세계에서 가장 영향력 있는 인물 중 1인으로 뽑힌 이유

그럼 이제부터 수지의 매력에 대해 자세히 살펴보자. 나는 CNBC 방송국에서 수지를 알게 되었는데, 시간이 얼마 지나지 않아 그녀가 매력 있는 사람임을 알아차렸다. 앵커로 일하던 나는 어떻게 하면 족집게처럼 상승 종목을 잘 짚어낼 수 있는지를 홍보하는 자산관리자들과 매일 인터뷰했다. 그들은 자신의 투자이론을 힘주어 강조하고 이 숫자와 저 숫자를 더하거나 나눈 숫자, 또는 차트를 분석, 설명하면서 자신의 방식이 성공적이라고 말했다. 그들은 대부분 금융투자에 관한 한, 상상 가능한 가장 복잡한 토론으로 깊은 인상을 주었다. 그리고 그들의 반대편에 수지가 있었다. 수지 오만의 매력은 간단하다. 그녀가 월가 사람이 아니라는 점이 그렇다. 수지는 월가를 해답으로 생각하지 않는다. 오히려 그것을 문제로 여긴다.

수지는 믿을 수 없는 사람들의 손에 행복을 맡겨서는 안 된다고 생각한다. 그녀가 월가 사람들을 몰라서가 아니다. 그녀 역시 한때 월가에서 주식중개인이자 재무상담사로 일했기 때문에 월가의 생리를 누구보다 잘 안다. 수지는 월가의 모습을 아주 가까이서 지켜봤기 때문에 모든 것을 알고 있다. 그래서 그녀는 우리에게 조심하라고 조언한다.

실제로 주식시장이 상승하여 터지기만을 기다리는 거품이 커져

갈 무렵, 수지는 여러 해 동안 '주식중개인과 자산관리자들은 고객의 이익을 최우선으로 생각하지 않는다'고 외로이 주장했다. 이에 대해 수지는 다음과 같이 밝혔다.

"그들은 자기 돈도 어떻게 해야 할지 모르는 사람들이다. 그들이 훌륭한 영업사원일지는 몰라도 현명한 투자자는 아니다. 그들은 증권사의 꼭두각시에 불과하다."

전직 주식중개인 치고는 이상한 시각을 갖고 있다는 생각이 들수도 있다. 하지만 주식중개인으로서 얻은 여러 경험이 평범한사람들에게 월가의 진실을 알리고픈 수지의 열정을 지폈다. 그녀는 다음과 같이 이야기했다.

"1983년이었다. 3년째 메릴린치에서 일하던 나는 볼드윈 유나이티드(Baldwin United)의 연금보험을 수백 만 달러어치나 판매했다. 내가 그때까지 얻어낸 최고의 판매실적이었다."

그런데 당시의 금융 관련 일간지들은 볼드윈 유나이티드가 재정적으로 고전하고 있다는 기사를 싣기 시작했다. 수지는 주가가62달러에서 2달러로 추락한 것으로 기억하고 있다. 주가가 떨어지자, 그녀는 상사의 사무실로 찾아가 볼드윈 유나이티드가 걱정스럽다고 말했다. 그러자 상사는 "오, 수지! 우리는 볼드윈 유나이티드 주식에 대해 매수 의견을 제시하고 있어"라고 말했다.

결국 볼드윈 유나이티드는 정말로 문제가 있었던 것으로 드러났고, 이내 파산하고 말았다. 수지의 고객들은 모두 돈을 날릴 판이었다. 당시 상황에 대해 그녀는 다음과 같이 말했다.

"회사 측에서 나에게 거짓말을 했기 때문에 난 화가 많이 났다. 그래서 나는 최대한 많은 고객들이 모든 증권 중개업체들을 상대로 한 집단소송에 참여하도록 독려했고, 확실한 조치를 취했다. 다행히 소송에서 승소해 모든 사람들이 돈을 돌려받았다."

수지는 이런 종류의 이야기를 하기 좋아한다. 그녀는 평범한 사람들을 위해 싸우는 걸 즐긴다. 그녀는 다른 금융 조언가들이 그러는 것처럼 고객의 비난을 기다리는 복잡한 개념이나 차트, 그래프로 투자조언을 제공하지 않는다. 그녀의 조언은 솔직하고 직접적이다. 이와 관련해 그녀는 다음과 같이 말한다. "사람이 가장 중요하고, 그 다음이 돈, 그 다음이 상황이다."

세상에는 고객의 돈을 날로 먹으려 애쓰는 사람들로 가득 차 있음을 그녀는 잘 알기에, 고객 스스로가 자신의 투자미래를 결정하고, 조종해나가야 한다고 강조한다. 수지는 2009년 자신의 책《여자와 돈(Women and Money)》을 33시간 동안 오프라의 웹사이트에 제공하여 사람들이 공짜로 다운로드받을 수 있도록 허락했다. 이는 〈오프라윈프리 쇼〉 역사상 가장 기억에 남는 일들 중 하나로 다운로드 건수가 150만 건이 넘었다.

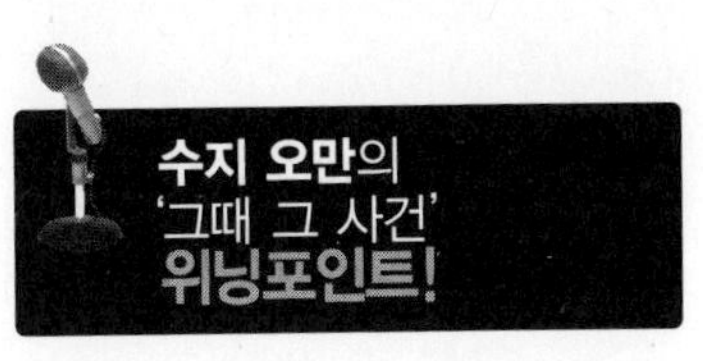

지금 털어놓는 이야기는 내 삶에서 최고의 실수이기도 하다. 프루덴셜 바치(Prudential Bache)에서 투자담당 부사장으로 근무하던 때였다. 회사에는 금융 컨설턴트로 일하는 여직원이 한 명 있었는데, 일을 썩 잘 처리하지 못했다. 그런데 당시 매니저로 일하던 사람이 나에게 찾아와 이렇게 말했다.

"수지, 그녀를 당신의 보조직원으로 받아줄래요? 아마 도움이 될 거예요. 당신만 허락한다면 그녀가 우리 회사를 그만두지 않아도 되고, 일도 잘 마무리될 겁니다."

책상에 일을 쌓아두고 일하던 나는 누군가의 도움이 필요했기에 그 제안을 수락했다. 그녀가 썩 마음에 들지는 않았지만 받아주었다. 나는 결코 그녀를 좋아하지 않았다. 하지만 나의 직감에 귀를 기울이지 않은 채, 여자로서 한 여자를 도와주고 싶었다.

　얼마 후 나는 푸르덴셜 바치를 그만두고 사업을 직접 해보기로 결심했다. 내가 모든 고객을 유치하고 있는 상황에서 내 수수료의 60%를 회사에 준다는 게 바보처럼 느껴졌기 때문이다. 결국 나는 사무실을 얻어 인테리어를 맡겼다. 그리고 푸르덴셜에 사표를 낼 때, 나는 차마 데리고 있던 여직원에게 '당신의 일하는 것이 마음에 들지 않아요, 행여 나와 함께 회사를 옮기길 원한다는 생각도 하지 않았으면 좋겠어요. 무엇보다 나는 당신을 믿지 못하겠어요'라고 말할 배짱이 없었다. 그녀에게 말할 용기가 없어서 결국 그녀도 함께 데려갔다. 회사는 1987년 5월 2일에 문을 열었다. 그리고 두 달 가까이 흐른 6월 22일, 출근을 해보니 여직원이 새벽에 사무실로 들어와서는 내가 가진 파일을 모두 훔쳐간 사실을 알게 되었다. 우리에게는 고객이 제법 많았는데, 내가 고객을 만나 상담하는 일을 맡고, 여직원은 자기 사무실에서 고객과 투자계약을 맺은 뒤 그녀의 이름으로 계약서에 서명하기로 업무를 정해두었다. 수수료가 들어오면 그녀가 회사계좌에(그녀가 계약서에 서명했기 때문에 수수료는 그녀에게 가는 것으로 정해졌다) 입금하고, 내가 수수료의 80%, 그녀는 20%를 갖기로 되어 있었다.

　여직원이 사무실에서 고객의 기록을 모두 훔쳐간 날 밤, 그녀는 우리 회사에 수수료를 지불하던 회사에 전화를 걸어 수수료 수표를 자기 집 주소로 보내라고 지시했다. 그녀의 이름이 계약서에 적혀 있었기 때문에 나는 아무 조치도 취할 수가 없었다. 그녀는 나에게서 회사를 뺏기 위해 할 수 있는 일은 모두 했다.

나는 그 사건을 통해 누구도 믿어서는 안 되며, 남을 믿는 것보다 스스로를 더 많이 믿어야 한다는 사실을 알았다. 사실 속으로는 그녀가 골칫거리라는 것을 알았지만, 내 직감에 귀를 기울이지 않았다. 내가 느끼는 대로 조치를 취했어야 했다. 처음부터 그녀와 함께 일을 하면 안 되었음에도 계속해서 나 자신에게 그녀를 믿으라고 강요했다. 사람에 대한 배신감과 나의 직감을 믿지 못한 어리석음 때문에 결국 사업은 망하고 말았다.

그 일은 내가 지금까지도 잊지 못하는 최고의 교훈을 안긴 최악의 사건이었다. 이제 나의 인생에 끼여드는 누군가가 좋은 사람이 아니라는 느낌이 들면, 2초 만에 그 사람은 내 인생에서 빠져야 할 것이다. 나는 어느 누구보다도 나 자신을 믿는다.

Suze Orman's History

 시카고에서 자란 오만은 일리노이 대학 사회복지학과를 졸업했다. 그녀에게도 힘든 시기가 있었는데, 서른 살 무렵에는 웨이트리스로 일하며 한 달에 400달러를 벌었다.

〈USA 투데이〉는 수지 오만을 '개인재무관리 세계의 유력자'이며 '여성 혼자 경영하는 강력한 투자자문사 대표'라고 일컬었다. 두 번이나 에미 상을 수상한 TV 진행자이자 〈뉴욕타임스〉베스트셀러 작가이며 온라인 칼럼니스트, 작가이자 프로듀서, 세계 최고의 동기부여 연설가로 손꼽힌다. 수지 오만이 미국 최고의 개인재무관리 전문가라는 사실은 부인할 수 없다. 그녀는 〈O: 오프라 매거진(O: Oprah Magazine)〉과 〈코스트코 커넥션(Costco Connection)〉의 객원 편집자이며, 지난 8년 동안 〈수지 오만 쇼〉를 진행해왔다. 그녀의 쇼는 CNBC에서 매주 토요일 밤에 방송되며 여러 차례 상을 수상했다.

그녀는 TV에서 거둔 성공 외에 어떤 방송인도 하지 못한 일을 이루어냈다. 그녀는 공영 TV 역사상 가장 성공적으로 기금을 모금한 인물일 뿐 아니라, 34년을 자랑하는 명망 있는 그레이시 앨런 상을 6번이나 수상하는 전례 없는 기록을 남겼다. 그레이시상은 여성을 위하거나 여성에 의해서나 여성에 대해 제작된 미국 최고의 라디오, TV, 케이블 프로그램을 표창한다.

- 2008년 인권캠페인(Human Rights Campaign) 주최 평등상(National Equality Award) 수상.

- 2008-2009년 〈타임〉 선정 세계에서 가장 영향력 있는 인물 100인에 포함.

- 2008년 여성의 금융 능력 고취를 주창한 공로로 아멜리아 에어하르트상(Amelia Earhart Award) 수상.

24 Jim Cramer

짐 크레이머

2% 수익률이라는 참담함!
: 실수를 빠르게 인정하고 바로잡기

CNBC 〈매드 머니(Mad Money with Jim Cramer)〉의 진행자. 성공한 전직 헤지펀드 매니저로 유명하며 더스트리트닷컴의 공동창업자이기도 하다.

'그게 정말인가요?' 나는 짐 크레이머가 CNBC의 한 프로그램 진행자로 발탁되기 전에 그렇게 물었다. 짐은 이미 유명한 헤지펀드 매니저였고 더스트리트닷컴 설립자이기도 했다. 그리고 CNBC의 프로그램 〈스퀘크 박스(Squawk Box)〉에 공동진행자로 정기적으로 출연하고 있었다. 하지만 주식투자에 관한 책을 수없이 내기 전이었다. 또한 CNBC 프로그램, 〈매드 머니〉로 인기를 끌면서 광고가 나오기 전이었고 CBS의 〈60분(60 minutes)〉이 짐의 프로필을 다루기 전이었다. 또한 그가 벤 버냉키를 향해 '그 사람들은 아무것도 몰라!'라고 비난을 퍼붓기도 전이었다. 그리고 2008년 금융위기 중에 〈투데이 쇼〉에 출연해 향후 5년 동안 돈이 필요하다면 시장에서 돈을 빼야 한다고 투자자들에게 경고하기 전이었다.

또한 오바마 정부로부터 존 스튜어트(미국 코미디언, 자신이 진행하는 〈데일리 쇼〉에 짐 크레이머를 초대해 월가를 향해 뼈 있는 메시지를 날렸다—옮긴이)까지, 옳고 그름은 모르겠지만 모든 이의 표적이 되기 전이었다. 짐은 내게 이렇게 말했다.

"나는 아주 오래 전에 무엇이든지 재미있게 만들어야 한다는 사실을 깨달았다."

그리고 확실히 짐 크레이머는 그렇게 살아간다. 그가 진행하는 〈매드 머니〉에서 서둘러 사거나 팔아야 하는 주식에 대해 호언장

담하며 씩씩거리는 모습을 보면, 버스 정류장에서 만나도 피하고 싶은 사람처럼 보인다. 카메라가 꺼져 있을 때도 그는 지나치게 활달하지만, 짐 크레이머에게서 빼놓을 수 없는 사실은 그가 당신이 만나게 될 가장 영리한 사람들 중 한 사람이라는 점이다. 월가로 진출하기까지 그는 결코 화려하지 않은 길을 걸었다. 처음에 그는 신문기자 생활을 했다. 실제로 무엇이든 재미있게 하는 법을 배운 곳은 신문사였다. 한때 그는 자동차에서 생활하며 아홉 달을 지내기도 했다. 그리고 평생 하고 싶은 일을 찾으면서 하버드 법대에서 법학학위를 따기도 했다.

그가 〈매드 머니〉의 시청률을 높이고자 이런저런 내용을 덧붙인다는 이유만으로 그게 전부라고, 또는 그게 익살에 불과하다고 생각하면 오산이다. TV에 나오는 익살스러운 행동은 투자에 신중한 그의 본 모습을 착각하게 만든다. 그는 TV 스타가 되기 훨씬 전에 헤지펀드 매니저로서 성공을 거두었다. TV 프로그램에서 그가 추천하는 주식의 수익성에 대해 의문을 제기하는 비판가가 있긴 하지만, 짐이 진짜로 상당히 많은 돈을 벌었다는 사실을 잊어서는 안 된다. 그는 실제로 성공을 거두었기 때문에 그를 비난하는 모든 사람들보다 아는 게 많다. 짐은 융통성 있게 주식을 사고 팔았고, 가끔은 16분의 1달러 단위로 소수점 아래 4자리까지 표기되던(주식이 그런 식으로 거래되던 때를 기억하는가?) 주가동향에 근거하여 포지션을 바꿔가며 돈을 벌었다.

내가 볼 때 짐의 방송이 갖는 최고의 진가는 주식과 주식의 기초가 되는 기업을 어떻게 투자대상으로 생각해야 하는지 가르쳐 준다는 점이다. 그가 추천한 주식이 성과를 올렸는지에 대해서는 잊어버려라. 짐 크레이머는 그렇게 수백 만 달러를 번 것이 아니었다. 그는 시청자들에게 투자기회를 제공하는 기업과 주식을 어떻게 평가할지 알려주려 한다. 그런 방식으로 주식을 지켜보면, 짐의 추천종목을 당일거래하거나 포지션 트레이딩(position trading, 3개월에서 6개월 동안 주가의 움직임을 보며 이익을 얻는 투자유형—옮긴이)하는 것보다 훨씬 나은 결과를 얻을 수 있다.

그리고 버냉키에 대한 그의 비난("그는 얼마나 상황이 나쁜지 전혀 모른다!")에 대해 이야기하자면, 사실 되돌아보면 그의 말이 옳지 않았나?

짐은 이제 예전처럼 적극적으로 자산을 관리하지는 않지만, 1988년부터 1997년까지 매년 S&P500지수를 능가했다. 이 기간 중에는 주가가 떨어졌던 1990년이 포함되어 있다. 이 해에 짐의 펀드는 12%의 이익을 낸 반면, 주식시장은 7%가 떨어졌다. 그리고 1995년, S&P가 34%라는 견실한 상승세를 보였을 때, 그의 펀드는 60% 급상승했다. 그리고 1998년이 왔다.

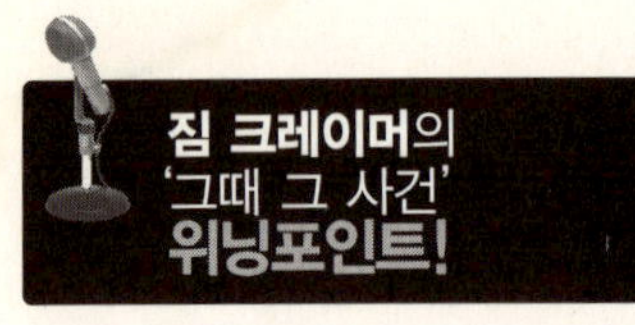

〔1998년, S&P는 27%가 상승한 데 반해, 짐 크레이머의 펀드는 비참하게도 2%의 수익률을 기록했다. 그는 미국 최고의 저축대부조합(S&L) 주식을 매입하는 전략으로 성공을 구가하고 있었다. 그는 장부가치보다 낮은 가격에 거래되던 S&L조합 주식을 매입했다.〕

우리는 인수되거나 덩치가 커질 거라고 생각한 S&L 주식을 매수했다. 이 전략은 거의 10년 동안 성공을 거두었다. 하지만 1998년, 저금리로 인해 S&L조합은 예금으로 돈을 벌기가 힘들어졌고, 정부는 저축대부산업의 합병에 반대하기 시작했다. 계속 성공을 거둬왔던 모든 것이 작동을 멈추었다. (중략) 투자자들은 분 단위로 새로운 정보를 요청했다. (중략) 결국 우리는 영업이익과 인수 부문 양쪽에서 손실을 입고 말았다. 우리의 포트폴리오는 정말 엉망이었다.

1998년 중반에 동업자 제프 버코위츠(Jeff Berkowtiz)를 찾아갔다. 우리는 큰 실수를 저질렀음을 인정하고, '우리가 하고 있는 짓이 마음에 들지 않는다'는 사실에 동의했다. 시장이 믿을 수 없을 정도로 과대평가되었다면 우리는 돈을 돌려줘야 하며, 그게 아니라면 우리의 방법에 결함이 있다는 사실을 인정해야 했다. 투자방식을 바꾸는 것은 이단으로 간주되었지만, 우리는 그렇게 할 수밖에 없었다. 우리는 밤마다 자기 탐색의 시간을 가졌다. 그리고 우리의 주식 포지션을 차례차례 검토했다. 성공한 종목은 잠시 잊고 실패한 종목이 왜 잘못된 선택이었는지에 대해 살펴보았다. 그리고 투자자들을 찾아가 우리가 오랫동안 이용해온 방법이 성공적이지 못했다고 털어놔야 했다. 그 일은 쉽지 않았다. 우리의 잘못을 인정하는 동시에, 투자자들을 우리 곁에 붙잡아둘 수 있는 방법은 많지 않다. 결국 많은 투자자들이 우리 곁을 떠났다. 우리의 펀드는 하루에 1억 달러씩 빠져나갔다. 정신이 멍해질 정도로 끔찍한 시간이었다. 매도를 요구하는 팩스가 산더미처럼 쌓였고, 매도 주문전화가 폭주했다. 나를 떠난 사람들 대부분이 1982년부터 함께 했던 사람들이었기 때문에 내 속은 뒤틀렸다. 투자자의 3분의 1정도가 펀드에서 빠져나갔다. 완전히 무너진 셈이었다.

하지만 종목 교체는 통했다. 우리는 기술주를 사들이기 시작했다. 어떤 기업이 영업이익 예상치를 최대한으로 능가할 것인지 알아내어 그 주식을 집중적으로 사들였다. 1999년, S&P지수는 20%가 올랐고, 우리의 펀드는 62% 상승했다. 그리고 2000년 나스닥이 11%나 떨어졌을 때, 우리는 기술주를 공매도하기 시작하여 36%의 수익률을 기록했다. 우리는 엄청난 잘못을 저질렀고, 많은 사람들이 우리의 펀드에서 빠져나갔다. 하지만 그때가 기회였다. 우리는 우리가 하고 있던 일들을 솔직하게 검토해보았다. 이와 같은 자기 점검이 어려운 회사를 살려낸 것이다.

Jim Cramer's History

짐 크레이머는 하버드 대학을 우등으로 졸업했다. 대학생활 중에 〈하버드 크림슨(Harvard Crimson)〉 회장으로 활동하기도 했다. 졸업 후 〈탤러하시 데모크래트(Tallahassee Democrat)〉지와 〈로스앤젤레스 헤럴드 이그재미너(Los Angeles Herald Examiner)〉지 신문기자로 일했다. 스포츠부터 살인까지 모든 사건을 취재하며 일하다가 뉴욕으로 옮겨 법률 전문지 〈아메리칸 로어(American Lawyer)〉의 창간을 도왔다. 3년 간 〈아메리칸 로어〉에서 일하던 그는 하버드법대에 입학하여 1984년에 법학박사 학위를 받았지만 변호사로 개업하는 대신 골드만삭스의 영업부서에 들어갔다. 그리고 1987년 골드만삭스를 떠나 자신의 헤지펀드를 운영하기 시작했다. 그는 펀드를 운영하면서 다우존스의 인터넷 포털인 '스마트 머니(Smart Money)' 창설을 도왔고, 1996년에는 더스트리트닷컴을 공동설립했다. 현재 더스트리트닷컴 회장으로 재직하며, 설립 초기부터 더스트리트닷컴의 칼럼니스트이자 기고가로도 활동한다.

2000년, 크레이머는 펀드 운영에서 손을 떼고 라디오와 TV를 포함한 언론활동에 전념했다. 현재 CNBC와 더스트리트닷컴의 시장 해설가로 활약하고 있다. 더스트리트닷컴의 칼럼니스트 활동 말고도 다양한 영상제작에도 참여하면서 CNBC의 〈매드 머니〉 진행자로도 일한다.

크레이머는 《한 월가 중독자의 고백(Confessions of a Street Addict)》, 《망했어요.(You Got Screwed)》, 《짐 크레이머의 영리한 투자(Jim Cramer's Real Money)》, 《짐 크레이머의 매드 머니(Jim Creamer's Mad Money)》, 《짐 크레이머는 평생 미쳐 있다.(Jim Cramer's Stay Mad for Life)》 등 다수의 책을 발표했고 최근에는 《짐 크레이머가 정상으로 돌아가고 있다(Jim Cramer's Getting Back to Even)》를 출간했다. 미국의 수많은 방송 프로그램들이 그를 집중적으로 다루었다.

마크 큐반

장사 잘 되던 술집을 포기하다!
: 만약 작은 성공에 안주했다면?

브로드캐스트닷컴(Broadcast.com)을 설립했고 이 회사를 야후에 매각하여 억만
장자가 되었다. 미 프로농구팀인 댈러스 매버릭스(Dallas Mavericks)의 구단주이
기도 하다.

솔직히 말해 마크 큐반의 삶은 부럽기 그지없다. 그는 대부분의 중년들이 원하는 삶을 살고 있다. 닷컴회사를 차려 수십 억 달러에 팔아치워 거부가 되었고, 프로농구팀 댈러스 매버릭스의 구단주로 사는 그를 부러워하지 않을 이가 있겠는가. 코트사이드에서 경기를 지켜보다가 잘못된 판정을 내리는 심판들에게 소리를 지르며 사는 인생. 이보다 더 좋은 삶이 있을까?

물론 그런 큐반에게도 가끔 문제가 생긴다. 예컨대 너무 흥분한 나머지 경기 코트에서 상대팀 선수들과 뒤섞여 드잡이를 하거나 경기가 끝난 후 언론을 향해 심판들을 비난할 때가 그렇다. 그는 종종 리그로부터 수십 만 달러의 벌금을 부과받기도 하는데, 이제 껏 그가 낸 벌금을 합치면 150만 달러가 넘는다. 하지만 수십 억 달러를 가진 사람이 그 정도 벌금쯤이야 뭐 대수겠는가?

그는 다른 방법으로도 자신의 도를 넘은 표현에 대해 기꺼이 대가를 치르려 한다. 그가 NBA 심판들은 데어리 퀸(Dairy Queen, 미국 아이스크림 프랜차이즈 회사—옮긴이)도 운영할 능력이 없는 사람들이라고 강력히 비난했을 때처럼 말이다. 문제는 NBA연맹 때문이 아니라 데어리 퀸의 경영진 때문에 발생했다. 데어리 퀸으로부터 격렬한 항의를 받게 된 그는 하루 종일 데어리 퀸 매장에서 아이스크림을 섞으며 초콜릿 콘을 팔아야 했다.

그러나 많은 사람들이 모르는 사실이 있다. 피츠버그 출신의 그에게 육체노동은 그리 새로운 게 아니며, 제2의 천성이라는 점이다.

그의 아버지는 자동차 실내 장식가였다. 그리고 마크 큐반은 영업사원, 바텐더, 파티 기획자, 디스코 춤 강사 등을 거쳤다(ABC 프로그램 〈스타와 함께 춤을(Dancing with the Stars)〉에 출연했던 그를 기억하는가?).

마크 큐반은 1980년대에 컴퓨터 컨설팅 회사 마이크로솔류션스(MicroSolutions)을 차리기 전까지 제대로 돈을 벌지 못했다. 그는 1990년에 그 회사를 팔아 처음으로 100만 달러(실제로는 200만 달러)를 벌었다. 그리고 한참이 지난 뒤에야 처음으로 1,000만 달러를 벌었다. 지금도 마크는 육체노동자 같은 인상을 준다. 피츠버그 출신에게서 그 도시가 갖는 육체노동자 이미지를 지우기란 쉽지 않다. 하지만 그는 어디에서나 볼 수 있는 평범한 사람이 아니다. 마크 큐반은 창의적으로 생각한다. 그리고 자신이 하는 일에 에너지를 불어넣는다. 그만의 독특한 개성은 모든 것을 어우러지게 만드는 듯이 보인다.

그는 인디애나 대학을 다닐 때 연쇄편지(수신자로 하여금 동일한 내용의 편지를 더 많은 사람들에게 보내라고 종용하는 편지—옮긴이)로 등록금을 마련했다고 한다. 마크는 내게 말했다.

"그것은 분명 다단계 판매였다. 하지만 그 덕분에 시장이 어떻게 돌아가는지 많은 것을 배울 수 있었다."

  위닝포인트

1990년대에 마크는 인디애나 대학팀의 농구경기를 보고 싶어서, 그리고 그 경기를 방송할 권리를 얻은 덕분에 브로드캐스트닷컴을 시작했다. 결국 그는 대략 60억 달러에 해당하는 주식을 받고 그 회사를 야후에 팔았다. 미리 그런 생각을 하지 않았다면 아마 그는 다른 닷컴기업들처럼 공중폭격으로 완전히 파괴된 고속도로에서 횡사하고 말았을 것이다. 마크는 어떻게 억만 달러의 재산을 유지할 수 있었을까? 그는 야후의 주식을 모두 취득한 뒤, 주가가 하락할 경우를 대비하여 풋옵션을 매수했다. 이후 야후 주가는 대략 90%나 급락했다. 그래서 마크는 닷컴의 거품들이 다 빠져나갔음에도 불구하고 계속 억만장자로 살 수 있었다. 마크는 엄청난 재산을 모았지만 소프트웨어 괴짜는 아니다. 그는 사업가다. 물론 과거엔 사업가라고 볼 수도 없는 사람이었다.

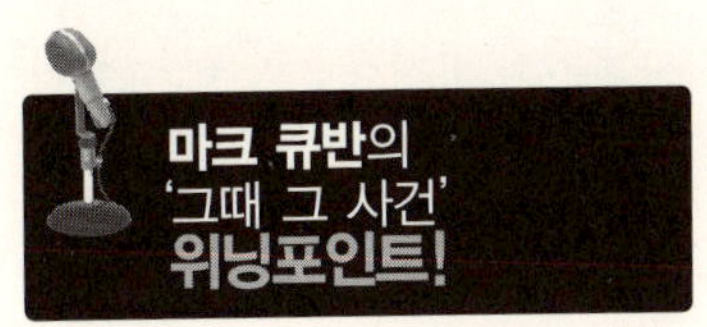

대학교 3학년 때 파티 기획자로 아르바이트를 했는데, 친구들과 종종 파티를 열었다. 우리는 21살도 안 됐지만 술집에 들어갈 수 있었고 파티 기획의 대가로 돈을 받아 꽤 많은 자금을 모았다. 그리고 여름이 끝날 무렵에 나는 친구에게 말했다. "우리 제대로 크게 판을 벌이자!" 그리고 우리는 바로 실행에 옮겼다.

4학년 때 친구와 나는 술집을 하나 인수했다. 내가 학생대출로 마련한 돈과 친구의 돈, 그리고 그간 모아둔 돈을 모두 합쳐 인디애나 블루밍턴(Bloomington), 광장에서 모틀리(Motley's Pub)라는 술집을 열었다. 술집은 학교에서 가장 인기 있는 곳으로 자리를 잡게 되었고 장사가 정말 잘 됐다. 그리고 1979년 2월 12일, 문제의 그날이 왔다. 우리는 젖은 티셔츠 대회를 열었는데, 술집은 발 디딜 틈 없이 가득 찼다. 나는 정말로, 정말로 조심해야 한다고 생각했다. 우리가 젖은 티셔츠 대회를 열기 때문만은 아니었다. 우리로 인해 동네의 모든 술집들이 영업에 큰 지장을 받을 터라 당국이 우리를 주시할 게 분명했기 때문이었다.

나는 대회에 참가한 여학생들의 신분증을 직접 살펴보았다. 맨 처음 들어온 참가자의 신분증을 살펴봤던 게 지금도 기억나는데, 약간 어려보이긴 했지만, 그녀의 신분증은 법적으로 문제가 없었다. 다행히 대회는 순조롭게 끝이 났다. 그런데 지역 신문이 찍은 사진이 문제였다. 최종 결선에 오른 3명이 제대로 옷을 갖춰 입고 찍은 사진이 신문에 실렸는데, 보호관찰 경찰이 그 사진을 보고 세 사람 중 한 명이 성매매혐의로 보호관찰 중인 16세 소녀임을 알아본 것이다. 그 사건은 1톤짜리 벽돌 더미가 머리에 떨어지는 것 같은 충격을 주었다. 그 일로 인해 더 이상 술집 운영을 할 수 없었다. 장사가 잘 되었던 터라 아쉬움이 오랫동안 남았다. 그리고 여러 해, 돈과 관련해서는 슬럼프에 빠져 지내야만 했다. 그런데 지나고 보면 그 사건이 일어난 것에 대해 큰 고마움을 느낀다. 만약 그 일이 일어나지 않았더라면 나는 어떻게 되었을까? 그날 이후로 지금까지 내 삶에서 겪게 된 여러 가지 짜릿한 경험을 누리는 대신, 인디아나 블루밍턴에서 평범한 술집 주인으로 살고 있을 가능성이 더 크다. 작은 성공에 자만하여 더 큰 그림을 그리지 못한 채 안주하며 살았을 것이다. 누군가가 나에게 도움이 된 사건을 묻고 위닝포인트를 알려달라고 하면, 난 이 이야기를 주저하지 않고 말한다.

Mark Cuban's History

마크 큐반이 댈러스 매버릭스를 사들인 이후(2000년), 그 조직의 모습은 일순간에 변하기 시작했다. 리유니언 아레나(Reunion Arena, 댈러스 매버릭스의 예전 홈코트—옮긴이)가 들썩이면서 매버릭스의 경기는 파티 분위기를 띠게 되었다. 매버릭스의 경기는 평범한 NBA 경기를 넘어 완벽한 오락의 장이 되었다. 마크 큐반은 팀을 응원하며 자기 자신을 궁극적인 롤모델로 제시함으로써 매버릭스 팬들에게 자부심과 열정을 불어넣는 데 성공했다. 뿐만 아니라 개인

이메일을 통해 팬과의 대화를 격려하는 스포츠 구단주가 되었다. 미국 내 여러 도시들과 전 세계의 팬들이 그의 활기 넘치는 성격을 알아채고 매버릭스에 관심을 보이기 시작한 것은 바로 이러한 개인적 접촉이 이루어지면서부터였다. 그는 수천 통의 이메일에 직접 답장을 보냈다. 그리고 팬들이 제시한 여러 가지 제안을 받아들여 혁신적인 변화를 이룬 일도 많다. 가령 코트 3면에 새로이 부착한 숏 시계 덕분에 농구장 안 어디에서든 24초 시계를 볼 수 있게 되었다.

무엇이든 해보려는 큐반의 자세와 승리에 대한 집념은 모든 이의 주목을 받는다. 그가 처음 구단주로 부임한 후 첫 시즌이 끝났을 때, 선수들은 31승 19패의 기록으로 화답했고, 특히 2000년 4월 한 달 동안 9승 1패라는 놀라운 기록을 세웠다. 마크 큐반은 공격, 수비, 슈팅 전담 코치를 고용한 것 외에 팀의 발전을 위해서라면 무슨 일도 하겠노라 약속했다. 팀은 2000~2001 시즌을 53승 29패의 성적으로 끝냈고, 22년 만에 처음으로 플레이오프에 진출했다. 그리고 NBA 역사상 6번째로 플레이오프 전에서 유타(Utah)를 상대로 게임 스코어 0-2로 뒤지다가 5게임을 연속으로 이겨 역전을 이루었다. 2001~2002시즌 개막 전에 매버릭스의 새로운 홈코트, 아메리칸 에어라인즈 센터(American Airlines Center)가 문을 열었다.

한편 큐반은 고화질 TV방송망인 HDNet을 공동설립하여 2001년 9월에 첫 방송을 내보냈다. 그가 추진한 다른 벤처사업과 마찬가지로, 큐반은

HDNet으로 TV 업계에 혁명을 일으키고 있다.

마크 큐반은 매버릭스를 인수하기 전인 1995년에 인터넷에 멀티미디어와 스트리밍 서비스를 제공하는 브로드캐스트닷컴을 공동설립했고, 1999년 7월 야후에 매각했다. 브로드캐스트닷컴 설립 전인 1983년에는 국가 시스템 통합(National Systems Integrator) 업체 마이크로솔루션스를 공동으로 설립했다가 컴퓨서브(CompuServe)에 매각했다. 현재 그는 매버릭스 구단주로 활동하는 것 외에도 첨단 기술 분야에 적극적으로 투자하며 연설가로서도 큰 인기를 끌고 있다.

26 Ben Stein

벤 스테인

잘못된 부동산 매매로 손해를 보다!
: 경제의 흐름대로 판단하기

두 명의 미국 대통령 밑에서 연설문을 작성했다. 작가, 배우, 변호사, 경제학자, 칼럼니스트 등으로 활동 중이다. 또한 〈페리스의 해방(Ferris Bueller's Day Off)〉이란 영화에 선생님 역할로 출연했다.

이 책을 쓰기 위해 벤 스테인과 인터뷰할 때, 나는 마음에 줄곧 담아 두었던 이야기를 물을 수밖에 없었다. 몇 년 전, 케이블 방송의 한 프로그램에서 앵커를 보고 있을 때였다. 벤은 우리 프로그램에 게스트로 출연했다. 당시 그는 로스앤젤레스의 스튜디오에서 프로그램에 참여하고 있었는데, 방송 진행 도중 내가 벤에게 질문을 했으나 그는 대답하지 않았다. 그때 난 벤을 '뷸러(영화에서 벤 스테인이 출석을 부르며 주인공인 페리스를 '뷸러, 뷸러'라고 불렀다.—옮긴이)'라고 불렀다. 그는 방송에서 여러 가지 말을 했지만, 내 질문에 대해서는 답하지 않았다. 그래서 나는 이토록 성공한 작가이자 변호사이며 칼럼니스트이자 경제학자인 그를 영화 〈페리스의 해방〉에서 그가 맡은 지루한 선생님 역으로 격하시킴으로써 그가 화가 난 게 분명하다고 생각했다. 그는 내게 말했다. "아니, 정말 아닙니다. 당신의 질문을 듣지 못했어요. 내가 들었다면, 무슨 말이라도 했을 겁니다. 난 페리스 뷸러 때문에 놀림을 당하는 게 즐거워요. 절대로 그런 일로 짜증나지 않습니다."

그의 대답에 나는 조금 놀랐다. 그것이 자신의 삶에서 경험한 가장 신나는 일이 아닐 거라는 생각 때문이다. 하지만 벤은 이렇게 대답했다. "아닙니다. 어디에 가든 사람들이 나를 보고 '뷸러, 뷸러'라고 말합니다. 하루 종일 그런 소리를 듣지만 결코 지루하지 않아요. 나는 사람들의 관심이 좋습니다. 세상에 알려지기를 원하니까요."

　벤 스테인의 매력적인 부분은 유머 감각이다. 실제로 그가 심각한 이야기를 할 때도 가끔은 우습게 들리기도 한다. CNN이나 폭스 뉴스 채널에 게스트로 출연해 어떤 정치인에 대해 비난을 퍼부을 때도, 너무 익살스럽게 들린 나머지 그의 말이 농담인지 진심인지 분간하기가 힘들 때도 있다. 바로 그런 점 때문에 벤은 함께 대화를 나누기에 즐거운 사람이다. 어쨌든 그 역시 많이 배운 사람이다. 유명한 경제학자 허브 스테인(Herb Stein)의 아들인 벤은 컬럼비아 대학교 경제학과를 우등으로 졸업했고, 예일 대학교 법대도 우등으로 졸업했다. 그는 상무성에서 경제학자로 일했고, 연방거래위원회(Federal Trade Commission) 법정변호사로도 일했다. 또한 아메리칸 대학, 페퍼다인 대학, 산타크루즈의 캘리포니아 대학에서 경제학과 법학을 가르쳤다.

　글 쓰는 일에도 남다른 재능이 뛰어나 소설 7권을 포함하여 수십 권의 책을 집필했으며, 한 때는 리처드 닉슨 연설문 작성자이자 변호사로도 활동했다. 그는 〈월스트리트 저널〉을 포함해, 〈로스앤젤레스 헤럴드 이그재미너〉, 〈뉴욕타임스〉, 〈뉴욕〉, 〈아메리칸 스펙테이터〉 등의 칼럼니스트로도 활동했다. 또한 코미디 센트럴의 TV 게임 프로그램인 〈벤 스테인의 돈을 확보하라(Win Ben Stein's

　　　　　　　　　　　　　　　　　　　　　　　

Money)〉의 스타였으며, CBS의 〈선데이 모닝〉과 폭스 뉴스의 해설가이기도 하다. 그가 삶에서 이룬 업적은 끝도 없이 많지만, 요지는 이러하다. 존 F. 케네디가 백악관 식당에 노벨상 수상자들을 모은 적이 있었다. 그 자리에서 벤 스테인은 다음과 같이 말한 것으로 유명하다. "제 생각에 백악관에서 이렇게 뛰어난 지식과 재능을 가진 사람들이 한 자리에 모인 것은 제퍼슨 대통령이 혼자 식사한 때를 빼고는 처음일 것입니다."

벤 스테인이 토머스 제퍼슨은 아닐지라도, 아마 그는 케네디 대통령과 함께 식사를 한 사람들보다 더욱 훌륭한 배우이자 재미있는 사람일 것이다. 그는 사람들이 자신의 어떤 점을 기억해 줄지 안다는 점에서 매력적일 정도로 현실적이다. 그는 이렇게 말한다.

"내가 죽은 비석에 이렇게 씌어 있기를 바란다. '벤 스테인!' 생년월일과 사망일자. 그리고 그 아래 '뷸러… 뷸러…'라고 적혀 있기를 말이다. 그래도 나는 괜찮다!"

최근 그의 보수적인 정치 성향은 주류 미디어들과 잘 맞지 않았다. 〈뉴욕타임스〉의 비즈니스 면에 실린 그의 칼럼을 예로 들면, 신문사 측은 벤의 TV광고 출연에 반대한다면서 그의 칼럼을 빼버렸다. 이 사건을 두고 벤은 이렇게 말했다.

"그것은 완전히 정치적 중상이었다. 그들이 나를 칼럼니스트로 채용한 20년 동안 줄곧 TV광고를 제작해왔는데 지금에 와서 TV광고에 나갈 수 없다고 말하는 건 난센스다. 그러면서도 그들은 내게 TV광고에서 나오는 기념품을 달라고 부탁했다. 그런 사람들이 '우린 당신이 TV광고를 만드는 줄 몰랐어요'라고 말한다. 어떤 신문사 부장은 그런 기념품만 따로 수집한다고 알려져 있다."

벤의 일요일자 칼럼을 애독해오던 나는 지금도 그의 글이 그립다.

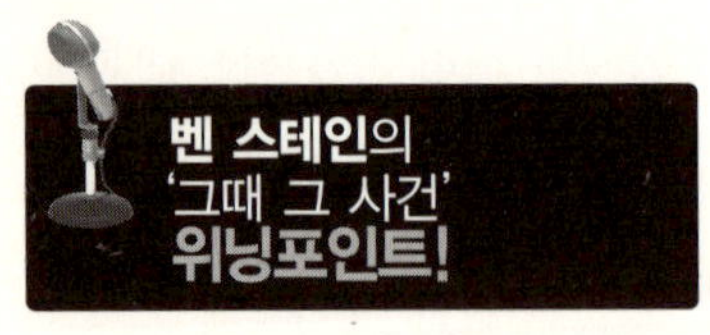

1978년 나와 아내는 콜로라도 아스펜에 아름다운 집 한 채를 샀다. 주택시장이 얼어붙은 상태였기에 우리는 저렴한 가격에 그 집을 살 수 있었다. 집값은 대략 27만 달러였다. 우리는 한동안 그 집을 보유했는데, 솔직히 말하면 나쁜 일만 겪었다. 집수리를 맡은 건축업자가 우리에게 사정없이 바가지를 씌웠고, 한번은 집을 비운 사이에 이웃들이 우리 집 땅 수백 평방피트를 불법으로 점유하려고 했다. 우리는 스키 시즌에 집을 세놓았는데, 가지각색의 사람들이 집을 마구잡이로 사용했다. 마침내 나와 아내는 이런 생각을 했다.

"그 집을 갖고 있어봐야 상황만 나빠질 거야. 게다가 이곳 아스펜은 매력이 넘치는 곳도 아니야. 놀라운 일이 벌어질 기미가 없는, 한창 때가 지난 도시야."

결국 우리는 살 때보다 10만 달러를 더 받고 집을 팔았다. 그런데 10년 만에 그 집은 우리가 살 때보다 10배나 올랐다. 그 일은 보이는 것보다 훨씬 더 엄청난 사업상 실수로 나타났는데, 그 이유는 10년 동안 우리가 아주 많은 부동산을 사놓고는 하나도 팔지 않았다는 점이다. 그런 결정 또한 크나 큰 실수로 판명되었다. 왜냐하면 지금은 부동산이 전혀 팔리지 않는 시대이기 때문이다. 많은 부동산을 보유하고 있다는 게 훌륭한 아이디어를 많이 갖고 있다는 의미는 분명히 아니다. 나는 놀라울 정도로 많은 집과 상업용 땅을 갖고 있다. 그런데 내가 아스펜에 부동산을 갖고 있다가 얻은 교훈은 올바른 것이 아니었다. 내가 얻는 교훈은 늘 어떤 상황에서 잘못된 교훈을 취하는 일과 관계가 있다.

아주 오래 전 놀라울 정도로 머리가 좋으신 아버지(허브 스테인, 닉슨 대통령과 포드 대통령 밑에서 경제자문위원회 회장을 지냄)는 늘 기억해야 할 이야기를 들려주셨다. "부동산을 포함하여 인플레이션이 발생할 때마다 인플레이션 법칙에 필연적으로 동반되는 법칙이 하나 있다. 즉 모든 인플레이션은 끝난다는 법칙이다."

나는 모든 인플레이션이 끝난다는 사실을 계속 잊어버린다. 그래서 계속 위기감을 갖는 것이다. 사실 아스펜 사건에서는 긍정적인 결과도 얻었다. 부동산에서 얻은 손실을 모두 더한 후, 그 손실액을 부동산에서 얻은 모든 수익에서 빼면, 그래도 수익이 손실보다 훨씬 많다는 점이다.

지난 몇 년 동안 사들인 부동산에서 손해를 봤어도 과거 20년 동안 사들인 것을 따진다면 수익이 꽤 괜찮기 때문에 그나마 위안이 된다.

Ben Stein's History

벤 스테인은 1944년 11월 25일, 워싱턴 DC에서 경제학자이자 작가인 허버트 스테인의 아들로 태어났다. 컬럼비아 대학교 경제학와 예일 대학교 법대를 졸업했다. 그는 상무성에서 경제전문가로 일했고, 뉴헤이븐과 워싱턴 DC에서는 무료변호사로, 워싱턴 DC의 연방거래위원회에서는 통상규제 분야 법정변호사로도 일했다. 1973년과 1974년에는 백악관에서 리처드 닉슨과 제럴드 포드의 연설문을 작성하고 대통령의 변호사로도 활동했다. 또한 〈월스트리트 저널〉에서 칼럼니스트이자 논설위원으로 일했다. 아울러 〈배런스〉,

<로스앤젤레스>, <뉴욕> 등에 글을 기고했는데, 밀켄 드렉셀(Milken Drexel)의 정크본드 사기 문제와 경영진의 인수 윤리에 관한 글이 전국적인 관심을 끌기도 했다. 그리고 <아메리칸 스펙테이터>에 20년 동안 장편의 일기를 써왔다. 현재 그는 CBS <선데이 모닝>과 폭스 뉴스에 시사 해설가로도 출연하고 있다.

7편의 소설을 포함해 30권의 책을 쓰거나 공동으로 출간했다. 소설은 주로 로스앤젤레스에서의 생활을 다루었고, 21편의 논픽션은 금융, 금융계 윤리 및 사회문제, 대중문화의 정치 및 사회적 콘텐츠를 다루었다. 가장 최근에 발표한 작품은 익살 넘치는 자기계발서 《인생을 망치는 법(How to Ruin Your Life)》 시리즈로 베스트셀러가 되었다. 또한 그는 영화, TV배우로도 매우 유명하다. 그가 <페리스의 해방>에서 맡은 지루한 선생님 역은 최근 미국 영화에서 가장 유명한 장면 50에 선정되었다. 그는 동물보호 행사와 낙태 반대 행사에도 적극적으로 참여하고 있다.

27 Arianna Huffington

아리아나 허핑턴

출판사로부터 연거푸 거절 당하다!
: 작은 실수와 실패에 흔들리지 않기

허핑턴포스트닷컴(HuffintonPost.com)의 창립자. 〈포브스〉선정 언론에서 가장 영향력 있는 여성에 이름을 올렸다. 작가, 칼럼니스트로도 활동 주이며 캘리포니아 주지사 후보로도 나섰다.

베이비붐 세대는 정치토론이 순수했던 시절을 기억한다. 그렇다고 오늘날의 정치가 무조건 쓰레기라고 폄하하는 건 아니다. 사실 정치는 늘 그래왔다.

라디오 프로그램 진행자가 반정부 감정을 선동하기 위해 정치적으로 분노한 척하거나 국회의원선거 캠프 참여자들이 지지기반을 다지고자 광고 캠페인을 펼치던 시절 이전의 정치토론은 고등교육을 받고 성공을 이룬 박식한 이상주의자들에 의해 이루어졌다. 그리고 1960년대 혁명의 지적 잔유물은 1970년대까지 남았다. 그러던 어느 날, 아리아나 허핑턴은 그 잔유물 한가운데 자신이 있음을 발견했다. 그녀는 지금까지도 잊지 못하는 깨달음을 그때 얻었다. 그녀는 이렇게 설명했다.

"캠브리지 대학을 다닐 때 토론 클럽에 가입했는데, J. K. 갤브레이스와 같은 편에 서서 빌 버클리를 상대로 토론대회의 개회사를 맡게 되었다. 토론회는 버클리의 프로그램을 위해 녹화된 토론회였다. 내가 개회사를 하고 난 후, 갤브레이스가 이야기를 했고 그 다음 버클리가 연단에 나섰다. 버클리는 부드러움과 자신감을 동시에 발산하면서 갤브레이스를 우아하게 비판했다. 당시 갤브레이스가 내 옆에 앉아 있었는데, 갑자기 내게 버클리의 말을 가로막으라고 채근했다. 그는 버클리가 설명하는 조건이 주식시장에만 적용되고 다른 모든 시장에 적용하기에는 불완전하다고 지적하길 원했다. 본능적으로 나는 그러면 안 된다는 사실을 알았다. 그건 토론의 본질이 아니었기 때문이다. 하지만 캠브리지 유니언(Cambridge Union)의 규칙은 누군가가 자리에서 일어서면, 말하던 사람은 상대에게 발언권을 양보하는 것이었다. 그래서 버클리는 말을 끊고 연설을 양보했다. 나는 그의 말에 끼여들었고, 내 주장을 펼쳤다."

갤브레이스는 말 그대로 케네디 가의 친구다. 그는 정부가 사회의 많은 죄악과 자유시장의 불평등을 바로잡을 수 있는 권한이 있다고 믿는 자유주의 경제학자로 유명했다. 그는 민주당 대통령 정권에서 복무했고, 하버드 교수일 때 옹호한 진보주의적인 주장을 담아 대중적인 경제학 서적들을 출간했다. 자유주의자로서 그가 쌓은 신임은 대략 2미터나 되는 그의 키만큼이나 높았다. 반대로, 빌 버클리는 거물급 보수주의자였다. 그는 뛰어난 기지와 지성으로 당대에는 견줄 자가 없는 정치 토론자로 인정받았다. 그의 자유론적인 주장은 공화당 내부에 로널드 레이건(Ronald Reagan)과 같은 지도자가 등장하게 만든 시대적 흐름에 기여했다.

"내 주장을 듣고 난 버클리는 나를 향해 몸을 돌리며 말했다. '아리아나 양, 나는 당신이 보호하는 시장이 어떤 것인지 모르겠습니다' 그 지적에 모든 사람이 환호성을 질렀다. 지금까지도 나는 그가 무슨 말을 하려 했는지 잘 모른다. 중요한 사실은 내가 완전히 패했다는 것이다. 나는 캠브리지의 토론자로서의 시절이 끝났다고 생각했다. 그 사건이 내게 가르쳐준 교훈은 첫째, 자신이 믿는 옳은 판단에 어긋나는 짓은 절대로 하지 말라는 것이다. 갤브레이스의 말이 아닌 내 신념을 지켜야 했다. 그리고 두 번째는 내가 끝이라고 생각하지 않는다면, 무슨 일이든 결코 끝나지 않는다는 것이다. 다시 돌아와 반전을 이룰 기회를 엿봐야 한다."

아리아나는 자신의 새로운 모습을 보여주는 능력으로 유명하다. 갤브레이스 편에서 이야기했던 사실에서 예상할 수 있듯이, 그녀는 1970년대 대부분의 논쟁에서 자유주의 편에 있었다. 1980년대와 1990년대에 들어서면서 그녀는 공화당의 주장을 지지하는 사람으로 알려지게 되었다[한때 그녀는 보수적인 정치가 마이클 허핑턴(Michael Huffington)과 잠시 부부 사이였다]. 그녀는 1996년 뉴트 깅그리치(Newt Gingrich)의 혁명과 밥 돌(Bob Dole)의 대선후보 출마를 적극 지지했다. 하지만 1990년대 말 무렵 그녀의 정치적 입장은 처음의 진보 성향으로 다시 돌아갔다. 지금 그녀는 민주당원이 되어 있다.

이 모든 과정을 이야기하면서 그녀는 자신의 최우선적인 목표가 더욱 공정하고 공평한 사회를 만들며 곤경에 빠진 사람들을 돌보는 것이었다고 털어놓는다. 그녀는 진보에서 보수로 그리고 다

시 진보로 옮겨온 이유를 자신의 목표를 달성할 수 있다는 믿음의
실천 가능성 때문이었다고 말한다.

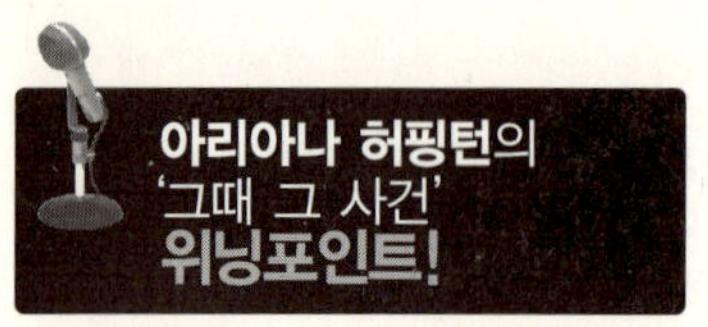

살면서 겪은 큰 사건, 잊지 못
할 일은 나의 두 번째 책과 관련이 있다. 첫 번째 책이 성공을 거둔
뒤에 실패가 온 것이었다. 첫 번째 책《여성(The Female Women)》은
변화하는 여성계를 다루고 있다. 그리고 두 번째 책《이성을 따라
(After Reason)》에서는 정치지도자의 역할에 대해 쓰고 싶었다. 나에
게 그런 책을 써달라고 부탁한 사람은 없었지만, 그 주제가 끌렸
다. 따라서 그 원고가 출판사로부터 연거푸 거절당했을 때 얼마나
상심했는지 상상이 갈 것이다. 책은 36곳의 출판사로부터 거절을
당한 뒤에야 출간될 수 있었다. 출판사로부터 계속 거절당하고 보
니 온갖 종류의 회의가 들었고, 내가 잘못된 길을 가고 있다는 생
각과 함께 어쩌면 여기서 실패를 겪을 거라는 두려움이 엄습했다.
그리고 첫 번째 책의 성공은 행운이 따랐기 때문에 가능한 일이었
다고 여겼다. 그래서 나는 잠 못 이루는 숱한 밤중에 홀로 깨어나
과연 작가로서의 자질이 있는지를 스스로에게 묻곤 했다.

첫 번째 책에서 나오는 인세로 두 번째 책을 쓰는 데 필요한 비

용을 충당했다. 그러다보니 얼마 안 가 돈도 슬슬 바닥이 보이기 시작했다. 나는 책을 포기한 채 다른 일자리를 찾거나, 막역히 글 쓰는 일이 잘 풀리기만을 기대하는 수밖에 없었다. 당시 나는 런던 에 살았는데, 제임스가를 걷던 일이 기억난다. 제임스가에서 벗어 나 바클레이스 은행을 지나칠 무렵, 나도 모르는 무언가에 이끌려 은행으로 들어가 대출을 요청했다. 나와 마주한 은행원은 이안 벨 (Ian Bell)이라는 분이었다. 어려움에 빠진 주인공을 돕는 사람이 위 기의 순간 짠, 하고 나타나듯이 그 사람이 내 앞에 있었다. 그는 흔 쾌히 대출을 해주었다. 나는 그가 이유를 모를 거라고 생각하지 만, 지금도 크리스마스가 되면 이안에게 카드를 보낸다. 대출 덕 분에 나는 다른 출판사를 찾아가 책의 출간을 억지로 부탁하지 않 아도 되었다. 나는 더 많은 편지를 쓰고, 더 많은 영국 출판업자들 을 만나 책을 판매하려고 애썼다. 개인적으로 에이전트가 없었기 때문에 나를 대표할 이가 없었다. 만약 그때 대출을 받지 못했다 면, 아마 다른 일자리를 구하거나 책 쓰기를 포기했을 것이다. 하 지만 은행의 도움으로 책의 출판을 성사시키는 데 노력할 수 있었 고, 결국 적임 출판사를 찾았다. 사실 책은 성공적이지 못했다. 하 지만 그 일은 마치 20대에 뿌려둔 씨앗과 같은 일이 되었다. 아주 오래 전에 심어둔 씨앗은 내가 정치에 뛰어들어 정치에 대한 글을 쓰기 시작한 40대에 싹을 틔웠다. 젊은 시절 출판을 포기하지 않고 쓴 많은 글들은 이후 생각의 토대가 되었다.

질문 : 정치적 입장을 바꾼 사람으로 유명한 점을 고려할 때 이 이야기는 흥미롭네요.

그렇게 생각할 수 있다. 하지만 내가 공화당원이었을 때나 공화당을 떠났을 때나 정치적 입장의 중심에는 더욱 공정하고 공평한 사회를 만들고 곤궁에 빠진 사람들을 돌봐야 한다는 목표가 자리를 잡고 있었다. 공화당원었을 때엔 민간 부문의 해결책을 통해 이 목표를 잘 달성할 수 있을 거라고 생각했다. 실제로 내가 공화당을 떠난 이유는 그 일이 빠르게 진행되지 않는다는 느낌을 받았기 때문이다.

나는 젊은 시절의 좌절과 실패에서 얻은 것이 많다. 결국 최고의 성과로 이어질 수도 있는 기회를 박차는 이유는 실패에 대한 두려움이 강하기 때문이다. 이런 두려움을 극복할 때 자신이 진정 좋아하는 일을 시작할 수 있다.

Arianna Huffington's History

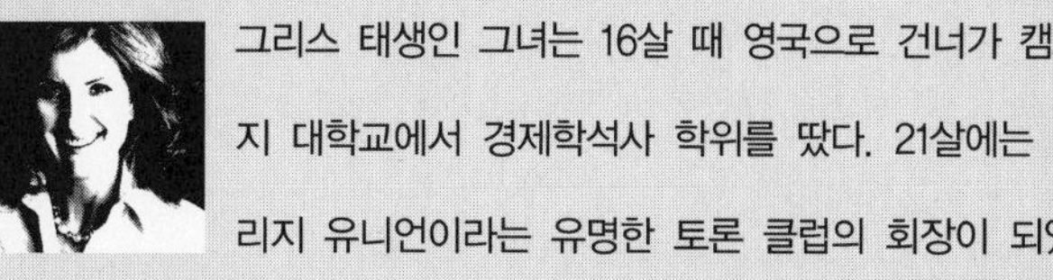

그리스 태생인 그녀는 16살 때 영국으로 건너가 캠브리지 대학교에서 경제학석사 학위를 땄다. 21살에는 캠브리지 유니언이라는 유명한 토론 클럽의 회장이 되었다.

아리아나 허핑턴은 허핑턴포스트의 공동창업자이자 편집자인 동시에, 신디케이트 칼럼니스트이자 12권의 책을 출간한 작가이며 인기 토론 라디오 프로그램 〈좌파, 우파, 중도파(Left, Right & Center)〉를 공동으로 진행하고 있다. 또한 〈찰리 로즈(Charlie Rose)〉, 〈리얼 타임(Real Time)〉, 〈래리 킹 라이브(Larry King Live)〉, 〈레이첼 매도우 쇼(Rachel Maddow Show) 등의 TV 프로그램에도 자주 출연한다. 2005년 5월에는 뉴스 및 블로그 사이트인 허핑턴포스트를 시작했는데, 폭넓은 독자층을 확보하면서 인터넷 미디어업체 중 자주 인용되는 사이트로 금세 자리를 잡았다. 2006년 〈타임〉은 세계에서 가장 영향력 있는 100인으로 그녀를 선정했고, 2008년 아이원미디어(I Want Media)는 그녀를 올해의 언론인상 수상자로 지명했다.

28 Herb Greenberg

허브 그린버그

취업면접에서 낙방하다!
: 철저한 자기 준비와 자시감에 대하여

〈포춘〉, 〈월스트리트 저널〉, 〈마켓워치〉, 더스트리트닷컴의 칼럼니스트. CNBC 프로그램 〈매드 머니〉의 해설자이자 폭스 뉴스의 패널이다. 그린버그메리츠 리서치 (GreenbergMeritz Research & Analytics)를 공동으로 설립했다.

허브 그린버그는 "나는 절대로 책을 쓰지 않을 겁니다"라고 잘라 말했다. 실제로 나는 그로부터 그 말을 50번 정도 들었다. "모두가 책을 쓴다. 책에는 글쓴이의 심장과 영혼이 담긴다. 그런데 그 책은 5,000부가 팔린다. 그렇게 고생할 가치가 있는가?"

책을 쓰는 필자로서 나는 그의 말이 틀리기만을 기대한다. 그러면서도 허브 그린버그가 마음을 바꿔 책을 써주기를 희망한다. 허브 그린버그가 알고 있는 일들이 책으로 출간되면 많은 사람들이 돈을 벌거나 절약할 수 있을 것이다. 지난 15년 동안 비즈니스와 관련 있는 TV 방송을 시청했거나 30년 정도 비즈니스 관련 출판물을 읽어온 사람이라면, 어딘가에서 허브의 얼굴을 봤거나 그의 글을 읽었을 가능성이 높다. 나의 경우 그가 CNBC에 초대 손님으로 자주 출연하던 1990년대 말에 그와 만났다(나는 그를 친구라고 부를 수 있어서 행복하다. 한번은 아내와 내가 그의 집에서 크리스마스 저녁 식사를 함께 한 적이 있다. 그린버그의 식구들과 성탄절 저녁 식사를 했다고 말할 수 있는 사람이 몇이나 될까?).

한때 모든 사람들이 인터넷이라 불리는 최첨단 물건의 매력에 흠뻑 빠져 있던 시기에는 이 회사, 또는 저 회사에 무작정 투자하여 부자가 될 수 있다며 최신의 닷컴기업들을 홍보하는 주식분석이 끝없이 등장했다. 그러나 허브는 그런 시류에 동참하지 않았다. 그는 펀치 잔에 담긴 술을 절대 마시지 않았다.

허브의 반거품(anti-bubble) 정서를 놀리기 좋아하는 TV 증권 컨설턴트 집단이 그의 주장과 거리를 두고 있었음에도 불구하고, 종종 TV 프로그램 PD들은 그런 집단을 돋보이게 만들 작정으로 허브를 초대했다. 컨설턴트들은 가끔씩 "아, 허브, 그건 미친 짓이에요!"라며 재미있어 했다. 내가 그런 프로그램을 진행한 적이 있었고 대화 도중에 대차대조표에 대한 고지식한 분석을 제기하려고 애쓰는 허브에게 그들이 어떤 반응을 보였는지 두 눈으로 지켜보았던 터라, 그런 사실을 잘 안다. 당시에는 이른바 새로운 패러다임에 의해 매출이나 수익처럼 기이한 것은 소매거래의 유물로 취급되던 때라는 점을 기억하라.

그러나 허브는 그런 자리에서도 웃음을 잃지 않으며, 기분 나쁘게 받아들이지 않았다. 그는 지난 20년 동안 고전하는 기업들이 발표한 공문서를 검토하고 취재한 결과를 통해 앞뒤가 맞지 않는 무언가를 발견하게 되면, 그것이 막연한 기대만으로는 사라지지 않는 붉은 기임을 알고 있었다.

허브는 런아웃앤허스피(Learnout and Hauspie)나 미디어 비전(Media Vision), 아레미소프트(AremiSoft)(허브는 이들 기업이 이제껏 들어보지 못한 최대의 사기에 속한다고 말했다)처럼 유명하지 않은 기업은 물론, 타이코(Tyco), 이트레이드(E*Trade), MBIA, Inc처럼 유명한 기업들을 향해서도 레드카드를 던졌다. 그렇다면 과연 허브는 무엇을 찾고 있을까? 그것은 과학이 아니라 기술이다. 그는 기자로 일할 당시의 일을 떠올리며 "내가 기자였을 때 나의 정보는 늘 비밀 정보나 월가와 기업 직원들의 아이디어에서부터 시작되었다"고 말하며, 이렇게 덧붙였다.

"완벽한 이야기나 상황을 알리는 시나리오는 여러 가지다. 공격적인 회계는 언제나 위험을 알리는 붉은 깃발이고, 주가에 대한 집착, 교묘하게 평가기준을 바꿔 지급된 보너스, 포화 상태의 시장에 판매되는 제품 등도 붉은 깃발이다. 어떤 것도 똑같이 적용할 수 없다."

그리고 미디어 비전에 대해 다음처럼 말했다.

"최고경영자와 최고재무책임자가 결국 감옥에 가고 만 미디어 비전의 경우, 그 회사 직원이 내 사무실을 찾아와 보조장부를 보여주었을 때, 딱 걸린 것이다. 그 일은 내가 매출보다 미수금이 빠르게 늘고 있다는 사실과 함께, 여러 가지 경고 징후에 대한 기사를 쓴 이후에 일어났다."

허브는 재정적으로 불쾌한 일로 가득 찬 대차대조표나 손익계산서 등에 웃는 얼굴을 그려놓은 기업들을 항상 한 발 앞지르려했다. 다른 사람들보다 한 발 앞서 있다는 것은 그가 TV에서 이룬 성공의 특징이기도 했다.

허브는 1년 동안 CNBC에서 방송되는 짐 크레이머의 〈매드 머니〉에 출연하여 '동부 대 서부' 방송에서 샌디에이고를 본부로 둔 팀으로 활약했는데, 그의 말에 따르면 그 프로그램이 대단한 인기를 끌기 전의 일이었다고 한다. 그는 특유의 겸손함을 보여주면서 이렇게 말했다.

"많은 사람들이 〈매드 머니〉를 시청하기 전에 그 프로그램에 출연했다. 나는 아무도 안 볼 때 프로그램에 출연하는 사람이었다. 폭스의 〈스트리트닷컴〉에도 출연했는데, 100만 명의 시청자가 보는 프로그램이 되기 전의 일이었다. 내가 1년 동안 출연하다가 떠나면, 모두 대박이 나더라."

허브가 비즈니스 저널리스트로서 보여준 진지한 노력은 다소 볼품이 없었지만, 더스트리트닷컴의 칼럼니스트로 채용되면서 그 노력은 스톡옵션으로 보상받았다. 하지만 저널리스트였던 그는 더스트리트닷컴 주식을 매도하는 데 주저했다. 그 이유를 묻자, 이렇게 들려주었다.

"주가가 아주 높을 때 그 주식을 팔았다면, 문서를 제출해야 했을 것이다. 그렇게 되면 내가 주식을 얼마나 갖고 있는지 공개되었을 것이다. 그리고 내가 얼마나 팔았는지, 내가 얼마나 벌었는지도 알려졌을 것이다. 저널리스트에게 그 정도면 상당한 액수로 인식되었을 것이고, 몇 사람의 눈살을 찌푸리게 만들었을 것이며, 누군가의 칼럼 어딘가에 언급되었을 것이다. 돈을 많이 번 것으로 인식되면 그런 일쯤은 각오해야 한다."

하지만 그때로 다시 돌아갈 수 있다면, 그는 아마도 더 빨리 주식을 팔았을 것이다. 그는 보유하지 않고 더 일찍 팔았으면 받았을 주가의 25~30% 헐값 수준에서 주식을 판 것으로 추정한다.

그것은 막심한 손해를 안긴 오판이었을지도 모르지만, 그의 삶에서 최고의 실수는 아니었다. 최고의 실수는 직장생활을 막 시작한 이후 〈샌프란시스코 크로니클(San Francisco Chronicle)〉, 〈시카고 트리뷴(Chicago Tribune)〉, 〈월스트리트 저널〉, 〈포춘〉의 작가가 되기 전에 일어났다. 당시 그가 저지른 실수는 경제부 기자로 활동을 시작하는 데 도움이 되었다고 한다. 그리고 그 경력은 독립 투자리서치 회사 그린버그메리츠 리서치의 공동창업자로 활동하는 데에도 밑거름이 되었다. 우리는 그가 위험을 알리는 레드카드를 찾아내고 있다고 확신할 수 있다. 하지만 책을 통해서는 그 깃발에 대해 알 수 있는 길이 없다.

"난 절대로 책을 쓰지 않을 겁니다."

"잘 알아요, 허브 그렇지만 당신은 책을 써야 합니다."

플로리다의 작은 일간지에서 기자로 첫 해를 보내던 나는 1975년, 내슈빌에 있는 전문잡지사에서 일하기 위해 1년을 쉬었다. 하지만 1년 뒤, 다시 일간지로 돌아가 언론그룹인 나이트 리더(Knight Ridder)에서 일하고 싶은 생각이 있었다. 〈마이애미 헤럴드(Miami Herald)〉에서 장학금을 받아 학교를 다닌 나는 나이트 리더를 찾아가 도움을 청했다. 나이트 리더 측은 내게 여러 차례 면접을 주선해주었는데, 그중에는 〈디트로이트 자유언론(Detroit Free Press), DFP〉 지역 뉴스부의 면접도 있었다. 그 시절에 DFP 면접을 본다는 것은 〈뉴욕타임스〉에서 면접을 본다고 말하는 것과 비슷했다. DFP는 미국에서 가장 훌륭한 신문사 중 한 곳으로 알려져 있었다. DFP에는 〈필라델피아 인콰이어러(Philadelphia Enquirer)〉나 〈마이애미 헤럴드〉와 겨룰 수 있는 미국 내 최고의 부장들과 직원들이 있었다.

면접을 위해 디트로이트로 날아갔지만, 결과는 엉망이었다. 나는 엉뚱한 때에 엉뚱한 곳을 찾아갔던 것이다. DFP는 내게 어울리지 않는 곳이었다. DFP에서 뉴스부가 아닌 경제부 기자로 면접을 봤다면, 더 나은 기회를 얻었을지도 모른다. 그러나 당시의 나는 너무나 미숙했다. 나는 연달아 시험을 봤는데, 나중에 알게 된 바로는 시험 성적이 무척 안 좋았다고 한다. 그중 한 곳의 담당부장이 나에게 장점이 무엇인지를 물었다, 나는 "믿을 수 있는 사람"이라고 대답했다. 그랬더니 그 부장은 나에게 "내가 기르는 개도 믿을 만하다"고 되받아쳤다.

내가 "믿을 수 있다"고 대답하는 순간, 나는 끝이라는 걸 알았다. 그가 "내 개도 그렇다"고 말했을 때, 기회가 물 건너갔음을 알았다.

면접이 끝난 뒤, 그는 몇 시간 동안 뉴스 편집실에 나를 방치해두었다. 나는 완전히 바보가 된 듯한 느낌이 들었다.

'넌 아직 준비가 되어 있지 않아. 그러니 그냥 편집실에 앉아 기다리며 사람 구경이나 하고 있어!'

오랜 기다림 끝에 나는 편집국장을 만났다. 그 순간까지 나의 자존심은 두들겨 맞은 것 같았고, 내가 어울리지 않는 곳에 와 있다는 느낌이 들었다. 국장과의 면접 역시 엉망이었다. 내슈빌로 돌아간 뒤, 1~2주가 지나도 디트로이트로부터는 소식이 없었다. 그래서 나는 면접을 주도했던 부장에게 전화를 걸었다. 나는 그의 말을 결코 잊지 못할 것 같다.

"솔직히 말해서 우리는 더 나은 사람을 찾을 수 있을 거라고 생각하네."

전화기를 내려놓은 나는 반드시 복수할 거라고 맹세했다. 내가 생각하는 최고의 복수는 그들이 나를 뽑지 않은 걸 후회하도록 만드는 것이었다.

DFP 면접을 망치고 난 후 얼마 지나지 않아 나이트 리더 그룹의 또 다른 신문사 〈세인트 폴 파이어니어 프레스(St. Paul Pioneer Press)〉에서 면접을 봤다. 이번에는 경제부에 지원했다. 그 시절에는 경제 뉴스가 스포츠 면 뒤에 나올 정도로 침체된 상태였다. 그때도 나는 부스스한 머리로 면접을 봤는데, 미네소타의 경제부 기자로 활동하기에는 어울리는 외모가 아니었다. 미네소타까지 찾아갔지만, 또다시 응답을 받지 못했다. 하지만 나는 면접 담당자를 괴롭히고, 또 괴롭혔다(그때 이후로 그와는 친한 친구가 되었다). 결국 그는 나를 채용했다.

세인트폴은 경제 뉴스에 관해서는 작은 시카고 정도 되는 도시였다. 그곳의 경제 뉴스가 막 진가를 발휘하기 시작했기 때문에 경제부 기자로 출발하기에는 완벽한 곳이었다. 나는 소매업 부문 데이턴 허드슨(Dayton Hudson), 지금의 타깃(Target))과 필스베리(Philsbury), 제너럴밀스(General Mills)와 같은 식품업체, 내게 특종을 안긴 3M, 항공사 2곳(노스웨스트와 노스센트럴, 그리고 지역 항공사)을 담당했다. 그런 종류의 경험은 돈 주고도 사지 못한다. 게다가 나

 위닝포인트

는 세인트폴에서 미래의 아내를 만났다. 그리고 조금씩 복수의 조짐이 보이기 시작했다. 나이트 리더가 정기적으로 내 기사를 제공함에 따라 〈디트로이트 자유언론〉과 전국의 신문에 내 기사가 노출되기 시작했다. 그것은 달콤한 복수처럼 느껴졌다. 그렇게 몇 년이 흐른 뒤 〈크레인스 시카고 비즈니스(Crain's Chicago Business)〉에 스카우트되었고, 나중에는 〈시카고 트리뷴〉의 경제부에 채용되었다가 〈트리뷴〉의 금융담당 뉴욕 특파원이 되었다. 그리고 10년 동안 〈샌프란시스코 크로니클〉의 경제 부문 대표 칼럼니스트로 활동하다가 〈포춘〉에서 5년 간 칼럼니스트로 일했다. 또한 CNBC에도 글을 기고했고, 더스트리트닷컴 초창기에, 그리고 마켓워치에서도 칼럼니스트로 글을 썼다. 또한 7년 동안 〈월스트리트 저널〉의 토요일 칼럼을 맡아 글을 쓰다가 결국 투자회사를 차렸다.

돌이켜보면 내 삶에서 가장 큰 행운은 디트로이트에서 면접을 망쳐 채용이 안 된 것이라고 할 수 있다. 사실 그런 회사의 면접에 준비조차 제대로 하지 않고 찾아간 것이 큰 잘못이었다. 그리고 나만의 면접 스타일, 즉 자신감을 갖지 못한 것도 큰 실수였다.

질문 : 당신이 직감을 믿었다면, 직감은 면접을 가라고 얘기했을까요, 가지 말라고 했을까요?

좋은 질문이다. 만약 또다시 그와 같은 상황이 찾아온다면 나는 가지 않을 것이다. 그러나 한편으로 생각해보면 그런 실패도 삶의 과정이요 일부다. 실수를 저지르지 않는다면 배우고 성장하지 못한다. 따라서 가끔은 그런 바보 같은 면접도 경험해야 도움이 될 수 있다.

질문 : 세인트폴 면접에서는 어떻게 달랐습니까?

디트로이트 면접에서 얻은 것은 자신감 부족에 대한 자책이었다. 자신 있게 면접을 보지 않으면, 채용될 수 없다는 사실을 알았다. 무작정 찾아가 어수룩한 사람처럼 보여서는 안 된다. 내가 그들보다 부족하다는 느낌을 주어서는 안 된다. 상대방을 열광시키려고 노력해야 한다. 그 시절 나는 일을 배우는 데에만 정신이 팔려 있었고, 좋은 면접을 볼 수 없었다. 그러나 그와 같은 실수가 있었기에 나는 적극적이고 공격적인 사람으로 거듭날 수 있었다.

Herb Greenberg's History

플로리다, 마이애미 출신인 그는 마이애미 대학 언론학과를 졸업했다. 그는 노련한 경제전문 기자로 알려져 있고, 문제가 있는 기업에 대해 주의를 환기시키는 것으로 유명하다. 그린버그메리츠를 공동으로 설립하기 전에는 〈월스트리트 저널〉에서 '주말 투자자' 칼럼을 맡아 썼다. 그는 마켓워치닷컴의 선임 칼럼니스트로도 활동했는데, 시장을 다룬 그의 블로그는 전국적으로 많은 팔로워를 자랑했다. 허브는 〈포춘〉, 더스트리트닷컴, 〈샌프란시스코 크로니클〉의 금융 관련 칼럼을 썼고, 〈시카고 트리뷴〉의 뉴욕 특파원으로도 활동했다. 그리고 1980년대 말에는 1년 동안 차익거래회사의 애널리스트로도 지냈다. 하버드 대학의 조사에 따르면, 허브는 증권거래위원회(Securities and Exchange Commission, SEC)의 조사보다 앞서 회계문제를 다룬 기사를 쓴 유일한 기자로 밝혀졌다. 그린버그메리츠를 설립하기 전에는 CNBC TV의 정규 기고가로 활동하며 수많은 프로그램에 출연했다.

29 Arthur Laffer

아서 래퍼

최고 경제학자들의 착각!
: 신중하고 또 신중해야 하는 이유

〈타임〉 선정 20세기 최고의 지성인에 포함되었다. 레이건 대통령의 경제정책자문
위원회 회원을 지냈고 래퍼 곡선(Laffer curve)과 공급중시 경제학을 대중화시킨
인물이다.

아서 래퍼는 어디를 가든 문제를 일으키는 경향이 있다. 그런데 생글생글 웃으며 문제를 일으킨다. MSNBC에서 경제와 정치에 대한 이야기를 하고 막 나오는 그와 만나 대화를 나누었다. 내 눈에 들어온 그는 싱글거리고 있었다.

"오늘 방송에서 사람들은 다소 의아했을 것이다. 클린턴을 쳐부수길 바라는 사람들 앞에서 클린턴을 지지했으니까!"

아서 래퍼는 이렇게 말하며 낄낄거렸다. 그로 인해 래퍼가 자신들과 생각이 같은 사람이라고 생각하던 많은 공화당 인사들이 화가 났다. 어쨌든 1970년대 말에 캘리포니아에서 재산세 과세 권한을 축소시키려는 주민발의안 13(Proposition 13)을 작성한 사람은 래퍼였으니까.

그리고 연방세금을 줄이는 것이 경제 성장을 자극하고 연방세수를 증가시킨다는 공급중시 경제이론과 래퍼 곡선을 주창한 사람이 래퍼 아니었던가? 1980년대 초반, 그 이론을 철저히 신뢰한 레이건 대통령은 많은 미국 국민과 기업의 세율을 과감히 인하해야 한다는 주장을 적극적으로 추진할 수 있었다. 말 그대로 그는 레이건의 경제자문이었다.

물론 래퍼는 그런 사람이었다. 그런데, 그가 어떻게 클린턴을 지지할 수 있냐고? 이에 대해 래퍼는 다음과 같이 말한다.

"우선 클린턴은 GDP 대비 정부지출을 많이 줄임으로써 재정흑

자를 가져왔다. 그리고 양도소득세도 인하했다."

물론 래퍼가 클린턴을 지지했던 이유는 클린턴의 상대였던 조지 H. W. 부시와 관련이 있다. 41대 대통령 부시는 래퍼의 팬이 아니었다. 그는 한때 공급중시 경제학을 '주술 경제학(voodoo economics)'이라고 불렀다. 1992년에 래퍼가 누구를 찍었는지 굳이 이야기할 필요가 있을까? 그는 1996년에도 클린턴을 찍었다고 말한다. 하지만 아서 래퍼가 보수진영과 완전히 멀어진 것은 아니었다. 그는 오바마의 공공의료보험 제안에 대해 일찍부터 소란스럽게 반대했다. 일례로 CNN에 출연하여 다음과 같이 말하기도 했다.

"우체국과 차량국(Department of Motor Vehicles)이 마음에 들고 잘 운영된다고 생각한다면, 정부가 제공하는 메디케어, 메디케이드, 의료보험을 볼 수 있을 때까지 마냥 기다려라. 이는 공화당 지지주(州)를 겨냥한 사탕발림 아닌가?"

아마 그럴 것이다. 하지만 아서 래퍼는 너무 뻔한 당 노선을 따르지 않는다. 공화당 정권에서 공식적인 역할을 맡았을지는 몰라도 그는 정치가라기보다는 경제학자다. 그는 예일 대학교 경제학과에서 학부를 보내고 스탠포드 경제학과에서 석사와 박사학위를 땄다. 그리고 시카고 대학, 남가주 대학, 페퍼다인 대학 등에서 교수직도 역임했다. 그는 공급중시 경제이론을 공식화했다는 공로로

1974년, 〈타임〉에 의해 20세기 최고의 지성인에 뽑히기도 했다.

이제 그는 일률과세가 미국이 지향해야 할 방향이라고 믿는다. 심지어 일률과세를 사랑한다고까지 말한다. 그리고 개인과 기업 모두에게 13% 정도의 일률과세가 적당하다고 생각한다. 그와 함께 이러한 주장을 밀고 나가는 사람은 바로 캘리포니아 검찰총장으로 주지사 선거에 출마한 제리 브라운(Jerry Brown)이다. 그로 인해 또다시 회오리바람이 일 것이다. 아서 래퍼의 이력 중 아이러니한 부분은 그토록 똑똑한 사람이 그리 똑똑치 못한 일을 할 수 있다는 점이다. 그는 자신과 또 다른 위대한 지성인 밀턴 프리드먼(Milton Friedman)과 함께 저지른 실수에 대해 들려주었다.

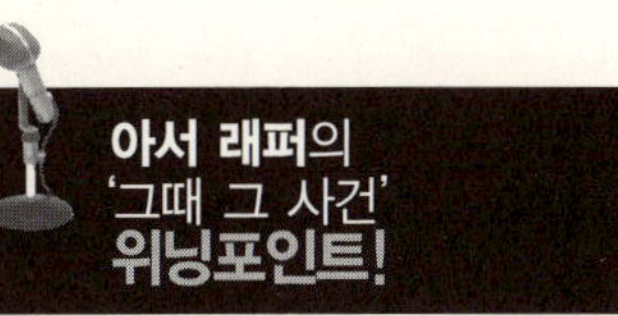

나는 1968년에 시카고 대학의 교수가 되었다. 스탠포드 출신인 나는 젊은 수재였다. 적어도 나의 생각은 그랬다. 당시 통화를 연구하는 모임이 있었는데, 밀턴 프리드먼은 영국의 파운드화로 달러에 투자하고 싶다고 불평을 늘어놓았다. 당시 미국에서는 통화 투기가 불법이었다. 국제무역을 전공한 나는 마가렛 마이어스(Margaret Meyers)가 쓴 《뉴욕 금융시장(The New York Money Market)》을 읽은 적이 있었다. 3권으로 된 그 책은 금융시장과 선물시장이 통화시장과 상품시장으로부터 발전해온 과정을 다루고 있었다. 나는 밀턴에게 정말로 투기를 하고 싶다면, 상품을 통해 할 수 있다고 말해주었다. 설탕선물(설탕 값이 오를 것으로 기대하고 선물계약을 맺는 것)을 공매도할 통화(내려갈 것으로 기대하는 통화)로 산 다음, 오를 것으로 기대하는 통화로 설탕선물을 팔 수 있다. 따라서 상품에서는 아무런 이익이 나지 않는 계약을 맺은 것이고, 하나의 통화를 공매도하고 다른 통화는 매입하는 것이다. 여기서 주의할 점이 있다. 설탕가격이 오르거나 내리는 데 돈을 걸 수 있지만, 이 경우에는 가격이 어떻게 되든 중요하지 않다. 왜냐하면 계약의 양쪽에 모두 돈을 걸고 있기 때문에 계약은 서로를 상쇄한다. 한 쪽에서 계약한 설탕가격이 오르면, 다른 쪽 가격이 똑같이 내려간다.

하지만 선물계약을 매입하고 매도할 때의 통화는 변하게 된다. 따라서 당신은 설탕선물 계약을 매입함으로써 당신이 내려갈 것으로 생각한 통화를 처리하게 된다(당신은 주머니에서 그 통화를 꺼내 선물계약을 사는 데 쓰는 것이다). 그리고 설탕선물 계약을 매도함으로써 당신이 갖고 싶은 통화를 더 많이 갖게 된다(선물계약을 팔 때, 당신은 그 통화를 받아 당신 주머니에 넣는다). 선물계약 기간이 만료된 이후, 당신은 원했던 통화를 더 많이 갖게 된다. 당신은 주머니에 있는 통화가 선물계약을 살 때 주머니에서 꺼낸 통화보다 더 가치가 있을 거라고 믿었다. 물론 이 모든 것은 거래할 때의 비용이나 돈을 빌릴 때 드는 비용은 모두 무시한 결과다.

국제무역을 전공한 나는 그 분야에 관심이 많았다. 그래서 밀턴에게 그 과정을 설명했다. 그러자 밀턴은 "아니야, 아서. 자네 말은 틀렸어. 그런 식으로는 일이 되질 않아."

그런데 그날 밤, 밀턴에게서 전화가 왔다.

"여보세요, 아서. 나 밀턴일세. 아까 그 얘기 다시 한번 해봐."

그래서 나는 대답해주었다.

"영국 파운드화를 공매도하고 독일 마르크화를 보유하고 싶다면, 설탕선물을 파운드화로 사기만 하면 된다. 그렇게 하면 파운드화로 설탕선물을 사게 되고, 마르크화로 설탕선물을 파는 것이기 때문이다. 설탕을 팔면 마르크화를 얻는다. 그렇게 하면 실제로 파운드화는 공매도하고 마르크화는 보유하는 것이다."

밀턴은 내 설명이 훌륭하다고 생각했다. 그래서 나는 그 과정을 준비했다. 그런데 두 가지가 잘못되었다. 첫 번째는 당시 독일은 마르크화로 설탕 같은 상품을 거래할 정도로 정교한 통화시장이 형성되어 있지 않았다. 그래서 나는 독일 마르크화로 그 일을 할 수가 없었다. 결국 마르크화가 아니라 파운드화를 선택하여 파운드화와 달러로 일을 진행했다. 따라서 달러로 설탕선물을 매입하고 파운드화로 설탕선물을 매도했다(주의: 이는 영국 파운드화가 오르고 달러가 내려가는 데 돈을 건 투자포지션이다).

중개인은 내가 어리석다고 생각했다. 그는 내게 이렇게 말했다. "내가 제대로 이해했는지 봅시다. 당신은 설탕선물을 사면서 설탕선물을 파는 겁니다. 맞습니까?" 그래서 나는 대답했다. "바로 그겁니다." 그는 우리가 하는 일이 자신이 들어본 일 중에 가장 바보 같은 짓이라고 여겼다.

나는 이 일을 밀턴과 함께 했다. 밀턴도 돈을 내고 나도 돈을 냈다. 그런데 두 번째 일이 잘못되었다. 독일 마르크화가 평가절상되면서 파운드와 달러에 아무런 효과도 끼치지 못했다. 결국 우리는 기회를 잡지 못했다. 하지만 뭐, 그런 일이야 늘 있는 일이니까. 우리는 양쪽 득실이 똑같기 때문에 적어도 돈은 한 푼도 잃지 않았다. 그런데 갑자기 마진 콜(margin call, 선물계약 기간 중 선물가격 변화에 따른 추가 증거금 납부 요구—옮긴이)이 들어오기 시작했다. 왜 그랬을까? 매도하는 설탕선물이나 매입하는 설탕선물의 톤수를 똑같이 맞췄기 때문에 문제가 생길 리가 없었다. 하지만 중개인은 나를 찾아와 이렇게 말했다. "우리에게 마진 콜이 들어오고 있습니다. 나도 이유를 모르겠어요." 나도 이유를 알 수 없었다. 밝혀진 바에 따르면, 이것은 정말로 바보 같은 사업상의 실수였다. 영국 계약서, 즉 파운드 계약은 영국식 톤으로 이루어졌고, 미국 계약서는 미국식 톤으로 이루어졌던 것이다.

미국식 1톤은 2,000파운드이고, 영국식 1톤은 2,240파운드다. 그래서 설탕에서 엄청난 순포지션(net position, 매입액과 매도액의 차이—옮긴이)이 발생했다. 내가 차입자금을 많이 들여놨기 때문에 나와 밀턴은 동시에 무일푼이 되었다.

지금 생각해보면, 그렇게 많은 돈은 아니었다. 당시 난 조교수에 불과했으니까. 하지만 밀턴 프리드먼에게 실수에 대해 설명할 때 느낀 당혹감을 상상할 수 있는가?

질문 : 그 실수에서 어떤 교훈을 얻었나요?

두 가지다. 첫째, 조금 더 신중해야 하고 실제사례를 통해 일해봐야 한다는 점이다. 둘째, 좀더 겸손해야 한다는 점이다. 무엇보다 그런 일들에 밝은 전문 중개인을 찾아야 한다는 점이다. 하하하!

Arthur Laffer's History

래퍼 박사는 1963년, 예일 대학교 경제학과를 졸업했고, 1965년과 1972년에 스탠포드 대학 경제학과에서 석사학위와 박사학위를 각각 받았다. 다양한 투자전략을 이용하는 기관투자관리사 래퍼 인베스트먼츠(Laffer Investments)뿐 아니라, 경제리서치 및 컨설팅기업 래퍼 어소시에이츠(Laffer Associates)의 창립자이자 회장이다. 래퍼 어소시에이츠의 리서치는 세계 금융시장에 영향을 미치는 거시경제의 변화나 정치적 변화, 인구 변화를 결부 짓는 데 집중한다. 래퍼 인베스트먼츠의 투자관리전략은 래퍼 박사가 제창하는 경제원칙과 모델 외에도 포트폴리오 운영 그룹이 관리하는 독특한 결과물까지도 활용한다. 이 두 회사는 기관, 연기금, 기업, 기부금, 재단, 개인 등 다양한 고객 집단에 리서치 및 투자관리 서비스를 제공한다.

1980년대에 전 세계적으로 감세정책 도입을 유발한 래퍼 박사의 날카로운 통찰력과 영향력 덕분에 수많은 출판물에서 '공급중시 경제론'의 아버지로 칭송받았다. 1978년에는 캘리포니아 주의 재산세를 과감하게 줄인, 획기적인 캘리포니아 주민발의안 13에 참여함으로써 일찍이 공공정책을 형성하는 데에도 성공했다. 오랜 시간 쌓아온 경험과 정부기관을 상대로 한 자문활동의 성공으로 래퍼 박사는 비즈니스계에서도 유명해졌다. 현재 그는 MPS 그룹(MPS Group Inc), 옥시진사(Oxigene Inc. (OXGN)

등 여러 공기업의 이사회 회원직을 맡고 있다. 레이건이 대통령직을 맡은 두 번의 임기 동안에는 경제정책자문위원회 회원으로 활동했다. 그리고 1980년대 내내 마가렛 대처 영국총리에게 영국의 재정정책에 관해 조언을 제공했다. 특히 그는 경제학적 업적 때문에 널리 인정받았는데, 대표적으로 1999년 3월 29일자 〈타임〉 커버스토리, '세기 최고의 지성인'에 래퍼 곡선을 고안해 낸 인물로 언급되었다. 〈타임〉은 래퍼 곡선이 '이 특별한 세기에 동력을 부여한 몇 가지 발전 중 하나'라고 평가했다. 1990년 1월 1일자 〈로스앤젤레스타임스〉에 발표된 '1980년대를 만든 12명'에 포함되었고, 1989년 〈월스트리트 저널〉의 '일상적인 사업에 영향을 미친 위대한 인물' 명단에도 포함되었다.

30 Dave Ramsey

데이브 램지

엄청난 빚더미에 올라앉다!
: 중산층의 전형적인 롤모델

라디오 프로그램 〈데이브 램지〉의 진행자이며 2009년 마르코니상(Marconi Award)을 수상했다. 재정평화대학(Financial Peace University)사이트 설립자이기도 하다.

데이브 램지의 사무실 건물에 들어서자, 쿠키 냄새 같은 게 났다. 건물 자체는 프로다운 면모를 자랑하는 회계법인이나 법률사무소 본부라고 해도 손색이 없었다. 사무실 바로 왼쪽 편에는 서점이 있었다. 그 서점에는 데이브 램지가 출판한 모든 책뿐 아니라 사람들에게 동기를 부여해 주는 램지의 DVD, 돈 관리법을 가르쳐 주는 보드게임, 그리고 재무계획을 잘 정리하는 방법을 다룬 다른 저자들의 책들이 진열되어 있었다. 그리고 벽에는 데이브 램지가 강연하는 모습이 나오는 평면 TV가 걸려 있었다. 청중 앞에서 그는 완전히 망했다가 다시 재기하기까지의 여러 모습을 털어놓고 있었다.

카운터 뒤의 여성이 내게 물었다. "뭐 좀 드시겠어요? 지금 막 쿠키를 구웠거든요. 초콜릿 칩 좋아하세요?" 지금 기억하기로 그녀는 준 클리버(June Cleaver, 미국 시트콤, 〈비버에게 맡겨라(Leave it to Beaver)〉의 등장인물. 1950년대의 이상적인 현모양처상을 보여주었다―옮긴이)처럼 생겼던 것 같다. 어쩌면 그녀가 비버의 엄마와 비슷하게 생기기를 바랐기 때문에 그런 생각이 든 것인지도 몰랐다. 데이브 램지의 이야기, 즉 테네시 앤티오크(Antioch)에서 그리 대단치 않은 어린 시절을 보낸 그가 오늘날에는 빚더미에 오른 사람들을 위해 뭔가를 돕는 방식에는 분명 대단한 그 무엇인가가 존재한다.

자본을 차입하고 리스크를 분산시켜 끝없는 부를 약속하는 월가의 금융전문가들이 내미는 복잡한 재정계획은 잊자. 우리는 그들이 지금껏 우리를 어디로 이끌었는지 잘 안다. 그리고 데이브 램지의 이야기에서 미국이라는 나라의 존재 이유를 알 수 있다.

"미국은 자본주의를 신성화한 유일한 나라다. 즉 도덕에 자본주의를 연관지운 것이다. 미국의 자본주의는 평범한 사람이 앞서 나갈 수 있는 기회를 제공하는 유일한 제도다. 사회주의는 그런 기회를 일반인에게 제공하지 않는다. 공산주의는 더더욱 그러하다. 따라서 다른 경제적 사고유형이나 방식은 사람들을 정신적으로 고양시키지 못한다. 기회만이 사람들에게 기운을 불어넣으며, 그 기회를 잡을지 결정하는 것이 바로 그 사람들의 몫이다."

데이브 램지의 이러한 철학은 100만 명이 넘는 사람들의 마음을 움직였고, 그들은 데이브가 겪은 처음부터 끝까지의 과정을 모두 받아들였다. 경제적으로 무너진 상태에서 벗어나 편한 잠을 자고, 조금이라도 돈을 받아내려고 밤낮 우리를 괴롭히는 빚쟁이들 때문에 악몽에 시달리지 않아도 되며, 금전적인 주도권을 되찾는 상태가 될 수 있도록 해주었다. 데이브는 그 모든 과정에 대해 알고 있는 인물이다.

"지금도 종종 '다시는 절대로 안 그럴 거야. 다시는 은행에서 돈을 빌리지 않을 거야. 다시는 카드 회사가 전화를 걸어 아내에게 카드 값도 못 내는 남자와 왜 사냐고 묻는 일이 없도록 만들 거야. 어리석음 때문에 다시는 그런 곤경에 처하지 않을 거야. 두 번 다시 그러지 않을 거야"라고 다짐하게 된다. "

그런 이야기를 꾸밀 수는 없다. 데이브 램지의 진정한 이야기는 그의 독자, 시청자, 청취자들에게 진실처럼 들린다. 그의 삶은 실수로부터 가장 많은 것을 얻어낸 전형적인 사례다. 하지만 교훈은 힘든 것들을 이겨낸 후에야 얻어졌다. 데이브는 이렇게 설명한다. "고통은 주도면밀한 선생이다. 고통은 잊히지 않는다. 고통이 깊을수록 교훈은 더욱 완벽하다. 확실히 우리 삶의 토대는 실수다. 이 같은 경험을 솔직히 털어놓고 조언할 때 비로소 많은 독자, 청취자, 시청자와 하나로 연결될 수 있다."

그는 테네시 중산층 출신의 전형적인 성공담을 털어놓으며 "난 결국 아무것도 없이 어리석은 짓을 했다. 그게 어떤 모습인지 나도 알고 있다"고 말한다.

데이브 램지의 접근법은 별로 눈에 띄지도 않고, 그래서 그를 단순히 평범한 사람으로 간주하기가 쉽다. 자신의 재정생활을 잘 정리하여 은행 빚 없는 상태로 다시 돌아간 것과 그것을 토대로 자수성가형 기업제국을 세운 일은 완전히 별개의 문제다. 그는 라디오와 케이블 TV에서 프로그램도 맡고 있다. 또한 책도 쓰고, DVD 도 제작하며 강연도 한다. 이 모든 일이 성공적이다. 무엇보다 그는 두 번씩이나 백만장자가 되었다. 처음 백만장자가 되고 나서는 모든 재산을 잃었고, 다시 백만장자가 되었을 때에는 그 돈을 유지하는 방법을 알아냈다. 하지만 그에게 협상을 매듭짓는 능력이 없었다면 성공하지 못했을 것이다. 그는 자신이 적어도 아무 다툼 없이 늘 찬성을 얻어낸 사람이었다고 말했다. 그러한 끈기는 그가 자기 구제를 위한 회사를 세울 때, 그에게 큰 도움을 주었다.

그는 이렇게 말했다. "나는 운동선수, 예술가, 높은 직위를 가진 사람들, TV를 통해 유명해진 사람 등 세계 도처에서 성공한 사람들을 만났다. 사람들은 그들의 성공이 A지점에서 B지점으로 곧장 가는 직선 같다고 간주한다. 실제로 우리 인생은 연이은 굴곡으로 가득 차 있고, 수많은 궤도수정으로 이루어져 있다. 계속 머리를 부딪쳐 혹이 나기 때문에 다시는 어디에 머리를 두면 안 되는지 배우는 것이다."

데이브 램지의 이야기는 실수로부터 최고의 성과를 끌어낸 사람의 명쾌한 사례다. 우리가 잘 아는 그의 성공과 사업은 기억하고 싶지 않은 어떤 사건에서 시작되었다.

"우리가 하는 모든 일은 실수를 기초로 이루어진다. 어렴풋이 보이는 성공의 산이 쓰레기 더미처럼 보임을 알게 되었다. 당신은 지금 그 아래에 웅크려 있는 게 아니라 그 위에 올라서 있다. 그것이 성공과 실패의 유일한 차이다. 이 세상은 연속된 실수 위에 세워져 있다. 우리가 조직을 운영하는 과정, 즉 문서로 작성된 핵심 가치는 우리가 잘못하여 더 이상 실수하지 않는 법을 알아낸 과정이다."

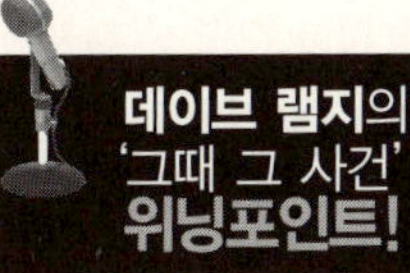

22살 때, 나는 무일푼으로 시작했다. 결혼을 한 나는 대학을 마친 뒤, 부동산 매매를 시작해 부자가 되었다. 적어도 테네시 앤티오크 출신의 기준으로 보면 그랬다. 대략 400만 달러의 재산을 모을 수 있었는데, 그중 100만 달러가 순재산이었다. 사업은 척척 잘 진행되었다. 거래와 수학에 타고난 재주가 있었던 덕분에 많은 돈을 빌릴 수 있었다. 사실 난 거절당한 적이 거의 없었다. 그렇게 하다 보니 터무니없을 정도의 빚도 지게 되었다. 내게 그 시절은 몇 년 전 은행들이 월가에 큰돈을 쏟아 붓던 모습과 별반 다를 게 없었다. 금리는 높았지만 서서히 내려가고 있었다. 우리는 고정금리가 17%에서 떨어져 11~12%대에서 형성될 것으로 생각했다. 부동산 시장은 호황을 누렸다. 그래서 나는 젊은 야심가처럼 좋은 양복에 좋은 차를 타고 은행을 찾아가 그들에게 나의 거래실적을 보여주면서 더 많은 돈을 대출해 달라고 설득했다. 물론 나는 은행대출에 성공했다. 만약 한 은행이 거절한다면, 다른 은행을 찾아가면 그만이었다. 널린 게 은행이었기 때문이다.

결국 도시 전체에 빚이 거미줄처럼 걸려 있었다. 내용상으로는 공명정대했지만, 솔직히 말하면 터무니없을 뿐이었다. 26살의 젊은이가 300만 달러를 빌릴 수 있었던 것은 아버지가 부동산 사업을 하신 경험이 있고, 그 아들은 몇 년 전부터 부동산면허를 취득해 이런 거래를 통해 돈을 벌고 있는 듯 보였기 때문이었다. (중략) 순전히 나 자신의 어리석음 때문에 모래로 성를 쌓고 있었던 것이다.

집을 사서, 고치고, 되팔았기 때문에 90일짜리 약속어음을 많이 발행했다. 그로 인해 은행은 약속어음의 상환을 청구할 수 있었다. 나는 장기담보대출은 많이 받지 않았다. 아마 장기담보대출을 받은 자산은 100건이 안 되었던 것 같다. 내가 보유한 대부분의 부동산은 금세 다시 팔 물건이었다.

그런데 레이건 대통령 정부 때 세법이 바뀌었다. 그리고 저축대부조합들이 파산하기 시작했다. 그런 흉흉한 소문이 월가를 강타하면서 나와 거래하던 은행이 매각되고 말았다. 실제로 테네시 주 면허가 없는 은행이 테네시 주 은행을 소유하는 초유의 사태가 발생했다. 갑자기 나와 800킬로미터 떨어진 다른 도시로 거래은행이

 위닝포인트

바뀐 것이다. 그 은행은 자신들이 막 매입한 포트폴리오를 검토하기 시작했다.

그들은 포트폴리오를 보며 이렇게 말했다. "스물여섯인데 우리 은행에서 100만 달러를 대출한 사람이 있어. 도대체 무슨 일이 벌어지고 있는 거야?" 그들은 흥분했다. 그리고 손도끼를 들고 잔가지를 정리하기 위해 나섰다. 물론 나는 그 가지들 중 하나였다. 그들은 서둘러 상환을 청구했다. 나는 90일에서 100일 사이에 100만 달러를 마련해야 했다. 하지만 부동산업에서 그런 일은 쉽게 이루어지지 않는다. 부동산을 처분할 시간이 조금 있었다면, 예를 들어 2년 정도 여유가 있었다면, 돈을 마련할 수 있었을 것이다. 왜냐하면 장기적으로는 손해를 안 보고 있었기 때문이었다. 당시 나는 엄청난 돈을 벌고 있었다. 물론 장기적으로 볼 때 말이다. 그러나 나는 오만함 때문에 스스로를 사지로 몰아넣고 말았다. 나에게 후퇴전략은 없었다.

은행은 1986년에 대출금 상환을 청구했다. 우리는 이후 2년 반 동안 포기하지 않고 돈을 갚으려고 애썼다. 내 소득은 1년에 25만 달러였는데, 다음 해 과세소득은 6,000달러가 되었다. 나는 돈을 갚기 위해 부동산을 매각하는 데 한 해를 꼬박 보냈다. 2년 반 만에 빚은 300만 달러에서 40만 달러 이하로 줄었다. 하지만 그들은 우리에게 이미 소송을 건 상태였고, 결국 금요일 아침이 되면 우리 집 가구를 가져가기 위해 찾아올 판이었다. 나에게는 갓 태어난 아기가 있었다. 사실 그 특정 소송에 걸린 돈은 2만 달러 정도에 불과했다. 하지만 그게 중요하지는 않았다. 가구는 1만 5,000달러 정도의 가치밖에 안 되었지만, 나는 감정적으로 탈진해버렸다. 내가 할 수 있는 일을 모두 했기 때문이다.

그래서 우리는 집에 말뚝을 박고 그들이 금요일 아침, 즉 1988년 9월 23일에 오지 못하도록 목요일 오후에 파산신청을 냈다. '철퍼덕' 소리가 들렸다. 절벽에서 뛰어내리면 들리는 소리처럼….

결국 26살에 백만장자였던 나는 28살에 파산했다. 내가 금세 회복했다고 말하고 싶지만, 실제로 그렇지 못했다. 한동안 나는 주저앉아 투덜거리며 다른 모든 사람들을 비난했다. 이 결과는 모두 다른 사람들의 잘못 때문이란 생각이 들었다. 은행의 잘못이고, 국세청의 잘못이었다. 법을 바꾼 의회도 잘못이었다. 나만 빼고 모두가 잘못이었다. 그것은 내 잘못일 수가 없었다.

내가 얼간이인 것은 아니었다. 내게는 오랜 시간이 필요했다. 그리고 '내가 가족을 위험에 빠뜨렸어. 내가 내린 결정이 문제였어'라고 말할 수 있을 정도로 내 잘못을 인정하기까지 감정적·정신적으로 성장했다. 내 잘못을 인정한 다음, '두 번 다시 그런 짓을 안 할 거야'라고 말하는 순간이 찾아왔다.

나는 돈이 실제로 어떻게 돌아가는지 알아내기 위해 연구를 시작했다. 왜냐하면 내가 세운 계획이 성공하지 못했기 때문이다. 연구를 통해 나는 나이 든 부자들에게 통하는 상식을 발견했다. 나는 공통의 실마리를 찾아냈고, 성경에 나오는 돈에 관한 원칙이 상식임을 깨달았다. 그 상식에는 신비로운 점이 전혀 없었다.

내가 깨달은 사실 중 하나는 빚을 안고 사는 일이 우둔한 짓이라는 점이다. 고지식한 수학공식을 곁들이며 빚이 정말로 좋은 거라고 아무리 허튼 소리를 지껄이더라도 워렌 버핏은 빚을 죽도록 싫어한다. 그는 사람들이 재산을 모으지 못하는 이유로 빚을 지목한다. 버핏의 말은 우리가 귀 기울여야 할 이야기일 것이다.

나는 대부분의 부자들이 빚을 전염병처럼 피한다는 사실을 알아냈다. 부자들은 빚 없이도 살아갈 수 있지만, 중산층은 빚 없이 살지 못하는 이유는 무엇일까? 중산층은 그 상태를 벗어나지 못한다. 여기서 한 가지 흐름을 발견했다. 살을 빼고 싶다면, 마른 사람들이 하는 대로 해야 한다. 그러니까 부자가 되고 싶다면, 부자가 하는 대로 해야 되는 것이다. 이는 결코 어려운 계획이 아니다.

비즈니스계에서 아이콘으로 인정받는 사람들은 빚을 싫어한다. 그들의 현재와 같은 성공 뒤에는 공통적으로 빚을 싫어하는 성향이 포함되어 있다. 그런 성향 덕분에 인생에서 위험을 멀리 할 수 있는 것이다. 그와 같은 태도는 우리의 가장 강력한 재산형성 수단인 소득을 지켜준다. 자신이 번 돈을 남에게 맡기면 내 돈은 한 푼도 없는 것이다.

이런 사실을 깨닫게 된 나는 생활에서 빚을 없애는 일부터 시작했다. 그리고 회복과정이 시작되었다. 있으면 모으고 없으면 없는 대로 살아가기 시작했다. 적어도 빚은 절대로 지지 말자는 계획을 지키고자 애쓰며 살았다.

그럴 즈음 교회 주일학교에서 빚을 주제로 한 수업을 가르치기 시작했다. 내가 다니던 교회에는 집이 압류된 분들이 있었다. 목사님은 그들에게 무엇을 해줘야 할지 몰랐다. 대개 목사들은 돈에 관해서는 유능하지 못한 탓이다. 목사님의 요청을 받게 된 나는 그들과 머리를 맞대었다. 그들이 예산을 짜고 압류를 풀 수 있도록 도왔다. 그리고 그 일은 서서히 강연이나 수업과 함께 하나의 사업으로 발전해갔다. 그러다 재미 삼아 라디오 프로그램에 초대 손님으로 출연했다. 그런데 내가 출연했던 라디오 프로그램의 진행자가 사정상 그만두게 되었다. 그 사실을 알게 된 나는 라디오 방송국 책임자에게 방송을 맡아보겠다고 용기를 내어 청했다.

Dave Ramsey's History

 그는 전국으로 방송되는 인기 프로그램의 진행자이자 〈절박할 때 시작하는 돈관리 비법(The Total Money Makeover)〉, 〈재정적 평화(Financial Peace)〉, 〈너무 많은(More Than Enough)〉 등을 쓴 베스트셀러 작가다. 또한 폭스의 〈데이브 램지 쇼〉를 진행한다. 무일푼에서 부자가 되었다가 다시 무일푼이 되고, 그리고 또 다시 부자가 되는 인생을 산 램지는 경제적 안정이 무엇을 의미하는지를 체험을 통해 알았다. 26살에 400만 달러에 달하는 부동산 포트폴리오를 소유했다가 곧 재산을 모두 잃고 말았다. 이후 그는 재기에 성공했고, 현재 일반인들이 경제적으로 고통 받는 근본 원인과 해결책을 알리는 데 전력을 다하고 있다. 램지는 램포 그룹(Lampo Group, Inc)을 세워 여러 수단으로 재정상담을 제공했다. 100만 명이 넘는 가족들이 그의 코치를 받았는데, 평균적으로 한 가족이 2,700달러를 저축하고 5,300달러의 빚을 갚았다. 또한 65만 명이 넘는 사람들이 데이브 램지의 생방송 행사에 참여했다. 신디케이트를 통해 배급되는 램지의 신문 칼럼, '데이브의 말(Dave Says)'은 매주 500만 명에 가까운 독자들이 읽는다. 〈데이브 램지 쇼〉는 신디케이트를 통해 전국 450개가 넘는 라디오 방송국에 배급되며, 매주 450만 명이 넘는 청취자에게 방송된다.

책에서 소개하는 인물들의 영향력과 이력을 믿는다면, 내가 그랬던 것처럼 독자 여러분도 큰 영향을 받았을 것이라고 생각한다. 존경받는 비즈니스 리더들 또한 곤경에 처하기도 하고 때로는 실수를 저질렀다. 그들이 이런 고백을 할 때, 여하튼 내가 패자라는 느낌은 들지 않았다. 우리가 주목해야 할 점은 그들이 잘못된 결정과 실수, 또는 실패에서 위닝포인트를 찾았다는 점이다. 그렇기 때문에 더 큰 감동이 밀려드는 것이다. 스톤이 원까지 도달하도록 얼음 위의 길을 열심히 닦는 컬링 선수들의 손과 발처럼, 리더들의 삶은 잠시도 쉼이 없었다. 그들에 대해 많은 존경심을 갖게 되는 이유이기도 하다. 그들은 삶을 가로막는 장애물에도 불구하고 성공했을 뿐 아니라, 오히려 그런 장애물 때문에 성공했다.

여기에 소개된 리더들 중 다수가 훌륭한 관리자라는 점에 동의할 것이다. 하이즈먼 트로피 수상자로서 사업가로 변신한 존 카펠레티가 말했듯이, 훌륭한 관리자들은 매일 문제를 해결한다. 문제들은 자기 자신이 만들든, 직원들 때문이든, 아니면 시장으로 인한 문제이든 간에 정말로 그칠 줄 모르고 발생한다. 리더들이 끊임없이 처리해야 하는 과제 중에는 문제점을 찾아 잘 처리하는 업무가 포함되어 있다. 우리의 성공을 위협하는 어떤 잘못이나 결정, 그리고 실수는 목표를 달성하는 과정에서 해결해야 할 또 다른 문제에 불과하다. 그렇다면 이 같은 일들을 긍정적인 상황으로 바꾸는 가장 현명한 방법은 무엇일까? 아마도 그것은 긍정적으로 생각을 바꾸는 것일 듯싶다. 어떤 잘못이나 오판, 그리고 실수는 위닝포인트의 동인이기 때문이다. 위닝포인트는 삶을 긍정적으로 변화시키는 역할을 할 것이다. 자수성가한 R. J. 커크가 고백했듯이 성공으로부터 교훈을 얻기가 힘들다. 되돌아보면 전환점으로 밝혀진 어떤 사건과 실수에 의해 한 사람의 인생이 바뀌는 걸 자주 보지 않았던가.

위닝포인트는 어떤 역할을 할까?

직업을 바꾸어준다!

마크 큐반은 인디애나 블루밍턴의 술집 주인이 될 생각에 기뻤다. 그러나 가게에서 개최한 이벤트가 잘못되는 바람에 컴퓨터 서비스 분야의 사업가가 되는 길을 밟게 되었다. 결국 큐반의 은행계좌는 댈러스 매버릭스 팬들처럼 확실한 수혜자가 되었다. 크레이그리스트의 짐 벅마스터는 의사가 되려고 했지만 적성에 맞지 않는다는 사실을 인정했다. 누구나 존경받고 특권을 누릴 수 있는 삶을 원할 것이다. 하지만 짐 벅마스터는 의사의 길을 과감하게 버렸다. 잘못된 결정처럼 보였던 그 사건이 훗날 그가 더욱 잘 어울리는 다른 직업을 선택하도록 역할을 했다. 그리고 '채권계의 피터린치'라 불리는 빌 그로스는 블랙잭에 매료된 덕분에 리스크 평가분야의 전문가가 되었다. 솔직히 카드패를 암기하고 예측하는 능력이 어디에 쓸모 있겠는가? 물론 채권 포트폴리오 관리에는 도움이 되었다고 고백하지만 말이다. 이렇듯 어떤 사건, 그것이 실수라고 생각되는 일일지라도 인생에 긍정적인 반전으로 작용할 수 있다.

창의력에 불을 지핀다!

월리엄 오닐은 유망주를 잘 짚어내는 증권컨설턴트였다. 그리고 주식의 매입 시점을 판단하는 데 뛰어났다. 하지만 오닐은 패배를 경험한 뒤, 주식 거래의 두 번째 부분인 파는 시점을 알아내야 했다. 그리고 조사를 통해 캔 슬림이라는 투자전략을 정리했다. 이

전략은 지금도 증권 트레이더들에 의해 이용된다. 또한 자신이 고안한 전략을 실행하는 데 적합한 정보를 전달코자 〈인베스터스비즈니스데일리〉를 창간했다. 부동산업자인 바바라 코코란의 경유 두 번이나 실수를 저질렀다. 첫 번째는 〈뉴욕타임스〉에 자기가 판 아파트의 평균가를 보낸 일이고, 두 번째는 매물로 나온 집들을 비디오로 찍어 만든 것이었다. 첫 번째 실수 덕분에 그녀는 〈타임스〉로부터 뉴욕시 전체의 부동산 정보를 제공해달라는 요청을 받았고, 두 번째 실수가 있었기에 인터넷의 이점을 남들보다 빠르게 독점할 수 있었다. 다른 경쟁업체들은 여러 해 동안 그녀를 따라오지 못했다.

새로운 기회를 제공한다!

전설적인 인물 존 C. 보글을 보라. 그는 웰링턴그룹 이사회의 이해관계를 파악하지 못하는 바람에 최고경영자직에서 쫓겨났다. 그들은 존에게 더 이상 자금을 관리할 수 없다고 말했다. 결국 존은 회사에서 나와 인덱스 뮤추얼펀드를 만들게 된다. 미국 내 거의 모든 401(k)연금은 그가 새로운 상품을 제공하기 위해 시작한 회사 뱅가드로부터 이익을 얻었다. 〈포춘〉이 선정한 '세기의 경영인', 잭 웰치는 회사의 지붕을 날려버리는 화재 때문에 자신이 해고될 것으로 생각했다. 하지만 그는 향후 승진에 결정적으로 중요한 역할을 할 상사와 알게 되었고, 좋은 사이가 되었다. 잭 웰치는 그런 기회를 얻으리라고는 생각지도 못했다.

자신의 경기를 하도록 이끈다!

피터 린치는 어떤 주식 종목에서 엄청난 수익을 올림으로써 오히려 망가지는 경험을 한다. 문제는 린치가 더 큰 수익을 올릴 수 있었다는 점이었다. 그래서 그는 한 기업의 발전과 주식가치의 추이를 주시하는 더 나은 방법을 개발했다. 짐 크레이머는 파트너와 함께 심각한 투자상 실수를 저지른 후 훌륭한 헤지펀드 매니저로 거듭났다. 아서 블랭크 역시 예외가 아니다. 그는 M&A 과정에서 크게 마음고생을 한 후, 배운 바가 많았다. 결국 홈디포가 월가의 예상을 훌쩍 뛰어넘은 수준으로 성장하는 데 기여했다.

◆◆

직감을 따르는 삶

◆◆

메리디스 휘트니는 월가를 잠시 떠나기로 결정했는데, 모든 사람들은 그녀가 해고되었다고 생각했다. 3년의 휴식기를 갖고 그녀가 월가로 돌아와서 한 일은 월가 전체가 귀를 기울여 들은 은행주에 대한 예측이었다. 이안 브레머는 스탠포드 대학 교수로서 누릴 수 있는 편안한 울타리를 떠나 성공에 대한 보장도 없이 사업체를 시작했다. 현재 소중한 정보를 수집하여 월가의 투자자들과 워싱턴 정치인들에게 분석결과를 제공하는 그의 직원들은 세계 전역에 퍼져 있다. 대니 웨그먼은 1,200만 달러의 손해를 감수해야 하는 사업상의 결정을 내리면서도 경기침체가 만연해지기 시작했기 때문에 그런 결정이 옳다고 믿었다. 웨그먼스 푸드마켓은 미국에서 가장 일하기 좋은 직장으로 손꼽힌다. 이들의 공통점은 직감을 따랐다는 점이다. 그들은 직감을 믿고 모든 이의 예상과는 반대되는 결정을 내렸다. 그들이 직감을 따랐다는 사실은 책에 소개된 여러 스토리에 나타나는 공통된 맥락이다. 또한 내면의 목소리를 따랐다는 사실을 후회한다고 말한 사람은 단 한 사람도 없었다. 오히려 그 반대였다. 수지 오만은 한때 자신의 직감을 따르지 않았다가 100만 달러의 손해를 봤다. 그녀는 사업상이든 개인적인 일이든, 모든 거래에서 직감에 충실하라고 단호하게 권한다. 스티브 포브스는 아버지의 충고를 무시하고 대학 때 비즈니스 잡지를 출간했다. 아리아나 허핑턴은 친구와 동료들의 경고를 무시하고 허핑턴 포스트닷컴을 추진했다. 빌 프리스트 박사는 개척자로 간주되는 동시에 우상파괴자로도 비난받는 사람에게서 심장이식술을 배우고자 하버드에 안녕을 고했다. 그리고 직감을 믿고 따라 서부로 갔다. 반더빌트 대학 장기이식센터는 프리스트가 내린 결정의 최종

수혜자였다.

　하지만 내면의 목소리를 따르는 데 고통이 없었다는 말은 아니다. 짐 벅마스터는 프로그래머로 일하다 크레이그리스트의 최고경영자가 되면서 부자로 떠올랐을 테지만, 자신의 결정이 올바른 것이었는지 10년 동안 의심하며 보냈다. 얌!의 최고경영자 데이비드 노박은 자신의 아이디어를 믿고 새로운 펩시 상품에 전력을 다했다. 하지만 그는 위험을 무릅쓰고 다른 이들의 권고와 의견을 무시했다. 결국 오늘날의 사업 결정에 가르침을 준 뼈아픈 교훈을 얻었다. 노박은 여전히 내면의 목소리, 직감을 따르지만, 외부의 목소리에도 귀 기울일 줄 안다.

　누군가가 잘못된 결정을 내리거나 큰 사건에 휘말렸을 때 일어날 수 있는 긍정적인 결과를 생각해보면, 그런 일들에 그토록 나쁜 비난이 가해진다는 사실은 믿기 어렵다. 여기에 소개된 사람들에게 '그때, 그 사건'이 없었더라면 우리가 그 사람이 누구인지 알 수 있었을까? 만약 데이브 램지가 빚더미에 앉아 좌절하지 않았더라면, 자신의 재정 상태를 파악하기 위해 도움을 구하는 수백만 가족들에게 데이브 램지의 이름이 친숙해질 수 있었을까? 아리아나 허핑편 역시 사람들 앞에서 굴욕적인 순간을 겪지 않았다면 지금처럼 유명해질 수 있었을까? 피터 린치는 어떤가. 그가 좋은 성과를 내는 데 성공했을 뿐 아니라 상식적으로도 말이 되는 투

　　　　　　　　　　　　　　　　　　　위닝포인트

자방식을 고안해내지 않았다면, 그의 말에 귀를 기울이는 사람이 있었을까? 책에 소개된 인물들은 오늘날 널리 존경받는 비즈니스 리더들이다. 따라서 사람들이 이들의 일거수일투족에 관심을 갖는 게 당연하다. 하물며 쉽게 들을 수 없는 이야기들이니 그 의미가 더욱 크다 할 것이다.

마지막으로 "그런데 밥, 당신의 삶에서 '그때, 그 사건은 무엇입니까?'" 하고 궁금해하는 독자들이 많을 것 같다는 생각이 든다. 그래서 나의 삶에서 위닝포인트가 되어준 이야기를 소개하며 책을 마치려 한다.

나의 이야기도 직감을 따른 또 하나의 사례다. 누구도 말해주지 않는 것은 가끔 직감을 따르다보면 복통이 생길 수도 있다는 사실이다.

1980년대 말, 나는 로스앤젤레스 사우스베이(Souty Bay)에서 살았다. 나는 독자들에게 자기 자신의 견해를 펼칠 수 있는 토론장을 제공하는 동시에 스포츠를 조금 가볍게 다루는 소형 스포츠신문을 만들었다. 신문은 〈L. A. 스포츠 랙(L.A. Sports Rag)〉이었다(여기서 랙(Rag)은 두 가지 의미를 갖는데, '누군가를 괴롭히다'의 의미와 '존중할 가치가 없는 인쇄물'이라는 뜻이다). 토론장을 갖춘다는 것은 인터넷에서는 훌륭한 아이디어였지만, 앨 고어(Al Gore)가 그런 아이디어를 고안해내기 전이었다. 신문을 만들면서 그동안 내가 벌어둔 돈 전부, 아니 그 이상을 잃고 말았다.

돈이 떨어지자 일자리가 필요했다. 캘리포니아 브렌트우드에 자리한 메릴린치에서 재무상담사(증권 중개인)를 뽑는다기에 면접을 치르러 갔다. 면접에서 합격한 후 4개월 동안 수련과정을 거쳐야 했는데, 이 과정은 뉴저지 프린스턴에 있는 본부에서의 3주 훈련을 마지막으로 끝이 났다. 마지막 주 훈련 계획에 증권거래소 객장 방문이 빠져 있다는 사실을 알게 되자, 말도 안 된다고 생각했다. 증권거래소에 가보지도 않고 그곳에서 무슨 일이 벌어지고 있는지 잠재 고객에게 어떻게 설명할 수 있겠는가? 게다가 나는 1980년대 중반에 스톡옵션 거래에 매달린 적이 있었기에 객장이 어떤 모습일지 늘 궁금했다. 그래서 전화를 여러 통 건 끝에, 메릴린치 사람들의 도움으로 객장 방문을 준비할 수 있었다. 나만 그곳에 가보고 싶어 한 것은 아니었다. 같은 지점의 여자 동료도 나와 함께 갔다. 우리는 프린스턴에서 뉴욕행 기차를 타고 로어 맨해튼까지 걸어갔고, 마침내 뉴욕 증권거래소라고 알려진 미국 자본주의의 요새에 도달했다. 여기서 한 가지 언급해야 할 것이 있다. 우리는 증권거래소를 방문하기 위해 전화영업 훈련을 빼먹어야 했다. 이 훈련은 그 다음 주 월요일부터 시작되는 공식적인 영업활동에 대비하는 차원에서 잠재 고객에게 전화를 걸어 메릴린치의 추천종목에 투자하라고 요청하는 과정을 연습하는 것이었다.

나와 동료는 좋은 시간을 가졌다. 공짜 음료수를 주는 웨이트리스는 없었지만, 객장은 라스베이거스처럼 온통 환했다. 그 한가운데 있다는 것만으로도 스릴 넘치는 일이었다. 그곳의 활력은 넋을 잃게 만들었다. 객장 중개인도 만나고, 전 세계에서 거래되는 상장주시장 전문가들과도 대화를 나눌 수 있었다. 나는 거래과정에 대해서도 묻고, 거래장부를 자세히 들여다보면서 그들이 개인이나 기관이 제의할 수 있는 증권을 매매할 의무가 있기 때문에 차트 패턴과 전문적인 거래 경향을 아는 일이 얼마나 중요한지도 깨달았다. 얼마나 괜찮은 교육인가! 이러한 현장방문은 전화영업 훈련보다 훨씬 유익했다. 사실 나는 여러 해 동안 다양한 판매직을 거치면서 전화영업을 많이 해본 경험이 있었다. 하지만 즐거운 이야기는 여기까지이고, 문제는 그 다음 날 아침에 생겼다.

프린스턴에서 집으로 돌아가기 위해 준비를 하던 그날, 동료의 호텔방에 있는데 로스앤젤레스의 지점장이 그녀에게 전화를 해왔다. 지점장은 우리가 증권거래소에 갔었다는 소식을 들은 후, 우리가 지점을 크게 망신시켰다고 말했다. 그러고는 그녀에게 해고를 통보했다. 물론 지점장은 그녀에게 나 또한 해고되었다는 말을 전하라고 했다. 나는 동료로부터 해고 당했는 말을 듣는 다는 게 이해되지 않았다. 한 사람의 삶을 좌지우지할 수 있는 중요한 결정이라면 지점장인 상사가 직접 알려야 하는 거 아닌가? 그래서 내 호텔방 전화가 울렸을 때, 전화를 받지 않았다.

훈련을 받던 직원들 사이에서 소문이 난무했다. 그중에는 우리가 프린스턴 본부 레크리에이션 건물 안에 마련된 당구대서 부적절한 행동을 한 탓에 갑작스레 해고되었다는 소리도 있었다. 물론 사실과 전혀 다른 이야기었다. 하지만 외설적인 이야기가 특히 그렇듯, 소문은 걷잡을 수 없이 퍼져나갔다.

다음 날인 월요일, 나는 브렌트우드 지점 사무실로 돌아갔다. 시간이 흐르고 상식이 돌아오면 상사의 불같은 반응이 식을 것이고, 결국 우리 둘 다 크게 웃으며 고객명단을 늘려갈 수 있을 거라고 생각했다. 하지만 그런 운은 없었다. 지점장은 나를 보자마자 이렇게 말했다. "여기서 뭐하는 건가?"

"일하고 있습니다."

지점장은 내 말을 듣자마자 "나가!"라고 말했다. 그것이 우리가 나눈 대화의 끝이었다. 호탕한 웃음은 이어지지 않았다.

당황한 나는 쉐어슨 리먼 허튼(Shearson Lehman Hutton) 지점장에게 전화를 걸어 면접을 볼 수 있는지 물었다. 그는 메릴린치 같은 증권회사가 직원을 넉 달 동안 훈련시켜놓고 대단치 않은 문제로 직원을 해고하려 한다는 사실을 믿기 어려워했다. 실제로 메릴린치는 직원이 2년 안에 회사를 그만두면, 훈련비용을 다시 갚아야 한다는 법률적 의무까지 지우는 회사였다. 그런데 나는 돈을 한 푼 안 내고도 회사에서 떠날 수 있었다. 쉐어슨 지점장은 정말로 무슨 일이 있었는지 솔직히 털어놓는다면 면접 기회를 주겠다고 말했다. 그래서 나는 당구대 이야기를 꺼냈다.

빌 코스비가 뚱뚱이 앨버트 이야기를 오래도록 하고 나서 말뚝박기 이야기를 계속 이어가기 전에 "그 얘기를 하는 이유는 이 말을 하기 위해서야"라고 했던 것처럼, 당구대 이야기를 하다가 정말로 중요한 말을 하게 되었다.

내가 주식을 무척 좋아하고 회사와 투자 기회에 대해 이야기하기를 좋아하지만, 고객을 확보하기 위해 하루에 수백 통의 전화를 거는 일은 좋아하지 않는다는 사실을 그가 깨닫기까지 그리 오랜 시간이 걸리지 않았다. 우여곡절 끝에 나는 그 회사에서 일을 할 수 있게 되었다. 하지만 나에게는 우리 지점의 고참 브로커처럼 고객을 내 쪽으로 몰아주는 변호사 형과 공인회계사 형이 없었다. 결국 나는 진절머리가 났다. 그래서 직감을 따랐다.

어느 날, 지점장을 찾아가 회사를 그만두겠다고 말했다. 사표 제출은 위험한 행동이었다. 내겐 돈도, 직장도, 미래도 없었다. 하지만 직감은 지금의 일을 그만하라고 말하고 있었다. 내가 한 일

중 이치에 맞는 한 가지는 비즈니스 채널(Business Channel)이라는 UHF TV 방송국에 집에서 만든 비디오테이프를 보낸 일이었다. 그들은 CNBC가 된 FNN처럼 일하고 있었는데, 다만 지역적인 차원에서 일을 했다. 그런데 뜻밖에도 그 쪽에서 전화가 걸려왔다. 아마 증권 중개인으로 계속 일했더라면, 결코 그 일을 할 수 없었을 것이다. 몇 차례 오디션을 치른 뉴스 국장은 나를 예비 앵커로 쓰고 싶다고 말했다. 그는 컴퓨터 시스템을 이용할 수 있도록 나를 훈련시켰다. 한 달 정도 지난 뒤 방송에 나갈 준비를 마쳤지만, 한 번도 부름을 받지 못했다. 나중에 알아보니 그 뉴스국장은 회사에서 해고되고 없었다. 내가 막 시작하려고 했던 새로운 직업은 시작도 하기 전에 사라지고 말았다.

나는 타이프를 칠 수 있었기 때문에 직업소개소의 임시직원으로 일하러 나갔다. 그러면서 임원들에게 커피를 배달하고 사내 메모를 타이핑했다. '비서의 날'에 주는 점심을 먹으러 나간 나는 시간당 12달러가 넘는 월급을 받기 위해 내가 도대체 무슨 일을 하고 있는지 알고 싶어졌다. 그렇다고 나를 오해하지 마라. 나는 꼬박꼬박 받는 월급이 고마웠다. 나는 뭔가를 더 보여주고 싶고, 보여줄 게 많았지만, 정확히 그것이 무엇인지, 어디에 있는지 가늠할 수 없었다.

그러던 중 나는 유머가 담긴 글을 써서 공영라디오의 '마켓플레이스'에 보냈다. 그런데 방송에서 내 글이 소개되기 시작했다. 한 번은 인수와 합병에 관한 글을 쓴 적이 있었는데, 인수와 합병이 너무 유행하는 바람에 가족에게도 그런 일이 생긴다고 썼던 기억이 있다. 나는 대가족이 소가족을 인수하여, 가끔은 T볼(T-ball, 어린 아이들이 하는 야구와 비슷한 경기—옮긴이)에서 제 역할도 하지 못하고 돈만 날리는 6살짜리 아이들이 해고되는 경우가 가끔 발생한다고 썼다. 그 무렵, 비즈니스 채널에서 전화가 왔다. 새로운 뉴스국장이 1주일 동안 회사를 비우는 직원 대신 프로그램을 진행해달라고 청해왔다. 드디어 TV 활동이 시작된 것이었다.

이후 20여 년 동안 전국 케이블 방송뿐 아니라 지역 방송국에서 앵커맨과 기자로 활동했다. 나는 널리 알려지지 않은 텍사스 주지사 후보를 따라다녔고, 그가 텍사스에서 승리를 거둔 후 백악관 입성에 성공하는 과정도 지켜보았다. 박빙의 승부가 펼쳐진 대선 동안 선거일 방송 진행도 맡아 했다. 그리고 2003년에는 이라크에서 종전 이후의 사건들을 취재하기도 했다. 나는 종전 이후의 시기가 신혼여행이 끝나고 '워싱턴, 우리에게 문제가 있어요'라고 알리는 단계에 진입한 시기라고 설명했다. 또한 CNBC에서는 월가가 닷컴 버블과 닷컴 붕괴를 겪는 시기를 취재했고, 흑인이 미국 대통령에 오르면서 위대한 역사를 만들 때, 워싱턴에서 일하고 있었다.

TV 방송국에는 나보다 훌륭하고 잘 나가는 경력을 가진 사람들이 많다. 하지만 나는 지금까지 이렇게 살아온 데 대해 스스로 축복받은 사람이라고 생각한다. 로스앤젤레스에 살 때, 한때는 아무 데도 갈 곳이 없어서 자동차에서 생활해야 하는 순간도 있었다. 다행히 친구가 자기 방 옷장에서 자도록 배려해주었다. 현재 내가 언론인으로 활동하는 일들은 그 당시엔 그저 꿈에 불과한 먼 나라 이야기였다.

내가 전국 방송, 특히 CNBC에서 근무하지 않았더라면 이 책에 소개된 사람들과 감히 이야기를 나누고 그들의 속내를 책으로 묶어 출간하지 못했을 것이다. 이 책에 담긴 이야기들이 어떤 방식으로든 누군가에게 도움이 되고 영감이 되어준다면, 나는 그 모든 시간들이 소중했다고 생각할 것이다.